Herbert Gudjons/Gerd-Bodo Reinert
(Hrsg.)

Lehrer ohne Maske?

Scriptor Ratgeber Schule
Band 8

Herausgegeben von
Dietrich Albrecht · Ruth Fendel
Helmut Härle · Gerd-Bodo Reinert

Herbert Gudjons · Gerd-Bodo Reinert (Hrsg.)

Lehrer ohne Maske?

Grundfragen zur Lehrerpersönlichkeit

Mit 23 Abbildungen

Scriptor
1981

Zeichnungen auf den Seiten 7 und 155: Ulrich Radt, Hamburg.
Zeichnungen auf den Seiten 10, 17, 32, 43, 67, 73, 88, 101, 117, 127, 137, 170, 181, 193, 207, 224 und 232: Rainer Piesch, Gehrden.

CIP-Kurztitelaufnahme der Deutschen Bibliothek

Lehrer ohne Maske? : Grundfragen zur Lehrerpersönlichkeit / Herbert Gudjons ; Gerd-Bodo Reinert (Hrsg.). – Königstein/Ts. : Scriptor, 1981.
(Scriptor Ratgeber Schule ; Bd. 8)
ISBN 3-589-20763-9
NE: Gudjons, Herbert [Hrsg.]; GT

Umschlagfoto: Kathrin Straßburg und Clemens Höxter, Oldenburg
Gesamtherstellung: Friedrich Pustet, Regensburg
Printed in Germany
ISBN 3-589-20763-9

Inhalt

Zu diesem Band

Kaum jemand kann exakt definieren, was das eigentlich ist: „Lehrerpersönlichkeit". Schon 1937 zählte G. Allport 50 Persönlichkeitsdefinitionen. Aber jeder, der Schule erfährt, weiß, daß sie „irgendwie" – intuitiv – wirkt: Man fühlt sich als Schüler von bestimmten Lehrern stärker angezogen, hat zu einigen mehr Vertrauen als zu andern, haßt manche besonders, empfindet Zuneigung, Zärtlichkeit oder achtungsvollen Respekt, Kälte, Distanz oder Wut bei bestimmten „Lehrer-Typen". Umgekehrt ist es auch beim Lehrer: einige Schüler „liegen" ihm, bei andern stößt es ihm sauer auf, einige rufen freundliche, zugewandte Gefühle bei ihm hervor, von andern zieht er sich zurück, fühlt sich vielleicht bedroht oder spürt (wenn er ehrlich ist) Antiphathie.

Glücklicherweise bietet nun die Lehrerrolle (als Bündel relativ festgelegter Verhaltenserwartungen) einen gewissen Schutz vor den Folgen solcher sehr persönlichen Empfindungen: Ein Lehrer ist gerecht, bevorzugt niemanden, läßt sich Gefühle nicht anmerken, lenkt allerseits die Aufmerksamkeit auf den Unterrichtsgegenstand, erzieht zum rechten Umgang mit der Sache ... – Unversehens kann dabei die Rolle zur Maske werden: die sich hinter dem Schild „Rollenverhalten" abspielenden Reaktionen, Einflüsse, Wirkungen werden unwichtig, verdrängt, verleugnet, für unbedeutend erklärt oder andernorts (z. B. zu Hause) abreagiert.

„Lehrer ohne Maske" – das ist der Versuch, hinter die Maske zu schauen und die Bedeutung der Person-Wirkungen im schulischen Handeln und in der pädagogischen Beziehung ernstzunehmen. *Daß „persona" dabei ursprünglich auch Maske hieß, macht den paradoxen Reiz des Themas aus.*

Freilich steht der pädagogischen Alltagsgewißheit und -erfahrung von den Wirkungen der Lehrerpersönlichkeit eine äußerst spärliche wissenschaftliche (oder ganz streng: empirische) Absicherung gegenüber. Die Komplexität dessen, was mit dem Begriff „Persönlichkeit" zusammengefaßt wird, und die Feingliedrigkeit der Wirkungszusammenhänge in der Lehrer-Schüler-Interaktion sperren sich gegen verflachende Operationalisierungen. Das Beobachtbare ist nicht das Ganze, und exakte Ergebnisse empirischer Forschung sind ja bekanntlich nicht eo ipso zugleich wirklich bedeutsam.

Zwischen der methodologischen Sackgasse der Erforschung der Lehrerpersönlichkeit und der Versuchung, neue Tugendkataloge für eine positiv wirkende Lehrerpersönlichkeit aufzustellen, bietet sich eine Bearbeitung alltagsrelevanter Ausschnitte aus dem Gesamtkomplex an, heterogen in der Thematik, subjektiv aus der Sicht des Bearbeiters, vielleicht sogar eklektisch unter der Perspektive der Bedeutung für das Ganze. Grundfragen anzugehen unter diesen Einschränkungen, das will dieses Buch wagen; „Anregungen zur pädagogischen Selbstbesinnung des Lehrers" (Singer) vermitteln, das ist sein praktisches Ziel. Die Persönlichkeit eines Lehrers ist durchaus veränderbar, und das Sich-Selbst-Erkennen ist der erste Schritt dazu.

Der Schüler erlebt seine Lehrer vorwiegend als Unterrichtende. Dem Zusammenhang von *Lehrerpersönlichkeit und didaktischem Handlungsfeld* ist deshalb der *erste Teil* des Bandes gewidmet, in welchem *H.-D. Haller* den historischen Aspekten nachgeht, *P. Heintel* das traditionelle Verständnis von Wissensvermittlung kritisiert und für eine inhaltliche Verschränkung von Stoff und sozialem Lernen eintritt, *D. Lemke* nachdrücklich die Gleichberechtigung von fachlichen, didaktischen und persönlichen Kompetenzen des Lehrers betont und *H. Maier/H.-J. Pfistner* die methodische Seite von Konzepten der Lehrerpersönlichkeit ausleuchten mit dem Ergebnis, daß „Eigenschaften" nur in engem Zusammenhang mit den Aufgabenfeldern des Lehrers (vor allem bezogen auf den Unterricht) bestimmt werden können.

Der *zweite Teil* des Buches hebt *kommunikative Aspekte* der Lehrerpersönlichkeit hervor. Insbesondere die unbewußten Anteile der Interaktion werden angesprochen: von *H. Speichert* im Zusammenhang mit den institutionellen Bedingungen in der Schule, von *S. Singer* als Beziehungskonflikte mit der Perspektive der Erhöhung selbstkritischen Bewußtseins des Lehrers, von *T. Wegner* am Fallbeispiel einer Sonderschulüberweisung als verborgener Reflex der Beteiligten auf schulorganisatorische Bedingungen, von *G.-B. Reinert/S. Heyder* schließlich indem sie zeigen, was einen „guten“ Lehrer in der Beziehung zum Schüler ausmacht.

Der *dritte Teil* wehrt sich mit der Betonung der Institution Schule gegen eine psychologisierende Betrachtungsweise, wie sie gerade beim Stichwort „Persönlichkeit“ als Versuchung naheliegt. *A. Combe* hebt die Rolle der Sozialwissenschaften beim Umgang mit Krisen im Lehrerberuf hervor, *B. Weidenmann* stellt unter Einbeziehung arbeitswissenschaftlicher Untersuchungen fest, „daß Lehrer ihren Beruf in vielerlei Hinsicht zielverschoben und bis auf die Substanz zurechtgestutzt ausüben und gleichzeitig mit zunehmenden Dienstjahren immer zufriedener werden“. – *L.-R. Reuter* warnt sodann vor Hoffnungen, die mit einer zunehmenden rechtlichen Absicherung eine Stabilisierung der Lehrerpersönlichkeit verbinden, und *G.-B. Reinert/S. Heyder* schließlich ermutigen zur Psychohygiene im Sinne einer ausgeglichenen seelischen Konstitution in der „Streßfabrik Schule“.

Damit wird schon auf den *vierten Teil* des Bandes verwiesen, der sich mit der Frage nach *praktischen Möglichkeiten zur (Weiter-)Entwicklung der Lehrerpersönlichkeit* im Alltag beschäftigt. Am Beispiel des faszinierenden Romans „Junglehrer Sturm“ (1934) und im Vergleich zur aktuellen Ausbildungssituation entwickelt *G. Scholz* eine konkrete Utopie, die dem Berufsanfänger Wege zeigt, sich gegen die Zerstörung seiner Persönlichkeit zu wehren. *H. Gudjons* skizziert ein Konzept für eine kollegiale „Selbsthilfegruppe“ und berichtet von Erfahrungen mit einer solchen berufsbezogenen Selbsterfahrungsgruppe für Lehrer. Weil es inzwischen eine kaum noch überschaubare Vielfalt von Lehrertrainings gibt, hilft der systematisierende Überblick von *R. Brunner* zur Orientierung und Beurteilung verschiedenster Verfahren. Wie dabei sozialerzieherische Handlungskompetenz praktisch in der Lehrerfortbildung vermittelt werden kann, stellt *W. Schley* am Beispiel der kooperativen Verhaltensmodifikation heraus, einem Verfahren, das Kinder keineswegs mit Pawlowschen Hunden verwechselt, sondern umfassend verhaltenspsychologische, kognitive, gruppendynamische und didaktische Elemente integriert. – Die letzten beiden Beiträge von *G. Portele* und *C. Wulf* schließlich bestätigen, daß es im Grunde nicht nur um den professionellen Ausschnitt der Persönlichkeit als „Lehrer“ geht. Von der humanistischen Psychologie her ist die Entfaltung eines ganzheitlichen Mensch-Seins der Weg, um die Reduzierung der Persönlichkeit auf die Mentalität eines Unterrichtsbeamten zu verhindern.

Mit diesen Grundfragen der Lehrerpersönlichkeit greift der vorliegende Band ein provokatives Wort des Philanthropen Ch. G. Salzmann auf, der

1806 schrieb: „Von allen Untugenden seiner Schüler muß der Erzieher den Grund in sich selber suchen“, – ohne ihm freilich unkritisch zuzustimmen.

Hamburg und Heidelberg,
im Dezember 1980 *H. Gudjons/G.-B. Reinert*

"Die ersten Lehrmeister"

Hans-Dieter Haller

Zur historischen Entwicklung der Forschungen über die Lehrerpersönlichkeit

Um die Jahrhundertwende entwickelte sich in Europa und den USA ein empirisch orientierter Zweig der Pädagogik, der in Deutschland um 1910 seinen ersten Höhepunkt bereits überschritten hatte, da andere Strömungen die Oberhand gewannen. Auffällig ist, unter dem Blickwinkel unseres Themas betrachtet, daß in dieser Zeit wohl eine Fülle von empirischen Untersuchungen zur Pädagogik in verschiedenen Bereichen vorgelegt, aber zur Frage nach der Persönlichkeit und dem Handeln von Lehrern kein Beitrag geleistet wurde. Offensichtlich war jene Zeit durch eine intensive Hinwendung zum Objekt der Lehrerhandlung, dem Schüler, ganz ausgefüllt mit der Suche nach Merkmalen und Handlungen von Schülern bzw. Kindern und Jugendlichen allgemein. Schlagworte wie „Das Jahrhundert des Kindes" (Key 1900) oder „Pädagogik vom Kinde aus" (von der Hamburger Reformgruppe um Lichtwark geprägt, vgl. Scheibe 1971, S. 55) kennzeichnen den zentralen Ausgangspunkt pädagogischer Theorie (und damit auch empirischer pädagogischer Forschung) in jener Zeit. Das Kind mußte gewissermaßen neu entdeckt werden – die Pädagogik war vollauf beschäftigt und brauchte sich nicht mit sich selbst zu befassen.

Zwei Quellen aus jener Zeit sollen hier jedoch kurz vorgestellt werden; sie sind exemplarisch für eine augenfällige Dichotomie zwischen der Einschätzung der Lehrerpersönlichkeit durch Pädagogen und der Wahrnehmung der Lehrerpersönlichkeit durch ‚Außenstehende'.

Exemplarisch für das erstere ist der Artikel „Persönlichkeit des Lehrers" in Wilhelm Reins Enzyklopädie von 1898 (Lange 1898), in welchem in blumigen Worten das Hohelied eines oftmals noch verkannten Berufsstandes, einer Stütze der ganzen Nation, gesungen wird:

> „So sind es also starke und mannigfache Gaben, überlegene Kräfte des Geistes, Gemütes und Willens, die in der Persönlichkeit eines vorbildlichen Lehrers sich vereinigen. Aber sie wirken nicht vereinzelt, einander ablösend oder wohl gar widersprechend, sondern sie stehen miteinander in inniger Übereinstimmung, also daß sie seinem Wesen das Gepräge einer in sich geschlossenen, einheitlichen, kraftvollen Natur geben. Insofern diese aber in ihrem Denken, Fühlen und Wollen beherrscht wird von den Grundsätzen einer reinen, humanen Gesinnung, wird sie zum sittlichen Charakter. Auf solch gediegener Durchbildung und Konzentration seines Inneren beruht die Sicherheit seines pädagogischen Taktes wie die Entschiedenheit seines erzieherischen Wollens, und all sein Reden und Handeln stellt sich dar als die notwendige, natürliche Äußerung einer festgegründeten, zielbewußten harmonischen Persönlichkeit." (Lange 1898, S. 306)

Demgegenüber mag als exemplarisch für die Wahrnehmung der Lehrerpersönlichkeit durch ‚Außenstehende' die Studie von Ebner (1908) genannt sein, in der Literaturausschnitte aus fünf Jahrhunderten daraufhin untersucht wurden, wie Lehrer in der fiktionalen Literatur dargestellt werden. Während insbesondere in der älteren Literatur, vor allem der Reformationszeit und des Neuhumanismus, noch ‚ideale' Lehrer vorgestellt wurden, überwiegen später Spott und Satire bei weitem. Ernst Meumann, einer der ‚Mitbegründer' der empirischen Pädagogik-Forschung in Deutschland, hat diese Literaturanalyse rezensiert (1910); interessant ist wohl sein Ratschlag, die so arg gebeutelten „Schulmänner" sollten mehr „von der Bedeutung der Psychologie des Kindes und des Jugendalters, von allen Fortschritten der beobachtenden und experimentierenden Pädagogik" (S. 281) wissen, dann würde sich auch „das ungünstige Urteil in der Menge der Gebildeten (. . .) ändern" (S. 282).

Eine ähnliche Dichotomie nun kennzeichnet die Befunde aus späteren Untersuchungen zur Lehrerpersönlichkeit. Exemplarisch hierzu sind die Studien von Caselmann (1949, 1970[4]) und Schefer (1969).

Caselmann wertete über 600 Aufsätze von Studenten, Referendaren und Junglehrern männlichen und weiblichen Geschlechts zu dem Thema „Schildern Sie einen Ihrer Lehrer" aus und verifizierte dabei seine Vorstellung von zwei Typen der Lehrerpersönlichkeit:

„Den logotropen Lehrern geht es in erster Linie um Bildungsideal und Bildungsziel, um positives Wissen und Können, um den Lehrstoff, um die Weckung der Begeisterung bei der Jugend für die Kulturwerte." (Caselmann 1970[4], S. 30).

„Paidotrop, d. h. dem Kinde zugewandt, sind diejenigen Lehrer, die in erster Linie nicht an den Stoff, sondern an das Kind denken. Von vornherein, anlagemäßig, lockte sie weniger die Wissenschaft als die Tätigkeit des Erziehers und Unterrichtens. Der Umgang mit jungen Menschen ist ihnen ebenso Herzensbedürfnis wie den Logotropen die Beschäftigung mit der Wissenschaft." (Caselmann 1970[4], S. 42)

Empirische und normative Aussagen sind hierbei auf folgenreiche Weise miteinander vermischt worden. Die starke Resonanz, die diese Studie noch bis vor einigen Jahren gefunden hat, verdeutlicht, daß sie eine Rechtfertigung für den Lehrerstand geliefert hat: Man kann so sein oder man kann so sein; beide Typen handeln gerecht (sie ergänzen sich sogar). Idealvorstellungen werden als Ersatz für Realitätsaussagen in die Öffentlichkeit lanciert, letztere soll glauben, daß wir Staatsbürger im Grunde genommen mit unseren Lehrern recht zufrieden sein können.

Schefer (1969) hingegen unternahm ausdrücklich den Versuch, die Realität hinsichtlich des „Gesellschaftsbildes des Gymnasiallehrers" einzufangen. Seine Datenerhebung mittels Fragebogen umfaßte eine Stichprobe aller beamteten hessischen Gymnasiallehrer im Zeitraum 1965–67. Er kommt zu dem Schluß, daß bei 60–70% der Gymnasiallehrer ein durchweg konservatives Gesellschaftsbild vorherrsche, so daß die „Frage, ob nicht das Gesellschaftsbild der Gymnasiallehrer eine Barriere für eine schulstrukturverändernde Schulreform darstellt, bejaht werden" müsse (S. 183).

Eine Reihe anderer Untersuchungen könnte hier nun aufgezählt werden, wenn der Umfang dieser Skizze es erlauben würde. Darauf kann jedoch verzichtet werden, da andere Autoren bereits recht übersichtliche Zusammenfassungen der einzelnen Untersuchungen gegeben haben, so Pause (1970) insbesondere hinsichtlich der Vielzahl amerikanischer Untersuchungen, ferner Döring (1970, 1973[5], insbesondere S. 47ff.), Kirsten (1973) und Müller-Fohrbrodt (1973). Die letztgenannte Arbeit verdient besonderes Interesse, da sie im Zusammenhang eines längeren und aufwendigen Forschungsprojektes entstanden ist, in welchem nicht nur der Frage nachgegangen wurde, wie Lehrer beschaffen sind, sondern auch der Frage, wie die Einstellungen von Lehrern entstehen und sich ggfs. verändern. Das Ergebnis dieses Projekts an der Universität Konstanz drückt sich anschaulich in dem Bild von der „Konstanzer Wanne" aus: In einem Schaubild werden auf der vertikalen Achse oben die Tendenzen zu konservativen und unten zu progressiven Einstellungen dargestellt, auf der horizontalen Achse werden die verschiedenen Zeitpunkte vermerkt; der „Wanneneffekt" kennzeichnet nun eine Entwicklung von konservativen Einstellungen vor und zu Beginn des Studiums über progressive Einstellungen im Verlauf des Studiums zu letztlich wieder konservativen Einstellungen bei Eintritt in das Berufsleben als Lehrer (Cloetta u. a. 1973).

Hinter all diesen Untersuchungen steckt eine erkenntnis- bzw. aussagenlogische Schwierigkeit: Wenn – mit welchen Methoden auch immer – empirische Daten erhoben werden, die sich auf Merkmale der Persönlichkeit (insbesondere allgemeine und berufspezifische Einstellungen) beziehen, so ist damit noch keine Aussage über das tatsächliche Verhalten gemacht. Wenn ein Lehrer konservative Einstellungen hat, so ist daraus noch nicht zwangsläufig zu folgern, daß er auch in einem entsprechenden Sinne praktisch handeln wird. Dieses Dilemma ist bekannt und wird in der Literatur zur Erforschung der Lehrerpersönlichkeit (wie überhaupt bei Einstellungsuntersuchungen) immer wieder dargestellt. Es wird allerdings vernachlässigt, daß auch in Einstellungsuntersuchungen eine Handlungssituation gegeben ist, nämlich das mündliche oder schriftliche Reagieren auf Stimuli (z. B. werden Fragen beantwortet, bei alternativ vorgegebenen ‚Statements' Ankreuzungen vorgenommen u. ä.). Somit ist aussagenlogisch zunächst davon auszugehen, daß die Befunde solcher Untersuchungen sich auf den Kontext der Erhebungssituation selbst beziehen. Es könnte ja sein, daß es gerade berufstypisch für Lehrer ist, Unsicherheiten in solchen Situationen durch Rückgriff auf Sicherheiten (‚bewährte', also konservative Handlungsmuster) zu umgehen, somit entstünde also ein Artefakt der Untersuchungssituation und kein wirkliches Abbild der Persönlichkeit.

Wenngleich man dieser Vermutung keine große Plausibilität wird zusprechen können, muß doch die Skepsis gegenüber den Aussagemöglichkeiten aus solchen empirischen Untersuchungen aufrechterhalten bleiben. Gibt es aus diesem Dilemma einen Ausweg?

Der Soziologe Ralf Dahrendorf hat 1958 mit der Rezeption der amerikanischen Rollentheorie eine Unterscheidung getroffen, die für unseren Problemzusammenhang bedeutsam ist. Unter der Fragestellung, ob angesichts der vielfältigen soziologischen Befunde über den Menschen in der modernen Industriegesellschaft wissenschaftliche Erkenntnis dergestalt gesichert ist, daß menschliches Verhalten zum einen determiniert ist durch Strukturelemente der Gesellschaft und menschlichen Interaktion und zum anderen mit wissenschaftlichen Methoden vorhersagbar ist (wenn die Gesetze dieser Strukturen erkannt worden sind), weist Dahrendorf darauf hin, daß hier nur *ein* Aspekt des Menschen erfaßt sein kann, den er mit dem Begriff „homo sociologicus" kennzeichnet:

„Der Soziologe beschreibt den Menschen als Aggregat von Rollen und nimmt unversehens für sich in Anspruch, damit das Wesen des Menschen gültig entdeckt zu haben." (Dahrendorf 1964, S. 85)

„Wie immer wir *homo sociologicus* drehen und wenden mögen, es wird uns nicht gelingen, ihn in den bestimmten Einzelnen zu verwandeln, der unser Freund, Kollege, Vater oder Bruder ist. *Homo sociologicus* kann weder lieben noch hassen, weder lachen noch weinen. Er bleibt ein blasser, halber, fremder, künstlicher Mensch." (Dahrendorf 1964, S. 82)

Interessant ist in unserem Zusammenhang auch, daß Dahrendorf in der Entwicklung der Soziologie als Wissenschaft einen Wandel erkennt, der genau unserem Dichotomie-Muster entspricht:

„An der Wiege der Soziologie stand eine doppelte Intention. Diese neue Disziplin sollte die Tatsache der Gesellschaft durch prüfbare Annahmen und Theorien rationalem Verständnis eröffnen, und sie sollte dazu beitragen, den einzelnen Menschen zur Freiheit selbstgewählter Zwecke zu führen. (...) Der Vorwurf, der sich gegen die Soziologie nach einigen Jahrzehnten rascher Entwicklung erheben läßt, ist, daß sie zwar dem rationalen Verständnis der Tatsache der Gesellschaft nun manchen Schritt nähergekommen ist, dabei aber den autonomen ganzen Menschen und seine Freiheit aus den Augen verloren hat. (...) Solange die Soziologie ihre Aufgabe als ein moralisches Problem versteht, muß sie auf die Rationalisierung und Analyse der gesellschaftlichen Wirklichkeit verzichten; sobald sie nach wissenschaftlicher Einsicht strebt, tritt das moralische Anliegen des Individuums und seiner Freiheit zurück." (Dahrendorf 1964, S. 82ff.)

Unter diesem Blickwinkel, übertragen auf das (erziehungswissenschaftliche? soziologische? psychologische?) Phänomen Erforschung der Lehrerpersönlichkeit, läßt sich zugespitzt die Quintessenz aus ca. 80 Jahren überschauter Analyse zur Lehrerpersönlichkeit so formulieren: Solange und sofern die Erziehungswissenschaft sich als Instanz pädagogischer Moral verstanden hat, betonte sie die Wesensmöglichkeiten der Lehrerpersönlichkeit; indem sie nicht unterschied zwischen empirischen und normativen Prämissen, lieferte sie nicht viel mehr als ein Rechtfertigungsbild, das Wirklichkeiten verschleiern konnte, aber auch Ansporn sein konnte und so den ideologischen Zusammenhalt eines Beruffstandes garantierte.

Sobald und sofern sich die Erziehungswissenschaft aus dieser ideologischen Verklammerung löst (und die zitierten literarischen Darstellungen nahmen diesen Lösungsprozeß nur vorweg), sich beispielsweise soziologischer und psychologischer Methoden wissenschaftlicher Analyse und Erkenntnisgewinnung bedient und den Versuch unternimmt, reale Erscheinungen aufzudekken, kann sie wohl kritisch werden, deckt aber keine Handlungsmöglichkeiten für das betroffene Subjekt mehr auf. Die Ideologie stiftet Berufsidentität, aber sie lügt; die Analyse deckt Unzulänglichkeiten auf, aber sie reduziert die Komplexität des Handlungszusammenhanges.

Wie nun läßt sich der Weg zwischen Scylla und Charybdis ansteuern? Für die Erziehungswissenschaft, die ja heute weitgehend dem analytischen Erkenntnisinteresse verpflichtet ist, muß gelten, daß sie reduzierte Handlungskomplexität re-vitalisiert, z. B. durch Beachtung des individuellen Falles, durch Analysen des Entstehungszusammenhanges empirischer Erscheinungen (Was *bewirkt* solche Lehrerpersönlichkeiten?) und durch Überprüfung der Wirkungen ihrer Aussagen auf die betroffenen Subjekte.

Wenn man nämlich den Prozeß des Einstellungswandels von Lehrerstudenten und Lehrern auf individuelle Fälle bezieht, werden spezifische Bedingungen sichtbar, welche die ansonsten vorherrschenden Entwicklungen unterbinden. So konnte Hirsch (1979) aufweisen, daß der Konstanzer „Wanneneffekt" sich bei beschreibbaren Teilpopulationen nicht einstellte.

Wenn man nämlich die empirischen Befunde zur Lehrerpersönlichkeit auf dem Hintergrund historischer Theorie liest, wird deutlich, daß der Lehrerstand immer schon eine Art Ersatzberuf war (in der Antike war der Lehrer ein Sklave, im Mittelalter ein Mönch, zu Beginn der Neuzeit ein Künstler, vor wenigen Jahren noch ein sozialer Aufsteiger, der eigentlich einem höheren akademischen Prestige nachlaufen wollte, heute – oftmals – ein Abiturient, der nicht weiß, was er studieren soll; vgl. hierzu Adornos Aufsatz „Tabus über den Lehrerberuf" 1965), folglich kann eine zufriedene und souveräne Berufsgruppe von Lehrern erst entstehen, wenn die Rekrutierung positiv erfolgt.

Wenn schließlich empirische Forschung nicht darauf verzichtet, ihre Aussagewirkungen auf die betroffenen Subjekte selbst mitzubedenken und zu prüfen, rückt die Handlungsperspektive wieder stärker in den Mittelpunkt dieser Forschung. Und diese Handlungsperspektive war schließlich ein entscheidendes Movens für das Entstehen der Wissenschaft.

Solche Forderungen lösen das Problem nicht, aber sie machen es vielleicht erträglicher.

Literatur

Adorno, T. W.: Tabus über den Lehrerberuf. In: Neue Sammlung 5 (1965) 6, S. 487–498.

Caselmann, C.: Wesensformen des Lehrers. Stuttgart 1970[4] (ursprl. 1949).

Cloetta, B. u. a.: Berufsrelevante Einstellungen als Ziele der Lehrerausbildung. In: Zeitschrift für Pädagogik (1973) 6, S. 919–941.

Dahrendorf, R.: Homo Sociologicus. Opladen 1964 (ursprl. 1958).

Döring, K. W.: Lehrerverhalten und Lehrerberuf. Weinheim–Basel 1973[5] (ursprl. 1970).

Ebner, E.: Magister, Oberlehrer, Professoren. Wahrheit und Dichtung in Literaturausschnitten auf fünf Jahrhunderten. Nürnberg 1908.

Hinsch, R.: Einstellungswandel und Praxisschock bei jungen Lehrern. Weinheim 1979 (Diss. Hamburg 1978).

Key, E.: Das Jahrhundert des Kindes. Berlin 1900.

Kirsten, R. E.: Lehrerverhalten. Stuttgart 1973.

Meumann, E.: Rezension zu Ebner, s. o. In: Zeitschrift für Experimentelle Pädagogik 10 (1910), S. 280–282.

Müller-Fohrbrodt, G.: Wie sind Lehrer wirklich? Stuttgart 1973.

Lange, K.: Persönlichkeit des Lehrers. In: Rein, W. (Hrsg.): Enzyklopädisches Handbuch der Pädagogik. Langensalza, Band 5 (1898), S. 299–310.

Pause, G.: Merkmale der Lehrerpersönlichkeit. In: Ingenkamp, K. u. a. (Hrsg.): Handbuch der Unterrichtsforschung. Teil II, Weinheim-Berlin-Basel 1970, S. 1353–1526.

Schefer, G.: Das Gesellschaftsbild des Gymnasiallehrers. Frankfurt a. M. 1969.

Scheibe, W.: Die Reformpädagogische Bewegung. Weinheim-Berlin-Basel 1971[2].

Peter Heintel

Verdirbt die Wissensvermittlung die Lehrerpersönlichkeit?

Über den Einfluß traditioneller Wissensvermittlungsformen auf die Lehrerpersönlichkeit und Veränderungsmöglichkeiten durch gruppendynamische Arrangements

Interaktionspädagogik, Gruppendynamik und Gruppenpädagogik, Handlungsforschung, kommunikative Didaktiken usw. haben in letzter Zeit mit Recht Verhalten, Sozial- und Interaktionsraum in den Vordergrund gestellt; das Schlagwort von den „Betroffenen" (den Schülern), bei deren konkreter Erfahrung zu beginnen sei, ist zum geflügelten Wort und zur kommunikativen Selbstberuhigungspille im rechtfertigenden Lehrergespräch geworden.

In der Realität herrschen aber immer noch Lehrplan, Qualifikationsanforderungen, die notwendigerweise von außen bestimmt werden, Eingangs- und Abschlußprüfungen, die auf Stoff konzentriert sind („die einzige erfaßbare Objektivität, an der man Leistung messen und vergleichen kann") – oder zumindest das permanent schlechte Gewissen, Stoffanforderungen nicht zu erfüllen und schließlich den – für ihre Kinder karrierewahrnehmenden – Eltern und ihren Vereinen ausgeliefert zu sein. Dazu kommt wohl ein gewisses Sich-Formieren der „Fachwissenschaftler" und Lehrer, die der Pädagogisierung und Reform zunächst hilflos ausgeliefert und durch sie verunsichert, jetzt wiederum darangehen, Fach und Inhaltsaspekt „hart" zu vertreten, nach der alten Devise: zuerst lernen, dann diskutieren. Kassandrarufe über modernen „Analphabetismus" jeglicher Art vereinen sich zum Chor gegen jene, die allzusehr an Schülern, Verhalten, Seele, sozialem Lernen usw. interessiert sind. Tatsächlich ist auch vielen hier orientierten Pädagogen ein Vorwurf nicht ganz zu ersparen: *es gibt wenige Versuche, Inhalts- und Sozialebene sich durchdringend auf einen Nenner zu bringen.*

Die Aufgabe meines Beitrages ist es, einen Versuch zu machen, die Lehrerpersönlichkeit auf dem Hintergrund dieses Konfliktes zu beschreiben; sich damit den Vorwürfen zu stellen, Gruppendynamiker usw. vernachlässigten permanent die Inhalts-Stoffkomponente. Der Beitrag steht also unter dem Titel: „Gibt es nicht doch Möglichkeiten für den Lehrer, sozial-kommunikatives Lernen mit Stoffvermittlung ungetrennt zu vereinen?" Wie können dabei gruppendynamische Arrangements helfen?

Die Situation des Lehrers im Konflikt zwischen „sozialem Lernen" und Stoffvermittlung

Lehrer haben zu „ihrem" Stoff meist ein recht seltsames Verhältnis, das durch verschiedene Tatsachen bestimmt ist. Viele haben nie gelernt oder gewünscht, sich mit ihm zu identifizieren; dies gilt vor allem für dazu genommene Zweit- und Drittfächer; der Stoff ist Mittel für die Berechtigung, einen Beruf auszuüben. Sein Sinn, seine Handelns- und Orientierungsfunktion sind zweitrangig. Er wird „äußerlich" angeeignet und genauso weitergegeben; die Aneignung lebt aus der Sekundärmotivation, daß er Mittel für irgendeinen, meist außer ihm liegenden (Berechtigungs-) Zweck ist.

Lehrer neigen hier zu einem zweifachen Verhalten: die einen, kaum oder gar nicht überzeugt vom Sinn der Stoffvermittlung, „flüchten" sich so weit wie möglich in den Erziehungsbereich „Soziales Lernen" und werden nicht satt daran, Schülererfahrungen zu explorieren (die Schüler in diesen Angelegenheiten meist hochmotiviert, stellen auch immer „Erfahrungen“ zur Verfügung: diese Motivation wird auch dafür ausgenützt, sie zu bitten, aus Abschluß- und Lehrplangründen sich so nebenbei und irgendwie den Stoff noch dazu zu erwerben). Die anderen identifizieren sich mehr oder weniger mit dem „Aggressor“ Stoff und errichten einen an ihm orientierten traditionellen Unterricht (wo die Identifikation in eine partielle Begeisterung umschlägt, in der Teile des Lehrerindividuums für die Schüler sichtbar werden, lernen letztere im allgemeinen auch diesen Stoff ganz gern). Schon von diesen Voraussetzungen her fällt es den Lehrern schwer, soziale Situation und Erfahrung der Schüler mit „ihrem“ Stoff in einen vermittelten Zusammenhang zu bringen. So geschieht entweder Arbeit an Schülererfahrung oder Arbeit am Stoff; manche Lehrer schaffen beides, meist aber hintereinander oder in für sie auch nicht mehr einsichtigen, unvermittelten, zufällig willkürlichen Zusammenhängen.

Die Schülererfahrung, der soziale Raum, in dem gelehrt und gelernt wird, ist komplex. Unser Lebens- und Handlungsfeld teilt sich nicht nach Fächern und Disziplinen; in ihm ist alles verschränkt in klareren und diffuseren Zusammenhängen und zunächst jeder Herausgriff eines Einzelaspektes willkürlich. Der Lehrer ist nun in einer fatalen Situation; er soll einerseits bei den Schülern und ihren Erfahrungen beginnen, diese mitberücksichtigen, sie „aufarbeiten“, zum Lehr- und Lerngegenstand machen, zwecks Erziehung und sozial-kommunikativer Bildung, hat aber meist nur ein, zwei „Fächer“ gelernt, die zu diesem „Komplex“ nur sehr partiell passen. Für ihn muß seine fachlich „ungesicherte“, öffentlich nicht autorisierte eigene Lebenserfahrung herhalten. Also sieht er sich wiederum andauernd hin- und hergerissen: für die Schülererfahrung, die soziale Umgebung und das Alltagsleben hat er eigentlich nur eine sehr partielle „wissenschaftlich“-fachliche Kompetenz erworben und anzubieten; hier ist er eigentlich „älterer“ Laie (um nicht zu sagen „Laienbruder“). Nun fühlt er sich aber doch ständig unter dem Zwang, Autorität, Beispiel, Vorbild sein, zumindest den Erfahrungen der Schüler „kompetente“, handlungsorientierende Antworten geben zu sollen. Weil hier aber bemerkt wird, auf welch unsicherem Boden man steht (übrigens auch ideologisch von allen Seiten angreifbar), wird man bestrebt sein, den Erfahrungsraum der Schüler für seine Zwecke zu präparieren, ihn also für sein Fach umzuformen. Dies wäre an sich nun nicht so übel, wenn nicht die Illusion aufrecht erhalten würde, man berücksichtige die konkrete Erfahrung der Schüler. Oft ist das Gegenteil wahr: man benützt vielmehr die (reduzierte) Erfahrung der Schüler als Krücke für die Stoffvermittlung und kann gewiß sein, daß einfühlsame „Muster“schüler von sich aus auch diese Erfahrungen liefern. Bei diesem Vorgang wird natürlich weder die „konkrete“ Erfahrung einzelner Schüler kommunikativ bearbeitet, noch der Stoff wirklich an sie angebunden. Tatsächlich bleibt aber die bis heute unbeantwortete, nicht den Lehrern zur Last zu legende Frage: *Ist es bei der heute gängigen „Fach"ausbildung der Lehrer überhaupt möglich, im konkreten individuellen und kollektiven Erfahrungsbereich der Schüler anzufangen* und mit ihm zu arbeiten?

Geben die arbeitsteilig in Disziplinen aufgespaltenen Wissenschaften überhaupt noch Antworten, die im konkreten Erfahrungs- und Lebensbereich verbindbar und handlungs- bzw. erziehungsorientiert sein können? Oder hat die Wissenschaftsentwicklung in ihren Spezialisierungsformen mit ihrer „Totalanalytik" einen Weg genommen, der es von vornherein unmöglich macht, „organisch" und „synthetisch" an die Erfahrungs*wirklichkeit* von Individuen und sozialen Gebilden anzuschließen. Heißt nicht „Empirie" in der Wissenschaft ganz etwas anderes als „Erfahrung" im Alltag Schule?

Alle diese offenen Fragen steigern nicht gerade die Sicherheit der Lehrer, mutig den reformpädagogischen Imperativen einer kommunikativen Didaktik zu folgen; Reduktion des Erfahrungsbereichs und schleichende Flucht in den Stoff sind die häufigste Reaktion. Alles andere muß als „unverbindliches Geplauder", als „Herumdiskutieren" ohne Konsequenz diffamiert werden. Damit wird aber indirekt der reiche Erfahrungsbereich von Lehrer und Schüler, die eigentliche *Alltagserfahrung ständig abgewertet,* zum Gegenstand des bloßen Plauderns degradiert. Die weitere Folge: allen Betroffenen wird der Mut zur Bedeutungseinsicht in eigene Erfahrung allmählich genommen; man läßt sich auch späterhin Erfahrungen von außen geben und macht sie nicht mehr an sich selbst. Der Lehrer reduziert sich dabei letztlich doch wieder zur Stoffautorität, weil er nur hier legitimiert ist und jedenfalls immer einen kleinen Wissensvorsprung gegenüber den Schülern hat. In diesen lenkt er durch geschicktes Fragen alles vorhandene Erfahrungspotential. Gemessen an dieser Problematik nimmt sich die Diskussion über Unterrichtsstil (autoritär, demokratisch usw.) vielfach recht naiv aus: im Wissen, Stoff, Fach wird der Lehrer mit ganz wenigen Ausnahmen immer Autorität sein. Im Erfahrungs-, mithin Bildungs- und Erziehungsbereich überhaupt – also hier im Bereich unverbindlichen Diskutierens – liegen die Autoritätsprobleme ganz anders, da vorerst sozusagen jeder Autorität *seiner* Erfahrung ist und Lehrerautorität eigentlich nur hieße, *die verschiedenen Erfahrungen zusätzlich seiner eigenen in Bewegung aneinander und Vergleich zu bringen.*

Unterrichtsstoff und Selektion

Trotz aller gegenteiligen Behauptungen haben die Schulen immer noch gewaltige Selektionsfunktionen, vor allem dann, wenn Zugänge zur höheren Bildung an Eingangsvoraussetzungen wie Numerus clausus und dergleichen gebunden sind. So müssen sich alle Schuletappen notwendigerweise von der jeweilig höheren unter Druck setzen lassen; erst gelungene Entsprechungen in der anschließenden und „höheren" Schulform legitimieren das Lehrerhandeln in der unteren. Es handelt sich also hier um ein hierarchisches Selektionssystem, das sich durch die berechtigten Postulate und entsprechende Maßnahmen zur Chancengleichheit nur verschärft hat.

Damit aber das hierarchische Selektionssystem funktioniert, bedarf es „objektiver" Aufstiegskriterien, an denen jene Leistung gemessen werden kann, die Berechtigungen ermöglicht. Den besten Rückhalt findet man hier natürlich im Stoff, im „objektivierten", autorisierten Lehr- und Lerninhalt. An ihm allein können Individuen „gerecht" verglichen werden. Er läßt uns kopfschüttelnd bedauern, daß wir zwar subjektiv so gern wollten, objektiv aber nicht können, an Standards gebunden sind. Im Grunde *erfüllt so der Stoff zwei stellvertretende Aufgaben,* für die er zwar funktioniert, die ihm aber und seiner Vereinigung mit der jeweiligen sozialen Situation äußerst schaden: er *nimmt* erstens dem Lehrer *einen guten Teil jener Verantwortung ab,* die im Urteil über Menschen übernommen wird. Er steht zweitens als *„Idealquantum" der hierarchischen Organisation* des Bildungswesens, an dem höchst unterschiedliche Qualitäten gemessen und verglichen werden können. Auch hier geht es weniger um ihn selbst. Sein eigentliches Wesen ist es vielmehr, zur *Konstante bestimmter Organisationsnotwendigkeiten* zu werden.

Die Schüler wissen dies auch über kurz oder lang und müssen den guten Willen des Lehrers, bei ihrer Erfahrung anzufangen, als sentimentalische Ausweglosigkeit durchschauen. „Letztlich" geht's doch um Leistung und Stoffbeherrschung, der Lehrer tät' ja so gern anders, wird aber selbst in diesen „Stoffgebrauch" hineingezwungen.

Daher – *nur eine Organisationsveränderung des selektierenden Bildungswesens ließe die oben verlangte Synthese wirklich werden.*

Aber nicht nur die Funktionen im beschriebenen Sinn, sondern auch Inhalt und Auswahl sind meist schon festgelegt. Wir kommen zum leidigen Kapitel *Lehrerausbildung;* diese scheint mir keineswegs so aufgebaut zu sein, daß der Lehrer für seine Aufgaben, speziell die der Verbindung von Erfahrungs- und Stofflernen, vorbereitet wird. Diesen Mangel bemerkt man auf mehreren Ebenen.

Lehrerausbildung und Stoffvermittlung

Die dualistische Trennung von Erziehung und Bildung hier, Stoffvermittlung dort, wird schon in den Ausbildungsstätten bestens vorbereitet; hier bemühen sich Spezialwissenschaftler, Fachkompetenz zu vermitteln, dort sprechen Pädagogen und Erziehungswissenschaftler, Psychologen usw. in Theorien über Schulwirklichkeit. Was aber das Schlimmere dabei ist: beide Seiten, das eigentliche Fach *und* die pädagogischen Teile des Studiums werden in gleicher Weise als *Stoff* erfahren, als Theorien. Damit verliert der Student vielfach schon von vornherein den praktischen Zugang zum pädagogischen Feld. Er lernt zwar recht behende *darüber* zu sprechen, Theorien, Kritiken und Diagnosen zu entfalten, kaum aber mit Situationen umzugehen. In seinen ersten Kontakten mit der Schulwirklichkeit merkt er sehr bald, daß der gelernte pädagogische Stoff kaum handlungsbestimmend, selten orientierend ist, und verhält sich nach Gesichtspunkten eigener Lebenserfahrung und unmittelbarem „Instinkt". *Zum „Stoff" gemachte Pädagogik usw. verhindert selbst ihre eigene Anwendung.*

Praktika

Nun wird gern behauptet, daß im Lehrerstudium vielfach Praktika vorgesehen seien, daß es Probezeiten gibt, Schulpraktika in Klassen, Studienseminare, die speziell an der Schulwirklichkeit orientiert seien; in Österreich hat man ein schulpraktisch orientiertes, pädagogisches Begleitstudium erfunden. Tatsächlich gibt es diese Tendenz zu einer Betonung der zukünftigen Praxis, vielfach wird sie aber nur als Alibi für die Theorie verwendet, einerseits darauf hinweisen zu können, andererseits bei sich selbst bleiben zu können und endlich das Argument, nur theoretisch zu sein, loszuhaben. Es wird nämlich meist auch hier fein säuberlich arbeitsteilig vorgegangen. Die Praxis betreuen universitär „aufgewertete" Lehrer, die der Theorie und ihrer eigenen Vergangenheit gegenüber recht ambivalent eingestellt sind, aber doch immer wieder ihren universitären Auftrag als Auszeichnung und Ehre empfinden. Theorie und Wissenschaft bleiben weiter meist in der Hand jener, die ohnehin selten in Schulen tätig waren. Was aber die geschilderte Situation noch schwieriger macht, ist die *institutionelle Trennung zwischen Schule und Universität,* die es dem Lehrer schon durch seine Ausbildung erschwert, die geforderte Vereinigung von Schülererfahrung (Erziehung, Bildung) sowie Fach- und Wissensvermittlung vorzunehmen.

Fachstudium

Dem „eigentlichen" Fach geht es aber nicht viel besser: in mehrerer Hinsicht wird es bereits *vor* jedem Unterricht festgelegt und damit *für situative, erfahrungsbezogene Vermittlung unbrauchbar gemacht.* Zunächst haben irgendwelche „kompetenten" Wissenschaftler entschieden, was das Wichtigste im Fach ist, das der Lehrer haben muß, um unterrichten, es dem Schüler weitergeben zu können. Wie diese Entscheidungen fallen, bleibt dem Studenten meist verborgen, er hat das Resultat zu übernehmen, ein Produkt aus Sinn, Willkür, geschichtlicher Tradition und institutioneller Zufälligkeit. Nur wird es ihm doch mehr oder weniger verboten, daran herumzukratzen; hinter dem Paket steht die Autorität der Wissenschaft; vielfach wird dem Studenten hier eine Zeit seines Lebens wirksame, unbestimmte Angst vermittelt, die sich auch späterhin so äußert, daß er es nicht wagt, den „Kanon" zu überschreiten, auch wenn es Situation und Schülererfahrung verlangen würden. Gerade weil das Fach, der Stoff, als *bloßes Resultat* vermittelt werden, die Genesis unbekannt bleibt, erstarrt es auch in dieser Form, und man darf vom einzelnen Lehrer nicht verlangen, daß er die Autorität desselben außer Kraft setzt. Im Grunde hat man sich ja *nie bemüht, ihm selbst Kompetenz und Autorität über das Fach zu vermitteln.* Diese aber würde er brauchen, wenn er in Zukunft damit situations- und erfahrungsbezogen umgehen wollte.[1]

Bleibt die Resultate produzierende Autorität der Wissenschaft unbefragt, auch wenn sie Resultate liefert, die für den Unterricht nicht brauchbar sind, so ließe sie doch einen gewissen Freiraum für Art, Zeit, Tempo der Resultats*vermittlung;* damit aber auch hier alles seine Ordnung hat, treten nun die Fachdidaktiken, Lehrplanforschungen, Curriculumtheorien usw. auf und entwickeln stoffgebundene Unterrichtssequenzen. Dagegen wäre nun an sich noch nichts zu sagen, würden diese Beschäftigungen spielerische Einübungen auf zukünftige Möglichkeiten sein, Diskussionen darüber, was so alles im Leben auf einen zukommen kann; also gleichsam *Angst nehmende Antizipationen,* die uns vor erschreckenden Überraschungen bewahren. Nun fehlt aber dieses spielend-simulierende Moment fast völlig. Man muß nur den tierischen Ernst betrachten, mit dem möglichst perfekte Curricula gebaut und konstruiert werden, die wohl den Zweck suggerieren, alle Zukunft schon in sich zu tragen, jedenfalls zukünftige Situationen des Unterrichts schon vorweggenommen zu haben. In diesem Vorgehen wird der Versuch gemacht, nicht nur den Stoff weiter festzulegen, sondern auch noch dessen „didaktische Aufbereitung", wie es so schön heißt. *Der Autorität des Stoffes wird die der Form beigesellt.* Letztere dient eigentlich und letztlich dazu, Zukunft und Individualität von Unterrichtssituationen auszuschalten, um sie *einer „wissenschaftlichen" Gegenwart zu subsumieren.*

An anderer Stelle (Heintel 1978) habe ich ausführlich zu zeigen versucht, was aus diesem Vorgehen folgt. Für unser Thema sei hier nur folgendes festgehalten: Die Durchdringung, Vermittlung, Aufeinanderbeziehung von Stoff, Fach und Schülererfahrung wird durch inhaltlich vorweggenommene Curricula weitgehend erschwert, wenn nicht verunmöglicht. Die Individualität jeder Unterrichtssituation wird vorweg unterdrückt, zumindest auf bestimmte Stoffanforderungen hin diszipliniert; sie kann nicht mehr als solche „frei" von sich aus zu Wort kommen; sie wird dem Vorweggenommenen angepaßt. Inhaltlich vorweg festgesetzte fachdidaktische Modelle (Produkte der Angst der Wissenschaftler vor einer unsicheren Zukunft, in der man *ad hoc entscheiden* muß) reduzieren somit das gesamte Unterrichtsgeschehen auf Elemente, die im Modell vorkommen, in ihm subsumiert werden können.

Lehrerstudenten werden nun durch diese Curriculummühlen durchgejagt und müssen diese Modelle in ihrer gesamten unsicheren Situation als einen probaten Strohhalm bemerken, an den sich klammern läßt. Also entwerfen sie Stundenbilder und Unterrichtssequenzen und freuen sich, diese später auch „durchziehen" zu können.

Selten gelingt es, sofort den anderen Weg zu gehen; nämlich zu versuchen, sich unbefangen auf die Unterrichtssituation und ihre diversen Überraschungen einzulassen. Dafür fehlen Mut und Ausbildung; außerdem ist dies eben als bloßes Diskutieren diffamiert. Wir bemerken, wie sich diese Verbindung von Stoff und Formautorität auswirkt: der Stoff wird in eine noch fernere Gegend der Unbezweifelbarkeit gerückt, *Unterricht und Schülererfahrung um ihre Eigenautorität, ihre Für-sich-seiende eigene Geltung gebracht;* damit wird alles Schein, was vorgibt, an der Erfahrung der Betroffenen anzuheben, jedenfalls sie mit zu berücksichtigen.

Damit nun aber letztlich überhaupt nichts schief laufen kann, sorgt noch eine letzte Ebene für Festlegungen; zu ihr gehören Lehrplan, Stoffverteilung, Schulprestige, Prüfungsgepflogenheiten usw. Sie bestimmen den eigentlich wirksamen Rest an Standardbestimmungen, die für jeden Unterrichtenden orientierend sind. Wenn in einer Schule z. B. ein bestimmter Leistungsstandard im Rahmen von Stoffbeherrschung verlangt wird – und dieser „seit jeher" schon gilt, kann sich ihm kein einzelner Lehrer, selbst bei bestem Willen, entziehen.[2]

Konsequenzen

Zur Verbindung von Wissensvermittlung und sozialem Lernen bedarf es neuer Ausbildungskompetenzen, die bisher in der Lehreraus- und -fortbildung, wenn überhaupt berücksichtigt, eher am Rand standen.[3]

Soll der Lehrer nämlich den Forderungen entsprechen, die auch von uns erhoben werden, Wissensvermittlung Verhaltenserziehung (individuell, sozial, kollektiv) zu verbinden, muß er Kompetenzen im wesentlichen in zwei Richtungen entwickeln lernen: er muß *erstens imstande sein, den Stoff,* das Wissen wiederum, angepaßt an und als Antwort auf die jeweilige didaktische Situation, *in Prozesse, Vermittlungsbewegungen aufzulösen,* d. h., er muß fähig sein, *selbst Autorität über das Wissen zu werden* und ihm seinen starren Resultatcharakter nehmen; er muß *zweitens praktische Kompetenzen entwikkeln,* die ihn dafür geeignet machen, mit individuellen Erfahrungssituationen, sozialer Umgebung und sozialen Prozessen umzugehen.

Das erste setzt wahrscheinlich eine globalere Einstellungs- und Bewußtseinsveränderung voraus, als allgemein angenommen wird: Wir müssen sehen, daß alles *„autorisierte" Wissen* (institutionell, politisch, geschichtlich, gesellschaftlich), und das heißt nun einmal Wissenschaft, einerseits *Produkt höchst komplexer vorangegangener menschheitsgeschichtlich bedeutsamer Lerngeschichte ist* und sozusagen im Resultat diese Geschichten aufbewahrt, andererseits als *anerkanntes* Wissen, *Sozialität, das Zusammenleben der Menschen direkt und indirekt* regelt, bestimmt, manchmal beherrscht. Es ist unschwer einzusehen, daß gerade in diesem Aspekt die beste Chance liegt, den starren Resultatcharakter von Wissen und Stoff wieder in Bewegung zu bringen.[4]

Diese Kompetenz wird aber nur wirksam Hand in Hand mit jener zweiten, die man als die sozialpraktische, kommunikative bezeichnen könnte. Über sie ist heute vielerorts die Rede, und es gibt allenthalben Lernangebote; in dem anfangs genannten Buch finden sich dazu Stellungnahme und Kritik; ich kann sie mir hier sparen. Der Hauptfehler, so wie ich ihn sehe, besteht in der Tendenz, soziale und kommunikative Situationen zu isolieren (etwa aus dem realen institutionellen Kontext bzw. abzutrennen vom Arbeitsbereich, von Aufgaben der Wissensvermittlung usw.), sie sozusagen idealtypisch zu individualisieren. Generell wird nämlich jener Dualismus unterstützt, der eine sich durchdringende Vermittlung vom Wissenserwerb und sozialem Lernen verhindert.[5]

Es gilt aber, gerade diese beiden Ebenen zu vereinigen, und dem stehen Isolierungs- und Trennungsmethoden eher im Weg.

Klar soll geworden sein, daß traditionelle (per se immer autoritäre) Stoffvermittlung nur dann aufgehoben werden kann, wenn Lehrer Sicherheit für sich gewonnen haben in der praktischen Ausübung diagnostischer, sozial-kommunikativer Kompetenzen. Diese müßten einerseits in der Ausbildung erworben werden, andererseits müßte die jeweilige Schulorganisation selbst sich strukturell instandsetzen, dem Lehrer deren Anwendung zu ermöglichen. Auch hier bemerken wir, welche über ihn selbst hinausgehende Funktion der Stoff eigentlich hat als Außenhalt in Unsicherheits- und Angstsituationen des Individuums, das sich wieder in ein Allgemeines hineinbegeben kann und dort seine ausgesetzte Einzelheit vergißt.

Was uns zu einer Veränderung fehlt, ist einerseits die dafür notwendige soziale Organisationsbasis, andererseits individuelle und sozial-kollektive praktische Kompetenz. In dieser Mangelsituation bekommen Wissen, Stoff, Fach einen speziellen abstrakten Außenhaltscharakter, müssen für immer *mehr* herhalten, als sie selbst für sich sind. Diesen Aspekt für die Anliegen dieses Sammelbandes und die „Bildung“ der Lehrerpersönlichkeit nachzuweisen, war Zweck dieser Situationsschilderung.

Eine These zur Struktur von Wissen, Stoff und Fertigkeiten

Was sich uns in unseren Lernprozessen resultathaft als Wissen, Stoff, Wissenschaft anbietet, ist ein *komplexes Gebilde,* das weit mehr substantiell in sich enthält, als es dem Anschein nach – gegenstandsbezogen – vorgibt. *Die Vereinigung von Wissensvermittlung und Bildung* (soziales Lernen, individuelle und kollektive Erziehung) *kann nur dadurch gelingen, daß man diese verschiedenen Dimensionen im Wissen sichtbar macht,* seinen Resultatcharakter wieder *„verflüssigt"*. Solche Dimensionen, die sich im Wissen außer seiner inhaltlichen Intentionalität „verstecken", sind:

- seine Genesis, eine Antwort auf ein „Schluß" von diversen Lernprozessen
- „eingefrorene", verbindlich gemachte Verständigung unter Menschen (eingefrorene sozial-kommunikative Situationen)
- historische und gesellschaftliche Grenzziehungen menschlicher Möglichkeiten (Axiomatiken, Evidenzen, die das Feld je möglichen Wissens abstecken)
- direkte und indirekte Normierungen eines handelnsorientierenden Sprachsystems
- festgelegte Teilregelungen menschlicher Beziehungen zueinander
- Regelung *eines* speziellen Verhältnisses zur Natur
- Institutions- und Organisationsaußenhalt (zugleich Tabus und Denkverbote)
- Disziplinierungsmaßnahmen von Individualität (bis zum partiellen Ausschluß von Emotionalität)
- Regelung von sozialen Zugehörigkeiten und Ausschlußmöglichkeiten
- Organisation von Sinnlichkeit (Ordnung und Selektion derselben)
- usw.

Ich habe hier einige Momente aufgezählt, die in dem verborgen sind, was auf uns als „Wissenschaft" zukommt und immer schon direkt und indirekt Haltungen prägt. Im Lernprozeß, auch wenn er sich auf bloße „Stoff"vermittlung beschränkt, werden wir *durch diese versteckten Momente immer schon erzogen, gebildet.* Bewußte Erziehung und Bildung, die Wissensvermittlung und soziales Lernen verbinden will, kann m. E. nur dadurch erfolgen, daß der ständige Versuch gemacht wird, die verschiedenen Dimensionen des Wissens an den Tag zu bringen.

Wie die Wissenschaft so tut, als wäre sie „rein" gegenstandsbezogen und hätte keine anderen Dimensionen bei sich, so verschweigt aber auch die Bildungsinstitution ihren schon durch ihre Verfaßtheit und Organisation direkt und indirekt geschehenden Bildungs- und Prägungscharakter.

Gruppendynamische Möglichkeiten

Wollte in dieser schwierigen Situation die „Gruppendynamik" (in erweitertem Konzept, das sich ziemlich weit von der klassischen „Labor-Dynamik" entfernt hat) Hilfestellung leisten, dem Ziel einer sich durchdringenden Vereinigung von Stoffvermittlung und sozialem Lernen näherzukommen, müßte sie m. E. auf vier Ebenen in der Lehrer-Aus- und Fortbildung ansetzen:

- auf der Ebene reflektierter Selbsterfahrung und der Bildung individueller Kompetenzen
- auf der Ebene sozialdiagnostischer Fähigkeitsbildung (Fähigkeiten, die Individualität der jeweiligen „didaktischen Situation" im Prozeß zur Geltung zu bringen)
- auf die Ebene einer Kompetenzbildung im sozial-organisatorischen Bereich (im eigentlichen Sinne praktisch-politische Bildung, Schulung sozialer Phantasie)
- schließlich auf der Ebene der Kompetenz, resultathaftes Wissen zu entschlüsseln und die in ihm verborgenen Dimensionen sichtbar zu machen.

Nicht sinnvoll wäre es m. E., nun für alle diese Ebenen voneinander völlig getrennte Schulungsprogramme zu entwickeln, weil dadurch wiederum die Tendenz verstärkt wird, die Gesamtheit der „didaktischen Situation" aus dem Auge zu verlieren; es geht also um Aus- und Fortbildungsangebote, die sicherlich schwerpunktmäßig unterschieden, doch in sich versuchen, alle Ebenen in den Blickpunkt zu bringen. Es kann hier nicht der Ort sein, nun die vielen Möglichkeiten, die es geben mag, zu beschreiben; ich greife daher willkürlich einige Beispiele heraus, die wir bereits erprobt haben, die zum Teil bereits anderswo beschrieben wurden:

Der *ersten Ebene* schwerpunktmäßig zugeordnet ist eine Einführungsveranstaltung, die wir im Rahmen der Lehrerausbildung in Philosophie schon seit längerem durchführen.

Da ich sie schon ausführlich beschrieben habe, verweise ich den interessierten Leser auf diesen Artikel.

Es handelt sich um ein gruppendynamisch organisiertes Motivationsseminar, das dem Zweck dient, daß der Lehrerstudent zusammen mit anderen gleich zu Beginn seines Studiums seine Zugangsmotivation zu Fach und Beruf reflektieren lernt. Warum möchte er Lehrer werden, warum gerade in diesem Fach? Zur Erfassung dieser individuell lebensgeschichtlichen Motivationsbasis werden Hilfsmittel angeboten. Klarheit über sie zu gewinnen, ist aus mindestens zwei Gründen notwendig: erstens lernt der Student dabei Fach, Stoff und Inhalte mit sich und seinen Wünschen zu identifizieren und sich damit zu konfrontieren; äußerliche, bloße Wissensaneignung wird ihm damit schwierig gemacht, zugleich bemerkt er, welches Gewicht Sekundärmotivationen haben, sich einem Fach zuzuwenden. Zweitens lernt er dabei auch sich selbst mit anderen zusammen besser kennen (übrigens auch, wie wichtig die Kooperation mit anderen ist, um sich selbst zu erfassen); die Basis zukünftiger Möglichkeiten von Übertragungen und Gegenübertragungen ein wenig auszuloten. Diese Kenntnis über sich selbst und die Gründe des Zugangs zu Fach und angestrebtem Beruf legen m. E. das Fundament für eine Lehrerausbildung, die das Ziel hat, den Lehrer für soziale Lehr- und Lernprozesse tauglich zu machen. Je besser man sich selbst in seiner Motivationsbasis kennt, umso unbefangener und sicherer wird man in Zukunft die Individualität didaktischer Situationen zulassen. Dieses Einführungsseminar versucht aber durchaus auch den „klassischen" Stoff zur Geltung kommen zu lassen. In der philosophischen Literatur findet sich genug über jene Motive und Vorstellungen, die auch von den Studenten an sich erfahren wurden; mit diesen können sie sich nun in mannigfacher Art konfrontieren. Der Stoff bekommt eine ganz andere Funktion und Gestalt, unmittelbar werden in ihm Dimensionen sichtbar, die der Student sonst nur zufällig entdeckt und wenn, dann recht unsicher und bloß individuell auf sich bezieht.

Der Erfassung der *zweiten Ebene* dienen gruppendynamische Lehrerseminare, deren Intention in dem anfangs zitierten Buch beschrieben wird. Ich habe an diesen zeitweise mitgearbeitet und kann mich daher mit der Beschreibung weitgehend identifizieren. Über die verschiedenen Arrangements und organisatorischen Möglichkeiten möchte ich hier nichts sagen.

Inhaltlich geht es darum, einerseits den Blick zu schulen für die jeweilige didaktische Situation (Hier und Jetzt), deren Bedingungen, Entwicklung, Schwierigkeiten zu diagnostizieren, auch die Fluchtmöglichkeiten und Abwehren, sich mit realen Problemen zu beschäftigen sehen, andererseits auch organisatorische Antworten für Problemlösungsversuche finden zu lernen. Nachdem sozusagen die verschiedensten „Lebensgeschichten" anwesend sind und man es geschafft hat, an dem „Material" jener Erfahrungen zu beginnen, das vorhanden ist, braucht man schließlich auch um den „Stoff" nicht verlegen zu sein. Nur gewinnt er einen anderen situativen Stellenwert; seine Konkretion, seine Gestalt wird aus der je vorhandenen Situation „rekonstruiert". Damit rückt auch die Dimension eines völlig anderen Umganges mit dem „Stoff" ins Auge; man lernt ihn situationsbezogen handhaben. Diese gruppendynamischen Seminare können sowohl in der Lehrerausbildung als auch in der Fortbildung eingesetzt werden; aus Zeitgründen empfiehlt sich oft fachbezogene Selektion der Personen; wobei damit nicht gesagt sein soll, daß nicht auch der Zugang aus den verschiedensten Fächern interessantes Vergleichsmaterial bringt. Unlängst hatten wir Gelegenheit, ein derartiges Seminar mit dem Großteil des Lehrkörpers *einer* Schule (über 50% einschließlich des Direktors) durchzuführen. Es braucht nicht gesondert betont zu werden, daß in einem derartigen Seminar alle „Überlebensdimensionen" von Individuen und Schulorganisation zur Sprache kommen (von den individuellen Motivationsproblemen und Unterrichtsschwierigkeiten, über Lehrerkooperations- und Hierarchieprobleme bis zur Erörterung der Prüfungsstandards und Stoffanforderungen kam alles zur Sprache und wurde zum Großteil erstmalig gemeinsam behandelt). Ich halte diese Art „institutioneller" Fortbildung für die fruchtbarste; sie baut sich im Seminar bereits *die* Zukunft, in der sie leben will. Außerdem kommen alle für die Institution wichtigen Probleme bis zur politischen Einflußnahme zu Wort, was eine Grundbedingung dafür ist, daß in unserem Sinn das Verhältnis von Wissensvermittlung und sozialem Lernen überhaupt realistisch angegangen werden kann.

Das letzte Beispiel führt uns aber schon zur *dritten Ebene* weiter. Hier kann ich ein Beispiel eines Schulorganisationsprojektes anbieten, das an unserer Universität durchgeführt wurde. (Huber 1980)

Es handelt sich hier um ein Projektbeispiel, das je nach Umfang und Zeitdauer wohl die beste Möglichkeit bietet, alle vier Ebenen zu erfassen. Außerdem schafft es sowohl für Lehrer einer Institution Fortbildungsmöglichkeiten als auch für Lehrerstudenten die besten Voraussetzungen, sich sogleich mit dem institutionellen Schulalltag zu konfrontieren. Überflüssig zu betonen, daß hier auch eine gewisse Einheit von Forschung und Lehre stattfindet, d. h. „Stoff" schon von vornherein in einen forschenden Prozeß gestellt wird. Konkret ging es darum, eine regional, nach bestimmten Kriterien ausgewählte Schule in *ihrem* Umfeld zu beraten und alle Beteiligten und Betroffenen damit in einen Reflexions- und Organisationsprozeß zu versetzen, der durchaus auch kompetenzerweiternd wirken sollte; ich will hier nicht über Schwierigkeiten und Mängel sprechen; dies hat die Veröffentlichung ausführlich getan. Es geht mir darum, ein „sozialinterventionistisches" Modell vorzustellen, an dem *alle* Beteiligten lernen können, das sich nicht im „Schonraum" Universität oder in exterritorialen „stranger-labs" abspielt, sondern in einer lebendigen, konkreten Institution, in ihrer realen Umgebung. Derlei Forschungs- und Lernprojekte sind m. E. die einzig sinnvollen „Praktika" für Lehrerstudenten, weil in ihnen auch von den „Etablierten" mit ihnen zusammen die Gesamtsituation der Institution reflektiert wird. Auch werden die Beteiligten nicht nur mit dem „innerschulischen" Raum konfrontiert, sondern mit allen daran direkt und indirekt verbundenen: Eltern, Sportvereine, Freizeitgruppen, Berufsgruppen etc. Die Institution Schule wird in ihrer Umgebung plastisch; damit auch Bedingungen, Einflüsse, Voraussetzungen, die direkt und indirekt die „tatsächliche Situation" immer schon bestimmt und gestaltet haben, bevor sie in die Hände des gestaltungswilligen Lehrers fallen.

Auf der *letzten Ebene* wird, wie mir scheint, immer noch am wenigsten getan; die gegenstandsbezogene Stoffautorität der Wissenschaft soll offensichtlich nicht angetastet werden. In der fachdidaktischen Diskussion streitet man ausweglos um die Kompetenz und das Recht, wer hier darf, wer nicht, und immer noch wird Engagement für Didaktik von oben herab betrachtet, gleichsam als Ausweg bewertet für solche, die es eben im Fach nicht sehr weit gebracht haben. Daß aber Wissen, Stoff, Wissenschaft, immer auch schon lern- und menschheitsgeschichtlich durch didaktische (historische, gesellschaftliche) Situationen bestimmt waren, gerät hierbei aus dem Auge. Natürlich ist es auch mühsam, die verborgenen Dimensionen im Wissen herauszuholen, weil hier weitgehende Selbstreflexionen am Platz wären, die Fach, Wissenschaft und Terminologien sowie deren Institutionalisierungsformen im Kern träfen.

Dennoch scheint eines unausweichlich: pädagogische Zielsetzungen der Intention dieser Arbeit müssen die Fächer zu einer Selbstreflexion zwingen, da sie ohne sie undurchführbar bleiben.

Konkret heißt dies heute, daß im allgemeinen Wissen nur durch geglückte interdisziplinäre Zusammenarbeit nach seinen verschiedenen Dimensionen aufgeschlüsselt werden kann. Von dieser wird zwar sehr viel gesprochen – sie ist ein Alibiwort geworden – ihre Praxis findet aber schon deshalb kaum statt, weil es (auch psychologisch) Wissenschaftler verschiedener Zunft praktisch nie gelernt haben zu kooperieren. Was hier oft an naiven Prestigekämpfen auf Kosten der eigentlichen Aufgaben stattfindet und wie unreflektiert diese Ebene noch dazu bleibt, ist schon erstaunlich. Wir haben in Österreich im Allgemeinen Hochschulstudiengesetz den Gesetzesauftrag formuliert, daß die Fächer wissenstheoretisch, philosophisch, soziologisch vertieft und „im Ganzen der kulturellen Umgebung" betrachtet werden sollten. Allenthalben wurden an unseren Universitäten Arbeitsgemeinschaften eingerichtet, die nun den Versuch machen, diese Gesetzespflicht zu erfüllen. Für den Lehrerstudenten ist es wahrscheinlich noch weit wichtiger als für einen zukünftigen Fachspezialisten, die genannten Dimensionen des Wissens herausholen zu lernen. Dabei muß der Zusammenhang mit der Erfassung der konkreten didaktischen Situation nicht verlorengehen. Gerade in interdisziplinären Arbeitsgemeinschaften, die der Selbstreflexion des Faches dienen, kommt es zu interessanten „sozialen" Situationen, die durchaus auch Lern- und Betrachtungsgegenstand sein können.

Dies hier vier Beispiele aus vielen Möglichkeiten herausgegriffen. Ich hoffe, daß ich damit auch praktisch gangbare Wege aufgezeigt habe, die es gestatten, aus der beschriebenen Situation Wissensvermittlung versus soziales Lernen herauszufinden.

Anmerkungen

1 Vielmehr muß ein Lehrerstudent an den Universitäten das Empfinden haben, nie in die Weihen der Wissenschaft aufgenommen, aber mit einer in Folie abgepackten Wegzehrung wieder fortgeschickt zu werden. Eigentlich bleibt er selbst *zum „ewigen" Schüler degradiert,* der in „Fortbildungen" immer wieder dazu angehalten wird, an den Brosamen der Wissenschaft mitzunaschen.

2 Will man an dieser Stelle in unserer Richtung etwas weiterkommen, so ist doch eines klar: Solange sich die einzelnen *Schulen und Institutionen* nicht *selbst zum Lerngegenstand machen lassen,* und zwar auch *im* konkreten Unterrichtsgeschehen, und solange dabei nicht ihre Voraussetzungen, Standards und Festlegungen diskutierbar werden, und zwar kollektiv – solange bleibt unser Postulat ein leerer Appell.

3 Auch die Tendenz, aus dem Gebiet der Pädagogik einzelwissenschaftliche „Stoff"-felder zu machen, hat die Notwendigkeit des Erwerbs solcher Kompetenzen eher in den Hintergrund gedrängt. Im Gegenteil hat die einzelwissenschaftliche Differenzierung sehr oft zu einer Verdrängung besonderer Art beigetragen: Man versteht es nun höchst subtil, *über* diese Kompetenzen zu sprechen, Appelle und Postulate zu formulieren, ohne sich an die Praxis heranzuwagen. Dies schafft zwar eine zeitweilige Beruhigung, aber für den Lehrer und seine Aufgaben schaut dabei nicht sehr viel heraus.

4 Immer noch gilt der Satz kritischer Transzendentalphilosophie: Gegenstandskonstitution (d. h. Wissen und Umgang mit Gegenständen) ist gleich oder bestimmt Selbstkonstitution (das Wissen von sich selbst und den Umgang miteinander). *Dieses Moment der sozialen Selbstkonstitution im Wissens- und Stofferwerb muß mehr in den Vordergrund treten,* will man etwa gar „Bildung durch Wissen" (Wissenschaft) erreichen.

5 Leider hat auch ein Mißbrauch der R. Cohnschen Methode (TZI) dazu in letzter Zeit viel beigetragen. Mit der Parole „Störungen haben Vorrang" wird der Wissensvermittlungsprozeß verlassen – wobei keiner so recht weiß, wer definiert, wann und wo etwas den Grad einer Störung erreicht – und erst dann wieder aufgenommen, wenn Ruhe und Zufriedenheit eingetreten sind.

Literatur

Fischer, F.: Darstellung der Bildungskategorien im System der Wissenschaften. Ratingen 1975.

Fritz, J.: Gruppendynamisches Training in der Schule. Heidelberg 1974.

Geißler, K.-A. (Hrsg.): Gruppendynamik für Lehrer. Verändernde Praxis im Schulalltag. Hamburg 1979.

Havelock, R. G./Havelock, M. C.: Training for change agents. A guide to the design of training programs in education and other fields. Ann Arbor, Institute for Social Research. Univ. of Michigan 1973.

Heintel, P.: Thesen zum Verhältnis von Kleingruppe und Organisation als Problem politischer Bildung. In: Huber, J. (Hrsg.): Gruppendynamik und Gruppenpädagogik, ihr Beitrag zur politischen Bildung. Wien/München 1976.

Heintel, P.: Gruppe und Bildung, darin: Die Gruppe im Lehr- und Lernprozeß. Berlin/New York 1975.

Heintel, P.: Politische Bildung als Prinzip aller Bildung. Wien/München 1977.

Heintel, P.: Didaktik der Philosophie. In: Festschrift für E. Heintel zum 60. Geburtstag. Wien/München 1973.

Heintel, P.: Zum Wissenschaftsbegriff der Gruppendynamik (Antwort auf Chr. Ohm: Ziellosigkeit als Ziel der Gruppendynamik. In: Das Argument (1973), Nr. 78 u. in: Das Argument 17 (1975).

Heintel, P.: Bedeutung und Unterdrückung sozialer Interaktionen in der Schule. In: Schwarz, G. (Hrsg.): Gruppendynamik für die Schule. Wien/München 1974.

Heintel, P.: Thesen zum Problem der Motivation: Konsequenzen für den Philosophieunterricht. Unveröffentl. Ms.

Heintel, P.: Modellbildung in der Fachdidaktik. Eine philosophisch-wissenschaftstheoretische Untersuchung. Klagenfurt 1978.

Huber, J. (Hrsg.): Gruppendynamik und Gruppenpädagogik, ihr Beitrag zur politischen Bildung. Wien/München 1976.

Huber, J. (Hrsg.): Das Schulorganisationsprojekt Klein St. Paul. Klagenfurt 1980.

Lapassade, G.: Gruppen, Organisation, Institution. Stuttgart 1972.

Popp, W. (Hrsg.): Kommunikative Didaktik. Soziale Dimensionen des didaktischen Feldes. Weinheim/Basel 1976.

Rumpf, H.: Zweifel am Monopol des zweckrationalen Unterrichtskonzepts, Thesen über das Verhältnis von Lernzielen und Unterrichtsereignissen. In: Neue Sammlung 11 (1971), S. 393–411.

Schmied-Kowarzik, W.: Kritische Anmerkungen zur deutschen Curriculumforschung. In: Pädagogische Rundschau 24 (1970), S. 519–548.

Schwarz, G. (Hrsg.): Gruppendynamik für die Schule. Wien/München 1974.

Wellendorf, F.: Schulische Sozialisation und Identität. Zur Sozialpsychologie der Schule als Institution. Weinheim/Basel 1973.

"Der Lehrer aus Schülerperspektive"

Dietrich Lemke

Der ungeklärte Zusammenhang zwischen Lehrerpersönlichkeit, didaktischem Handeln und dem Lernerfolg der Schüler

0. Einleitung

Es gibt eine fest verwurzelte und von Erziehungswissenschaftlern und Pädagogen verschiedenster Provenienz[1] vertretene Überzeugung, daß die Persönlichkeit des Lehrers von entscheidender Bedeutung für die Lernbereitschaft, den Lernerfolg und schließlich auch für die persönliche und sittliche Entwicklung der Schüler sei. Diese Überzeugung ist die tragende Grundlage für E. Sprangers Schrift „Der geborene Erzieher" (1965) genauso wie für das von G. Pause bearbeitete Kapitel „Merkmale der Lehrerpersönlichkeit" im „Handbuch der Unterrichtsforschung" (Pause 1970, bes. Sp. 1357), um nur zwei Vertreter recht gegensätzlicher Grundrichtungen zu nennen. Es ist auch sehr schwierig, sich dieser intuitiven Erkenntnis generell zu verschließen, da fast jeder während der von ihm durchlebten Zeit als Schüler positive und negative Erfahrungen mit seinen verschiedenen Lehrern gemacht hat und geneigt ist, diese Erfahrungen und Eindrücke von der Persönlichkeit seiner Lehrer auf die eigenen Lernerfolge und -mißerfolge oder auf bestimmte Entwicklungen der eigenen Persönlichkeit zu beziehen.

1. Empirische Forschung

Der intuitiven Gewißheit von den Wirkungen der Lehrerpersönlichkeit steht gegenüber eine äußerst spärliche empirische Absicherung, die nicht im entferntesten das zu stützen vermag, was doch zunächst unmittelbar einleuchtend und plausibel erscheint. Ein Blick auf Schwierigkeiten der empirischen Überprüfung deckt aber schnell die Gründe auf, die es bisher verhindert haben, daß eine empirisch fundierte Theorie der Lehrerpersönlichkeit konzipiert wurde, die in der Lage wäre, sowohl Persönlichkeitsfaktoren aufzuzeigen, die der Ausübung des Lehrberufes förderlich oder hinderlich sind, als auch Beziehungen zwischen bestimmten Persönlichkeitszügen und dem unterrichtlichen Handeln des Lehrers und schließlich dem Lernerfolg der Schüler nachzuweisen. Einmal ist der situative Zusammenhang eines schulischen Unterrichtsprozesses schon durch die Vielfalt der beteiligten Interaktionspartner schwer zu durchschauen, zum anderen ist die Vielfalt der vom Lehrer während seines Unterrichts zu erfüllenden Aufgaben so groß, daß auch bei einer objektivierten Überprüfung des Unterrichts selbst wie auch der Lernergebnisse der Schüler oder ihres Unterrichtsverhaltens sehr schwer abzuschätzen ist, auf welche Faktoren dieses komplizierten Zusammenhanges denn der möglicherweise festgestellte Lernerfolg ursächlich zurückzuführen sein mag.

Aus dieser enormen Komplexität ergibt sich für G. Pause (1970, Sp. 1358) schließlich die „Frage, ob es überhaupt durchgängig gleichbleibende, charakteristische Merkmale der Lehrerpersönlichkeit gibt oder ob nicht jede Feststellung über typische Einstellungen, Verhaltensweisen oder kognitive Eigenarten des Lehrers immer nur unter Berücksichtigung der Beziehung zu speziellen Aufgaben und Personen getroffen werden kann«. Diese Auffassung führt allerdings bei strikter Handhabung zu der Konsequenz, daß überhaupt keine generellen Aussagen mehr gemacht werden können, sondern nur noch fallstudienartige, rein beschreibende Einzelaussagen über spezielle unterrichtliche Einzelergebnisse unter genauer Aufzählung aller beteiligten Personen, Beschreibung der äußeren Bedingungen, des behandelten Stoffes usw. möglich wären. Da solche Forschungsergebnisse, die auf eine Deutung des Beobachteten völlig verzichten, nur wenig hilfreich für den praktizierenden Lehrer wie für die Erziehungswissenschaft sind, ist diese Konsequenz denn auch nicht gezogen worden, sondern man hat auf verschiedenste Weise versucht, erfolgreiche und weniger erfolgreiche Lehrer hinsichtlich bestimmter Persönlichkeitszüge zu bestimmen (vgl. z. B. Pause 1970, Brunner 1978, Nickel 1974).

Was diese Forschungsergebnisse für den Lehrer so unbefriedigend macht, ist vor allem die Tatsache, daß inhaltliche und didaktisch-methodische Gesichtspunkte allenfalls am Rande oder implizit berücksichtigt werden, wie es z. B. bei der als vorbildlich geltenden großen Untersuchung von D. G. Ryans und Mitarbeitern (Ryans 1960) im dritten (Z_0) Verhaltenskomplex geschieht, der stimulierendes, einfallsreiches und originelles Lehrerverhalten gegen langweiliges und schematisch-routinemäßiges Lehrerverhalten absetzt (Ryans 1960, S. 102; 1967, S. 331). Wie ein derartiges Lehrerverhalten im konkreten Fall jeweils aussehen mag, ist nur sehr ungefähr zu ahnen, genau wie das im Verhaltenskomplex Y_0 zusammengefaßte „verantwortungsvolle, professionelle und systematische Verhalten" die verschiedensten Konkretisierungsformen haben kann.

Es drängt sich hier die Vermutung auf, daß der durch empirische Beobachtung und statistische Auswertungsverfahren erzielte Fortschritt gegenüber den traditionellen „Tugendkatalogen" für den Lehrer, wie etwa dem bei H. Glänzel (1967, S. 6) aufgeführten[2], doch nicht so groß ist, wie es auf den ersten Blick scheint. Hinsichtlich des Zusammenhangs zwischen Zügen der Lehrerpersönlichkeit und seinem didaktischen Handeln geben die hermeneutisch-reflektierend vorgehenden Pädagogen sogar erheblich konkretere Hinweise, als sie bei den empirisch vorgehenden Unterrichtsforschern zu finden sind.

2. E. Sprangers Konzept des „geborenen Erziehers"

So ist es z. B. für E. Spranger ganz klar, daß sein „geborener Erzieher"[3], der dem Schüler als sittliche Persönlichkeit ein Vorbild ist und ihm, erfüllt von pädagogischem Eros, zu persönlicher Bildung verhelfen will, auch im didaktisch-methodischen Bereich besonders Hervorragendes leisten muß. Er sucht daher aus den vorgefundenen Kulturgütern für den Unterricht diejenigen aus, von denen er aufgrund ihres Bildungswertes annimmt, daß sie für den Bildungsprozeß seiner Schüler wertvoll werden könnten (1965, S. 24f.). Er ist bemüht, ein verstehendes, sinnhaftes Lernen zu fördern, einmal durch eine den altersbedingten Verstehensmöglichkeiten der Kinder angepaßte didaktische Vereinfachung des komplexen Sinnzusammenhanges, dann aber vor allem auch durch eine problematisierende Unterrichtsweise, die das Denken der Schüler zur Entfaltung kommen läßt (1965, S. 27ff.).[4]

So wichtig es auch für die Ausbildung von Lehrern ist, daß grundlegende Reflexionen über Bildungsgüter und pädagogische Zielvorstellungen angestellt werden, und wie notwendig dabei auch – trotz aller Verwissenschaftlichung der Lehrerausbildung – die Orientierung an Leitvorstellungen und Vorbildern ist, wir müssen hier noch einige kritische Anmerkungen zu Sprangers Konzept machen. Die Kritik richtet sich einmal gegen das Konzept des „geborenen Erziehers" als solches. Es ist zwar von Spranger nicht ganz wörtlich gemeint, sondern in erster Linie als Vorstellung vom idealen oder genuinen Erzieher (ebd., S. 14ff.), aber es sind doch genügend Hinweise auf das andere, wörtliche Begriffsverständnis vorhanden, z. B. wenn Spranger von Eigenschaften spricht, „die nicht auf Einsicht beruhen und daher weder lehrbar noch lernbar sind" (ebd., S. 42). Überlegungen darüber, welche Eigenschaften oder Fähigkeiten eines Lehrers angeboren oder erworben und erlernt sind, bleiben aber notwendig spekulativ und helfen dem angehenden wie dem erfahrenen Lehrer nicht weiter, eher im Gegenteil: Wer sich selbstkritisch mit dem von Spranger entworfenen Idealbild des Erziehers und Lehrers vergleicht, wird notwendig seine eigene Unzulänglichkeit feststellen müssen, was besonders bei Anfängern, die ja schon aus Unerfahrenheit viele vermeidbare Fehler machen und ein größeres Maß an Mißerfolgserlebnissen haben, dann leicht zu dem resignativen Schluß führt, daß sie offenbar keine geborenen Erzieher seien. Aus dieser Resignation heraus wird dann oft das Bemühen um eine Verbesserung der eigenen Fähigkeiten nur noch halbherzig betrieben, oder es unterbleibt ganz. Hilfreicher scheint da ein Abheben auf das Erkennen, Erlernen und Einüben definierbarer Einzelfähigkeiten und Teilaspekte der komplexen Gesamttätigkeit des Lehrers, wobei dann offen bleibt, bis zu welchem Grade jeder einzelne Lehrer in jedem dieser Teilaspekte sich vervollkommnen kann.

Ein zweiter Kritikpunkt ist die Verabsolutierung der „exemplarischen Methode", die zwar, obwohl heute kaum noch diskutiert, dennoch keineswegs als überholt gelten darf[5], aber doch nicht ohne Ergänzung durch systematische Lehrgänge und durch weniger zeitaufwendige, darbietende Lehrverfahren durchgeführt werden kann. Ein dritter wesentlicher Einwand betrifft die aus der Konzeption des idealen Lehrers resultierende Vernachlässigung der Fülle möglicher und auch in der Realität vorfindlicher Spielarten der Ausführung des Lehrerberufes.

3. C. Caselmanns Lehrertypologie

Diesen Varianten wendet sich dagegen C. Caselmann in seinem einige Zeit stark beachteten Buch „Wesensformen des Lehrers" (4. Auflage 1970) zu. Er geht daher nicht spekulativ vor wie Spranger, sondern phänomenologisch beschreibend, oder, wie er selbst es nennt, „phänomenologisch-empirisch" (ebd., S. 7), wobei er als empirische Grundlage seine eigene reiche Erfahrung und 600 Aufsätze von Studenten, Referendaren und Junglehrern zum Thema „Schildern Sie einen Ihrer Lehrer“ benutzt. Caselmann versucht in vollem Bewußtsein der Probleme eines typologischen Ansatzes mit seiner Typologie der Lehrer nachzuweisen, „daß es nicht *einen* mit Zwang herbeizuführenden Idealtypus eines Lehrers gibt, sondern *viele* mögliche Lehrertypen“ (ebd., S. 11; Hervorhebungen von Caselmann), die alle ihre relative Berechtigung und ihre spezifischen Stärken haben. Er unterscheidet – wie vor ihm z. B. schon G. Kerschensteiner (1959, S. 92ff.) – zwei Hauptrichtungen, in die Lehrer tendieren können, einmal das vorwiegende Interesse am Gegenstand, dem Stoff des Unterrichts – Caselmann nennt dies den „logotropen“ Typus (z. B. 1970, S. 30) –, auf der anderen Seite das vorwiegende Interesse für das zu erziehende Kind – dieser Lehrertypus heißt „paidotrop“ (z. B. ebd., S. 25).

Beide Grundtypen werden von Caselmann noch variiert (ebd., S. 29–68), zunächst die Logotropen in philosophisch Interessierte und fachwissenschaftlich Interessierte, die Paidotropen in individuell-psychologisch Interessierte und generell-psychologisch Interessierte, dann, sozusagen quer zu diesen Klassifikationen verlaufend, noch weitere Unterscheidungen nach der Art des Umgang mit den Schülern (autoritativ – mitmenschlich), nach der Art des geistigen Zugriffs auf den Unterrichtsstoff (wissenschaftlich-systematisch – künstlerisch-organisch – praktisch), dem Temperament (ruhig – lebhaft) und der Art, sich zu geben (straff – locker). Dadurch, daß jeweils beide Unterkategorien der beiden Grundrichtungen mit fast allen anderen Bestimmungen in beliebiger Kombination auftreten können, ergibt sich eine große Typenvielfalt, die den Zweck einer Typologie, Übersicht zu schaffen, schon fast wieder zunichte macht. Darüber hinaus fordert Caselmann (ebd., S. 65 f.), was leider zu oft übersehen wird[6], daß jeder Lehrer, der überwiegend zu einer der beiden Grundrichtungen neigt, in jedem Fall, um seinen Beruf überhaupt ausüben zu können, auch eine gewisse Neigung für die andere Grundrichtung haben und weiterentwickeln muß.

Was nun Caselmanns Typologie für unseren Zusammenhang besonders interessant macht, ist die Tatsache, daß er sich bemüht, seinen Typen bestimmte Unterrichtsmethoden zuzuordnen, für die sie sich besonders eignen (ebd., S. 73 ff.). Die logotropen Lehrer sind nach Caselmann für eine „Methode vom Kinde aus“, d. h. für eine radikale Arbeitsschulmethodik, nicht geeignet, sondern eher für die verschiedenen Weisen eines stärker lenkenden Unterrichts, besonders wenn sie außerdem autoritativ veranlagt sind. Mitmenschlich veranlagte Logotrope können aber auch mit ihrem Naturell gemäßigte Formen unterrichtlicher Selbsttätigkeit der Schüler vereinbaren. Der philosophisch veranlagte Logotrope neigt zum Monologisieren, während der fachwissenschaftlich orientierte mehr dem vom Lehrer gelenkten Unterrichtsgespräch zuneigt. Für die paidotropen Lehrer ist nach Caselmann der Arbeitsunterricht in seinen verschiedenen Ausprägungen die gegebene Methode, wobei der individuell-psychologisch Interessierte die Schülerarbeit möglichst weitgehend individualisieren wird, der generell-psychologisch Interessierte eher die Gruppenarbeit mit möglichst homogenen Gruppen bevorzugt. Der autoritative Paidotrope eignet sich nach Caselmann am besten für einen straff geführten Arbeitsunterricht im Sinne Scheibners, der mitmenschlich veranlagte für Arbeitsformen, die der Aktivität des Kindes möglichst viel Raum geben, nach dem Vorbild M. Montessoris, B. Ottos, J. Deweys und P. Petersens. Der künstlerisch-organische Lehrertypus beider Grundrichtungen sollte nicht nach einer starren, schematischen Methode wie den Zillerschen Formalstufen arbeiten, während sich die „wissenschaftlich-systematischen Köpfe" an einer klaren, vorausgeplanten Disposition orientieren sollen. Die Praktiker schließlich können im Arbeitsunterricht die besten Erfolge erzielen, wobei sie je nach Grundrichtung eine mehr oder weniger streng geführte Form der Schülertätigkeit bevorzugen. Selbst aus dem Temperament des Lehrers zieht Caselmann eine methodische Folgerung, daß nämlich lebhafte Temperamente im neusprachlichen Unterricht sich mehr für die „direkte Methode" eignen. Zu den meisten der geschilderten Typen gibt Caselmann noch genauere Beschreibungen ihrer spezifischen zu betonenden Stärken und zu bekämpfenden Schwächen und empfiehlt am Schluß allen Lehrern, aus ihrem persönlichen Typ das Beste zu machen.

Es ist das unbestreitbare Verdienst Caselmanns, darauf aufmerksam gemacht zu haben, daß es verschiedene Möglichkeiten gibt, ein guter Lehrer zu sein, und daß es nicht Sinn der Lehrerbildung sein kann, einen möglichst homogenen Einheitslehrertyp zu schaffen. Viele seiner Typenbeschreibungen sind auch der Tendenz nach sehr plausibel, was nicht zuletzt durch die den Studentenaufsätzen zum Thema „Schildern Sie einen Ihrer Lehrer" entnommenen sehr plastischen Schilderungen erreicht wird. Wertvoll ist schließlich auch die Anerkennung einer ganzen Palette verschiedener Lehrmethoden, mit anderen Worten: die Absage an jeden orthodoxen Methodenmonismus.

Bedenklich wird es erst, wenn Caselmann zu verallgemeinernden Deutungen und Postulaten übergeht, wie z. B. der eindeutigen Zuordnung bestimmter Unterrichtsmethoden zu bestimmten Lehrertypen, die in dieser Form denn doch als spekulativ und damit prinzipiell fragwürdig bezeichnet werden muß. Das gleiche gilt von der Typologie selbst, die zwar als Denkanstoß und Reflexionsgrundlage dienen kann und bei vorsichtiger, bedachtsamer Verwendung sicher auch manchem Lehrer zu einer gewissen Selbsterkenntnis verhelfen mag, aber keineswegs als endgültige Lösung zu akzeptieren ist.

Der Zusammenhang zwischen der Persönlichkeit des Lehrers und seinem didaktischen Handeln ist also nach wie vor als ungeklärt anzusehen.

4. Freundlichkeit und unterstützendes Verhalten

Ähnlich steht es um den Zusammenhang mit dem Lernerfolg des Schülers. Hier hilft uns die empirische Forschung aber doch etwas weiter, und so sind wir der Meinung, daß zumindest der Einfluß des Faktors „Freundlichkeit/unterstützendes Verhalten des Lehrers" auf den Lernerfolg der Schüler aufgrund vorliegender empirischer Ergebnisse recht gut eingeschätzt werden kann. Dazu bedarf es allerdings der Auseinandersetzung mit weitgehend akzeptierten Lehrmeinungen.

Die erste sieht den Einfluß von Freundlichkeit und Unterstützung seitens des Lehrers auf die Lernleistung der Schüler als weniger bedeutend an. Dafür bietet die schon erwähnte Untersuchung von D. G. Ryans einen Anhaltspunkt, die als eines ihrer wichtigsten Ergebnisse die Feststellung erbrachte, daß nur in der Grundschule durchgängig ein hoher positiver Zusammenhang zwischen freundlichem, ermutigendem Lehrerverhalten und dem als produktiv definierten Schülerverhalten bestand, während bei den meisten beobachteten Sekundarschulklassen zwar auch ein positiver, aber wesentlich geringerer Zusammenhang gefunden wurde (Ryans 1960, S. 124f.; 1967, S. 333). Nur bei Fremdsprachen- und Wirtschaftskundelehrern wurden im Durchschnitt höhere Werte festgestellt. Ähnlich ist das Ergebnis, das R. Tausch, H. Köhler und B. Fittkau (1966, bes. S. 360ff.) bei einer Untersuchung erhielten. Die 12–13 Jahre alten Volksschüler, die von freundlich-partnerschaftlichen Lehrern unterrichtet wurden, erzielten zwar im Rechnen höhere Leistungen als die von weniger freundlichen Lehrern unterrichteten Altersgenossen, dafür waren ihre Leistungen im Diktat aber sogar etwas schlechter. Unter Berufung auf diese und ähnliche Untersuchungen[7] fällt dann M. Hofer im Funk-Kolleg Pädagogische Psychologie das Urteil, die Annahme, daß ein gutes Klassenklima die Leistung der Schüler fördere, müsse „weitgehend und in dieser Allgemeinheit als irrig verworfen werden" (1974, S. 539).

Ähnlich sieht auf den ersten Blick ein oft zitiertes Urteil von B. S. Bloom (1966, S. 217) aus, in dem er feststellt, daß u. a. autoritäres und nicht autoritäres, d. h. freundliches, partnerschaftliches Vorgehen des Lehrers sich hinsichtlich des Lernerfolgs in der Wirkung nicht unterscheiden, wenn es das Ziel ist, den Schülern mehr Faktenwissen oder einfache Fertigkeiten zu vermitteln. Bei näherem Hinsehen unterscheidet sich das Urteil Blooms von dem Hofers aber doch sehr wesentlich dadurch, daß die Geltung der Aussage auf den Bereich des Lernens von Fakten und einfachen Fertigkeiten eingeschränkt wird. Es liegt daher nahe zu prüfen, ob das emotionale Klassenklima auch dann ohne wesentlichen Einfluß auf den meßbaren Lernerfolg bleibt, wenn anspruchsvollere Zielsetzungen wie kreatives Problemlösen und kritisches Urteil angestrebt werden. Da die Beschaffenheit des Klassenklimas mit hoher Wahrscheinlichkeit Einfluß auf das Aufkommen von Angst bei den Schülern hat (siehe dazu die weiter unten erwähnte Untersuchung von Flanders), helfen uns hier empirische Untersuchungen weiter, die sich mit der Auswirkung von Angst auf die Leistungsfähigkeit befassen.

Zunächst ist festzustellen, daß bei einer Untersuchung von A. Castaneda (1961, S. 257f.) Angst bei leichten Testaufgaben keine Leistungsminderung bewirkte. Ganz anders bei H. W. Stevenson und R. D. Odom (1965, bes. S. 1004), die bei komplexen und kreativen Testaufgaben einen wesentlich geringeren Erfolg der ängstlichen Probanden beobachteten. Direkt auf den Schulunterricht bezieht sich eine Untersuchung von R. L. Spaulding (1965, bes. S. 117ff.), der zu dem Ergebnis kam, daß Schüler, deren Lehrer unfreundlich und bedrohlich wirkten, weniger Selbstvertrauen besaßen als Schüler freundlicher Lehrer und daß sie gleichzeitig weniger geistige Beweglichkeit und Originalität zeigten. Wichtig ist schließlich auch der von N. A. Flanders (1951/52, bes. S. 110) erbrachte Nachweis, daß durch freundliches, schülerzentriertes Lehrerverhalten die Ängstlichkeit der Schüler herabgesetzt werden konnte.

Aufgrund der hier angeführten empirischen Untersuchungen[8] können wir nun resümieren, daß zumindest bei anspruchsvolleren Unterrichtszielen ein enger Zusammenhang zwischen dem Maß an Freundlichkeit und Unterstützung, das ein Lehrer seinen Schülern entgegenbringt, und dem erzielten Lernerfolg der Schüler besteht. Diese Annahme wird übrigens bei genauerem Hinsehen auch durch die erwähnte Untersuchung von R. Tausch, H. Köhler und B. Fittkau gestützt, da sich im Rechentest, der auch anspruchsvollere Aufgaben (Sachrechnen) enthielt, eine bessere Leistung der Schülergruppe ergab, die von freundlicheren Lehrern unterrichtet wurde, während im Diktat, das ja in erster Linie orthographisches Faktenwissen erfordert, ein solcher Unterschied nicht auftrat.

5. Folgerungen für Schulunterricht und Lehrerbildung

Gegenüber allzu naiven Befürwortern eines Schülerorientierten Unterrichts muß allerdings darauf hingewiesen werden, daß Freundlichkeit allein nicht hinreicht, um die Schüler in ihrer intellektuellen und persönlichen Entwicklung voranzubringen – ja, es ist genau besehen die fachliche Kompetenz des Lehrers sogar dazu notwendig, daß er seinen Schülern gegenüber freundlich und unterstützend auftritt. Dies sei an einem konkreten Beispiel erläutert.

Bei einer Hospitation erlebte ich es, daß eine Lehrerin, die mir wegen ihres freundlichen Umgangs mit den Schülern immer besonders positiv aufgefallen war, ganz plötzlich sehr scharf auf einen Schülerbeitrag reagierte und ihn schroff zurückwies. Was war geschehen? Der Schüler hatte einen für mich erstaunlich guten selbständigen Einfall vorgebracht, der aber in das Konzept der Lehrerin nicht hineinpaßte und auf den sie deshalb nicht gefaßt war. Ihre Rigorosität und Unfreundlichkeit war also reine Defensive! Nur eine bessere, d. h. flexiblere Unterrichtsplanung, verbunden mit einer gründlicheren didaktischen Reflexion hätte es ihr ermöglicht, den originellen Einfall ihres Schülers angemessen aufzunehmen und ihn zu ermutigen, auch weiterhin selbständig zu denken.

Ebenso steht es mit der Unterstützung von Schülern, denen nur teilweise richtige Unterrichtsbeiträge geglückt sind. Ist der Lehrer nicht in der Lage, das richtig Gedachte in einem solchen Schülerbeitrag zu erkennen, kann er nicht unterstützend und ermutigend wirken. Insofern ist es fatal, daß C. R. Rogers, der Gewährsmann der meisten Befürworter eines Schülerorientierten Unterrichts, die fachlichen und didaktischen Qualitäten des Lehrers fast bis zur Bedeutungslosigkeit herabsetzt gegenüber „bestimmten einstellungsbedingten Qualitäten“ in der persönlichen Beziehung zu seinen Schülern (1974, S. 107). Erst beide Qualitäten zusammen ergeben eine hinreichende Qualifikation des Lehrers!

Deshalb ist auch ein Erfahrungstraining, wie es z. B. von A. und R. Tausch (1973, S. 450ff.) für Lehrer vorgeschlagen wird, oder sonst irgendein Verfahren des Lehrverhaltenstrainings, das die didaktisch-inhaltliche Seite des Unterrichts nicht berücksichtigt und daher auch z. B. die Auswirkungen einer ungeschickt aufgebauten Unterrichtsstunde auf das Verhalten von Lehrern und Schülern nicht erfassen kann, in seiner Wirkung notwendig begrenzt und kann leicht aufgrund falscher Diagnosen zu falschen Therapien führen. Der soeben erwähnten Lehrerin, die trotz einer unzweifelhaft positiven Einstellung gegenüber ihren Schülern auf einen originellen Einfall so unangemessen reagierte, wäre mit einem Erfahrungstraining zum Zweck einer Einstellungsänderung sicher nicht geholfen gewesen!

Was vorrangig benötigt wird, ist also ein integriertes Konzept für unterrichtspraktische Übungen, in dem mit vereinfachten Rahmenbedingungen in Kleingruppen nicht nur bestimmte Einzelfertigkeiten (skills) trainiert[9] oder sozial-emotional wünschenswerte Einstellungen gegenüber den Schülern vermittelt werden sollen[10], sondern auch der Zusammenhang zwischen didaktischer Reflexion, Unterrichtsplanung und dem Unterricht selbst ausdrücklich thematisiert und mit einer flexiblen Planungsstrategie[11] verbunden wird. Nur so ist es möglich, die unfruchtbare Kontroverse zwischen Schülerorientierung und Lernzielorientierung bzw. Stofforientierung zu überwinden, die im fast ausschließlichen Abheben auf die eine oder die andere Seite des Unterrichts weit hinter das Reflexionsniveau z. B. eines Caselmann zurückfällt, für den, wie wir gesehen haben, diese beiden Seiten des Unterrichts immer zusammengehören.

Anmerkungen

1 Z. B. Kerschensteiner 1959, S. 13 und S. 110; Horney 1960, S. 17; Spranger 1965 passim, z. B. S. 15; Ryans 1967, S. 323; Pause 1970, Sp. 1357.

2 Der bei Glänzel aufgeführte „Tugendkatalog" lautet: „Die Güte, das Vertrauen, das Wertbewußtsein, die Gerechtigkeit, die Geduld, der Takt, der Bildungswille, die Glaubwürdigkeit, der Humor". Die wohl höchstmögliche Übersteigerung eines solchen Tugendkatalogs findet sich in einem in der Mitte des vorigen Jahrhunderts erschienenen Werk von A. Diesterweg (zitiert nach der Neuauflage von 1958, S. 11): „Mit Recht wünscht man Ihnen [den Schullehrern] die Gesundheit und Kraft eines Germanen, den Scharfsinn eines Lessing, das Gemüt eines Hebel, die Begeisterung eines Pestalozzi, die Wahrheit eines Tillich, die Beredsamkeit eines Salzmann, die Kenntnis eines Leibniz, die Weisheit eines Sokrates und die Liebe Jesu Christi." In einer etwas abgewandelten Form taucht ein solcher Tugendkatalog sogar bei C. Caselmann (1970, S. 68f.) auf, der im Grunde idealisierenden Darstellungen des Lehrers eher skeptisch gegenübersteht.

3 Spranger bezeichnet selbst seine Redeweise vom „geborenen Erzieher" als mißverständlich, da er nicht meint, daß das Lehrersein irgend jemandem als ausgebildete Fähigkeit in die Wiege gelegt werden könne. Er meint in erster Linie den genuinen, zu seiner Tätigkeit berufenen Lehrer (1965, S. 14ff.). Siehe aber auch weiter unten.

4 Daß Spranger als Unterrichtsmethode das problemorientierte, entdeckende oder genetische Lernen empfiehlt, macht seine Berufung auf M. Wagenschein und F. Copei deutlich (Spranger 1965, S. 30, Anm. 1 bzw. S. 32).

5 Zur heutigen Bedeutung und zu Weiterentwicklungen des „exemplarischen Prinzips" siehe Lemke 1980, S. 378ff.

6 Z. B. Beckmann 1970, S. 219.

7 Dabei übersieht Hofer freilich großzügig den Vorsprung der Versuchsgruppe im Rechnen gegenüber der Vergleichsgruppe. Diese Punktdifferenz ist nach Auskunft von Tausch, Köhler und Fittkau (1966, S. 360) auf dem 5-Prozent-Niveau statistisch signifikant, im Gegensatz zum Vorsprung der Vergleichsgruppe im Diktat, der statistisch nicht zu sichern war.

8 Weitere Belege im Lemke 1978, S. 275ff.

9 Wie z. B. im ursprünglichen Konzept des „Micro-teaching" (vgl. Allen/Ryan 1972).

10 Wie z. B. im Verfahren der „Mikroanalyse" (Wagner u. a. 1976, bes. S. 93–134).

11 Ansätze zu einer solchen flexiblen Planungsstrategie in Lemke 1980, bes. S. 396ff.

Literatur

Allen, D. W., Ryan, K. A.: Microteaching. Weinheim 1972.

Beckmann, H.-K.: Unterrichten und Beurteilen als Beruf. In: Funk-Kolleg Erziehungswissenschaft, Bd. 1, Frankfurt/M. 1970, S. 215–231.

Bloom, B. S.: Twenty-five Years of Educational Research. In: American Educational Research Journal 3 (1966), S. 211–221.

Brunner, R.: Lehrerverhalten. Theorien, Bedingungen, Merkmale und Zusammenhänge mit dem Verhalten und der Leistung der Schüler. Paderborn 1978.

Caselmann, C.: Wesensformen des Lehrers. Stuttgart [4]1970.

Castaneda, A.: Differential Position Habits and Anxiety in Children as Determinants of Performance in Learning. In: Journal of Experimental Psychology 61 (1961), S. 257f.
Diesterweg, A.: Wegweiser zur Bildung für deutsche Lehrer (hrsg. von J. Scheveling nach der 4. Aufl., Essen 1850). Paderborn 1958.
Flanders, N. A.: Personal-Social Anxiety as a Factor in Experimental Learning. In: Journal of Educational Research 45 (1951/52), S. 100–110.
Glänzel, H.: Lehren als Beruf. Hannover 1967.
Hofer, M.: Verhaltensweisen von Lehrern und ihre Auswirkungen. In: Funk-Kolleg Pädagogische Psychologie. Frankfurt/M. 1974, S. 537–545.
Horney, W.: Zur Psychologie des Lehrers. In: Horney, W., Meckel, P., Wolf, F. (Hrsg.): Handbuch für Lehrer, Bd. 1. Gütersloh [2]1960, S. 17–29.
Kerschensteiner, G.: Die Seele des Erziehers und das Problem der Lehrerbildung. München/Stuttgart [7]1959.
Lemke, D.: Konsequenzen der allgemeinen Ziele für den Unterricht und seine Planung. In: Diener, K., Füller, K., Lemke, D., Reinert, G.-B.: Lernzieldiskussion und Unterrichtspraxis. Stuttgart 1978, S. 264–287.
Lemke, D.: Bedeutung und Reichweite von Unterrichtsinhalten. In: Reinert, G.-B. (Hrsg.): Praxishandbuch Unterricht. Reinbek 1980, S. 373–401.
Nickel, H.: Beiträge zur Psychologie des Lehrerverhaltens. München 1974.
Pause, G.: Merkmale der Lehrerpersönlichkeit. In: Ingenkamp, K., Parey, E. (Hrsg.): Handbuch der Unterrichtsforschung, Teil II. Weinheim 1970, Sp. 1353–1526.
Rogers, C. R.: Lernen in Freiheit. München 1974.
Ryans, D. G.: Characteristics of Teachers. A Research Study. Washington (D. C.) 1960.
Ryans, D. G.: Einige Beziehungen zwischen Schülerverhalten und gewissen Verhaltensweisen des Lehrers. In: Weinert, F. (Hrsg.): Pädagogische Psychologie. Köln 1967, S. 323–335.
Spaulding, R. L.: Achievement, Creativity and Self-Concept Correlates of Teacher-Pupil Transactions in Elementy School Classrooms, Hempstead (N. J.) [2]1965.
Spranger, E.: Der geborene Erzieher. Heidelberg [4]1965.
Stevenson, H. W., Odom, R. D.: The Relation of Anxiety to Children's Performance on Learning and Problem-solving Tasks. In: Child Development 36 (1965), S. 1003–1010.
Tausch, R., Köhler, H., Fittkau, B.: Variablen und Zusammenhänge der sozialen Interaktion in der Unterrichtung. In: Zeitschrift für experimentelle und angewandte Psychologie 13 (1966), S. 345–365.
Tausch, A. und R.: Erziehungspsychologie. Göttingen [7]1973.
Wagner, A. u. a.: Schülerzentrierter Unterricht. München 1976.

Hans Maier/Hans-Jürgen Pfistner

Was kennzeichnet die Lehrer-Persönlichkeit?

Hans-Jürgen Pfistner

Typologische, eigenschaftliche faktorielle Konzeptionen der Lehrer-Persönlichkeit

Eine empirisch orientierte Lehrer-Typologie

Als der Pädagoge *Christian Caselmann* (1949, 1970) seine „Wesensformen des Lehrers" als „Versuch einer Typenlehre" veröffentlichte, hatte er die vielen vorausgegangenen Versuche vor Augen, menschliches Erleben und Verhalten typologisch zu erfassen. Auf der einen Seite standen die mehr geisteswissenschaftlich orientierten Typensysteme (z. B. *Spranger* 1930, *Vohwinkel* 1923) und auf der anderen Seite die mehr empirisch orientierten (z. B. *Kretschmer* 1921, 1967). Die damals vorliegenden Typologien haben in verschiedenem Umfang menschliches Erleben und Verhalten betroffen; die Spanne reichte von engen Wahrnehmungstypen bis zu umfassenden Geschlechtertypen und Typen der Weltanschauung, von psychologischen Typen bis zu psychophysischen Typen. Die meisten dieser Typologien waren eigentümlich situationsarm; sie beanspruchten für fast alle möglichen Situationen des Lebens Geltung. *Caselmann* übernahm deshalb nur die typologische Fragestellung; er zentrierte sie aber auf die von ihm konkret erfaßte Unterrichtsstruktur. Das heißt für *Caselmann:*

- Obgleich der Lehrer immer auch erzieht, müssen Unterricht und Erziehung in akzentuierender Weise auseinandergehalten werden (1970, S. 14); eine Lehrer-Typologie muß demnach zunächst am Unterricht als einem Lerngeschehen orientiert sein, und jede Lehrer-Typologie muß von der Beziehung des Lehrers zu seinen Schülern ausgehen (1970, S. 15).
- Jede Betrachtung des Lehrers hat immer eine sachliche (fachwissenschaftliche) und eine persönliche (didaktische, erzieherische) Seite (1970, S. 17).
- Eine Lehrer-Typologie darf zunächst nicht auf den „guten Lehrer“ zielen, sondern auf alle antreffbaren Lehrer. Erst danach kann man innerhalb der Typologie fragen, was einen guten Lehrer ausmacht (1970, S. 19).

Caselmann will mit seiner Lehrer-Typologie weniger wissenschaftlich ordnen, sondern dem Praktiker einen Lehrerspiegel geben, in dem er sich selbst finden, in dem er Selbstbewußtsein und Selbstbescheidung finden kann. Die Typologie hat als empirisches Fundament über 600 Aufsätze von Studierenden, Referendaren und Junglehrern aus ganz Deutschland mit dem einen Thema „Schildern Sie einen Ihrer Lehrer!“ Im Rahmen der oben genannten Festlegungen konnte *Caselmann* aus dem empirischen Material folgende Eigenschaften („Typengruppen“) des Lehrers herauspräparieren; das Verfahren ist dabei *phänomenologisch-interpretatorisch:*

- Die *„logotrope“ Typengruppe* ist gekennzeichnet durch die Begeisterung für objektive Werte, durch Wissens- und Könnensdrang; der Lehrstoff steht zentral. Untergruppen sind: der „philosophisch Interessierte“, bei dem es um Geschlossenheit und letzte Wahrheiten geht – und der „fachwissenschaftlich Interessierte“, der in eigener Begeisterung die Vielseitigkeiten seines Faches entfaltet. Die einseitige logotrope Einstellung führt leicht zu Weltfremdheit, Humorlosigkeit und zur Abwendung von den Schülern.
- Die *„paidotrope“ Typengruppe* ist primär dem Schüler zugewandt; der Unterrichtsstoff ist nur eine Gelegenheit zur Kommunikation, ist Bildungsmittel. Untergruppen sind: der „individuell Interessierte“, der besonders auf den einzelnen Schüler bezogen ist – und der „generell-psychologisch Interessierte“, der sich eher von einem allgemeinen Interesse an der Jugend tragen läßt. In der Vereinseitigung wird Unterricht leicht „vertändelt“, weil das Verhalten der Schüler generell für wertvoll erachtet wird.

Man kann die beiden Grundtypen „logotrop/paidotrop" als Interessensausrichtungen bezeichnen. Sie variieren nach *Caselmann* unabhängig von einander; sie bilden – wie wir heute sagen würden – ein bipolares (positiv/negativ graduierbares), orthogonales (rechtwinkliges), zweidimensionales System, in dem jeder Lehrer hinsichtlich eben dieser Dimensionen als Punkt zu identifizieren ist. – *Caselmann* hat dem ein weiteres System gleicher Art dimensional hinzugefügt (1970, S. 50ff.):

Mit dem *„autoritativen" Verhaltensstil* wird der Unterricht stark geführt, ist klar in den Instruktionen und zeigt gelegentlich patriarchalische Züge. Die Zerfallserscheinung ist der „autoritäre" Verhaltensstil, bei dem der Machtaffekt dominiert. – Im *„mitmenschlichen" Verhaltensstil* tritt die Führung des Lehrers zugunsten der Schüleraktivität zurück; der Lehrer reduziert seinen Geltungsanspruch. Die Zerfallserscheinung ist die Führungslosigkeit und die Distanzlosigkeit. – Das System der Verhaltensstile ist nicht mehr so gedacht, als ob es ganz unabhängig vom System der Interessensausrichtungen variiert. Es wird unterstellt, daß zum Beispiel der mitmenschliche Verhaltensstil, wenn auch nicht vollständig, so doch leicht mit der paidotropen Einstellung kovariiert.

Caselmann hat ein weiteres System, aber jetzt mit drei Dimensionen von Begabung zur typologischen Charakteristik des Lehrers herangezogen, den *„wissenschaftlich-systematischen" Typ:*

Dieser Lehrer ist klar im Stundenaufbau und im schrittweisen Erklären; seine Gefahr liegt in der Pendanterie und im Übersystematisieren. Bei einer *„künstlerisch-organisatorischen" Begabung* steht die Intuition und die Bildhaftigkeit im Unterricht zentral; die Gefahr liegt in der Neigung zur Verschwommenheit. Der Lehrer mit *„praktischer" Begabung* zeigt große Handfertigkeit und ist in der Arbeitsschule besonders förderlich; seine Gefahr liegt im Versanden, in der Plattheit und im Steckenbleiben im Handwerklichen. Diese drei bipolaren Dimensionen variieren nicht ganz unabhängig voneinander; so kann die wissenschaftlich-systematische Begabung durch eine zusätzliche künstlerisch-organisatorische Neigung vor dem Zerfall in Pedanterie bewahrt werden.

Das Gesamtsystem wird von *Caselmann* durch zwei weitere Dimensionen abgerundet: durch die *Temperaments-Dimension* mit den Ausprägungen zwischen ruhig und lebhaft – durch die Dimension der *Ausdruckskundgabe* (Mimik, Sprechweise) mit den Ausprägungen zwischen straffem und lockerem Sichgeben.

Wir haben die Lehrer-Typologie von *Caselmann* so deutlich gemacht, weil die damit herausgestellten Merkmale für jeden Lehrer bedeutsam sind. Zudem entspricht die Art der Erkenntnisgewinnung der des praktischen Schulpädagogen. Dieser hat zwar weniger Fremdschilderungen; er sammelt aber auch Berufserfahrungen und bildet, wenn auch meist spontan und nur wenig kritisiert, eigene Zusammenhänge heraus. Spätere empirisch-faktorenanalytische Untersuchungen, die in anderen Zusammenhängen durchgeführt wurden, zeigen, daß die Lehrer-Typologie von *Caselmann* in ihren „Typengruppen" durchaus zentrale Beschreibungen von Praxis zuläßt. Leider sind für diese Typologie nie eigene Testverfahren entwickelt worden, so daß der phänographische Ansatz mit teststatistischer Unterstützung nicht präzisiert werden konnte. Es wurde jedoch mit dieser Typologie deutlich, daß die Variable „Lehrerpersönlichkeit“ eine Komplexion darstellt, daß es auf viele Weisen „gute“ und „schlechte“ Lehrer geben kann. Die „Typengruppen“ kann der praktisch arbeitende Lehrer als Aspekte der Selbstreflexion seines Verhaltens verwenden und als Gesichtspunkte zur freien Charakteristik von Lehrern. Die Sprache dieser Typologie gibt Hinweise auf Veränderungen des Lehrer-Verhaltens. Die Typologie ist zudem offen für Akzentuierungen des Lehrer-Verhaltens nach Schulfächern, Schulstufen, Schularten und nach dem Berufsalter des Lehrers.

Eigenschaftslisten zur Lehrer-Persönlichkeit

Mit der nach dem zweiten Weltkrieg einsetzenden Ausweitung psychologischer Diagnostik wurde – wie in der Persönlichkeitspsychologie – die Lehrer-Persönlichkeit als eine Sammlung von testbaren Eigenschaften aufgefaßt. Wurden bei der Lehrertypologie von *Caselmann* noch situative Orientierung und systembildende Organisation versucht, so entfällt dies oft auf der ersten Stufe der eigenschaftlichen Konzeption der Lehrer-Persönlichkeit. Dafür sind die Untersuchungen methodisch meist verbessert. Ein Beispiel für ein solches Vorgehen findet sich bei *Krainz* (o. Jg., S. 99); Zitat der Zusammenfassung:

100 Kärntner Volks- und Hauptschullehrer und 100 Nichtlehrer aus verschiedenen Berufen wurden mit dem durch 2 neue Skores erweiteren P. I-Test untersucht, nachdem vorher mit dem Progressive Matrices Test von Penrose-Raven ihre intelligenzmäßige Homogenität nachgewiesen worden war. Von den 100 Versuchspersonen jeder Gruppe standen 50 im Alter von 18 bis 21 Jahren und 50 im Alter von 47 bis 58 Jahren, von denen jeweils die Hälfte männlichen und die Hälfte weiblichen Geschlechts waren.

Die Ergebnisse wurden varianzanalytisch ausgewertet und die Teilgruppen mit t-Tests verglichen. Außerdem erfolgte eine Aussonderung der signifikanten Einzelitems mittels der Chi^2-Probe. Für den Lehrer ergaben sich folgende spezifische Persönlichkeitsmerkmale:

1. Starke Sozialbezogenheit, Zugehörigkeit zur sozialen Lebensform.
2. Eine positive pädagogische Einstellung und ein starkes Interesse für den heranwachsenden Menschen, seine Bildung und Erziehung.
3. Eine geringe Neigung für praktisch manuelle Tätigkeiten, aber auch kein besonders ausgeprägtes wissenschaftliches Interesse.
4. Eine Abneigung gegenüber Verwaltungs- und Büroarbeiten sowie ein Desinteresse für geschäftlich wirtschaftliche Belange.
5. Deutlich ausgeprägte künstlerische Neigungen, besonders musikalische Interessen.
6. Tendenzen zu kompensierten manischen Verhaltensweisen, sowie eine etwas übertriebene Selbsteinschätzung.

Wie sieht die Struktur dieser Erhebung aus?
Man untersucht Lehrer möglichst nach allen Variablen, die testmäßig zugänglich sind, und ermittelt durch Vergleiche (der Mittelwerte und Varianzen) solche Eigenschaften, die eine Unterscheidung der Lehrer von anderen Rollen oder von unspezifischen Gruppen ermöglichen.

Diese differentiellen Eigenschaften können listenmäßig zusammengestellt werden. Man kann auch nachträglich fragen, was solche eigenschaftlichen Ausprägungen in den verschiedenen Tätigkeitsfeldern des Lehrers bedeuten. Dies ist bis heute jedoch nicht hinreichend geschehen. Es fällt bei einem solchen Verfahren auf, daß die Eigenschaftslisten für die Praxis immer noch zu allgemein sind. Zudem stehen die Eigenschaften in den Listen meist unverbunden nebeneinander: es fehlen die Struktur, die Dynamik, der Konflikt und die Parameter der spezifischen Situation.

Im Übergang zur nächsten Stufe eigenschaftlicher Analyse der Lehrerpersönlichkeit arbeiten zum Beispiel *Koumin* und seine Mitarbeiter (1976). Sie ziehen weniger Vergleichsgruppen heran, sondern fragen nach der Wirksamkeit von Lehrervariablen auf Schülervariable. Durch den interaktionalen Ansatz betreffen diese Untersuchungen teilweise sehr prägnant den Unterrichtsprozeß. Als Lehrervariable werden u. a. folgende Eigenschaften genannt:

I. *Persönliche Eigenschaften* wie Freundlichkeit, Humor, Beliebtheit, Toleranz, Gerechtigkeit.
II. *Eigenschaften fachlicher und didaktischer Kompetenz* wie Fachkompetenz, Darstellungsvermögen, Angemessenheit der Arbeitsanforderungen.

Unter Beachtung weiterer Verhaltensmomente des Lehrers (z. B. bestimmter Reaktionstypen) kommt *Koumin* zu folgenden wirksamen Komponenten des Lehrstils, die graduiert aufzufassen sind:

1. *Allgegenwärtigkeit* als Grad der Verzweigung der Aufmerksamkeit beim Unterricht und *Überlappung* als Grad der Verzweigung der Aktivitäten (gleichzeitige Mehraktivität).
2. *Steuerung* von Unterrichtsverläufen. Starke Steuerung zeigt sich zum Beispiel
   - im sprunghaften Ablauf der Instruktionen
   - im Grad der Ablenkung von der Zielorientierung
   - in der Inkonsequenz der Weiterführung
   - in Überproblematisierungen und Fragmentarisierungen.
3. *Wahrung der Gruppenorientierung* (ergibt sich, wenn der Lehrer darauf achtet, daß immer auch die Lerngruppe als Gruppe angesprochen wird, und wenn für den einzelnen Schüler die Notwendigkeit besteht, dem Lehrer oder der Lerngruppe sein Tun zurückzumelden).
4. *Überdrußvermeidung* z. B. durch Variation der Arbeitsmittel, durch entsprechende Motivation, durch schülerbezogene Instruktion.

Die Wirksamkeit dieser Variablengruppen für das Schülerverhalten ist empirisch belegt – z. B. auf den Motivationsgrad und auf die Mitarbeit der Schüler. Bei der Frage nach der Wirkung der Lehrer-Eigenschaften auf die Schüler hat man die Schülerseite eigenschaftlich mit folgenden Verfahren zu identifizieren versucht: Testung des Lerneffekts, Schätzskalen bezüglich des Schülerverhaltens, Schätzskalen für Schüler zu ihrer Sicht des Lehrerverhaltens (bez. Effektivität, Klarheit, Flexibilität, Ermutigung u. a.). Die Lehrer-Persönlichkeit ist jetzt eine Aussagensammlung von unterrichtsnahen, interaktional angesetzten Variablen. *Koumin* beläßt es nicht bei korrelations-statistisch fundierten Wirkbezügen (Lehrerverhalten → Schülerverhalten). Er untersucht zwar nicht Rückwirkung (Schülerverhalten → Lehrerverhalten), sondern er interkorreliert die Lehrervariable und leitet so zur nächsten Ebene der Verarbeitung über.

Weitere Hinweise zur Erkundung der Lehrer-Persönlichkeit bringen *Getzels u. Jackson* (bei *Pause* 1972). Dabei werden psychometrisch erkundete Lehrer-Eigenschaften angesprochen, die u. a. in folgenden Bereichen liegen: Bedürfnis und Anpassung, Wertvorstellungen und Interessen, Einstellungen (z. B. Berufszufriedenheit), Kognition. Die Problematik solcher Untersuchungen liegt nach Meinung der Autoren in der Definition von „Persönlichkeit", in der jeweiligen Operationalisierung von Variablen, in der Definition des Maßstabs bzw. des Prüfkriteriums und in der gesellschaftlichen Relativität der Befunde. Diese Probleme sind – wenn überhaupt – dann nur im Rahmen einer entsprechenden Theorie praxisrelevant angehbar.

Faktoren der Lehrer-Persönlichkeit

Auf einer zweiten Stufe der eigenschaftlichen Konzeption des Verhaltens versuchte man durch Faktoren- oder Dimensionsanalysen (vgl. z. B. *Roth* 1969, S. 54ff.) Eigenschafts-Komplexionen zu konstruieren. Dieses Verfahren nimmt auch einen breiten Raum in der Erziehungs-Stil-Forschung ein (*Herrmann* 1974, *Nickel* 1978, *Heller* u. a. 1976).
Was ist der rationale Kern dieses Verfahrens?
1. Man entwickelt Verfahren zur Erkundung aller relevant erscheinenden Variablen des Erziehers, des Lehrers (s. o.). Eine bestimmte Personengruppe von Lehrern bzw. Erziehern wird mit diesen Verfahren untersucht. Die gefundenen Werteverteilungen über alle Variablen werden interkorreliert, das heißt: man bestimmt einen Koeffizienten für den Zusammenhang jeder Variablen mit jeder anderen.

2. Dieser Zusammenhang läßt sich als Winkel zwischen den als Verhaltens-Vektoren aufgefaßten Variablen interpretieren. Dadurch wird ein Vektor-Raum aufgezogen, dessen Ursprung im Schwerpunkt (eine Art von Mittelwert) des Systems liegt. Die Faktoren- oder Dimensionsanalyse berechnet nun den Ursprung des Systems und die Anzahl der Faktoren oder Dimensionen, die notwendig sind, um möglichst viele Unterschiede in den Variablen optimal

zu erfassen. Auf diese Weise repräsentiert ein Faktor oder eine Dimension eine Variablenbündelung. Dadurch ergibt sich für eine Menge von Verhaltensdaten eine ökonomische Darstellungsmöglichkeit, weil die Vielzahl von Verhaltensvariablen über die entsprechenden Koordinaten auf den wenigen Dimensionen weitgehend identifiziert werden kann. Die Faktorenausstattung eines Individuums (innerhalb der Verfahrensmenge) ist die Gesamtheit aller mittleren Leistungswerte eines Individuums, die durch die jeweils zugehörigen Koordinatenwerte gewichtet wurden – oder: Das durch viele Prüfverfahren erkundete Verhalten einer Person erscheint als Punkt in einem n-dimensionalen Raum von Verhaltensvektoren.

Welche wichtigen Dimensionen haben sich im Blick auf das Verhalten von Pädagogen und Schulpädagogen bis heute ergeben?
Wir listen diese Dimensionen, die alle eine positive und eine negative Seite haben (Bipolarität), zunächst auf. Wir gehen aber jeweils gleich einen Schritt über die Betrachtung allgemeiner Verhaltensstrukturen des Lehrers hinaus und sehen auch auf die allgemeine Wirkung dieser Verhaltensstrukturen beim Gegenüber.

(E) Emotionale Dimension
Positive Ausprägungen: positive emotionale Zuwendung, Liebe, emotionale Wärme, Wertschätzung, Verständnis, soziale Reversibilität (Lehrerverhalten kann Vorbild sein), Ermutigung, emotional ruhiges Verhalten, Optimismus, Freundlichkeit, Höflichkeit.

Negative Ausprägungen: distanzierte Abweisung, Feindseligkeit, emotionale Kälte, Geringschätzung, Verständnislosigkeit, soziale Irreversibilität, Entmutigung, emotional erregtes Verhalten, Pessimismus, Unfreundlichkeit, Unhöflichkeit.

Die positiven Ausprägungen der emotionalen Dimension sind (gegenüber den negativen Ausprägungen) positiv, weil sie im allgemeinen Sozialbewußtsein als wünschenswertes Verhalten erscheinen. Zudem ist durch empirische Untersuchungen (vgl. u. a. *Tausch* u. *Tausch* 1970, S. 317ff.) belegt, daß davon Wirkungen auf Schüler ausgehen, die sich eigenschaftlich folgendermaßen fassen lassen: emotionale Sicherheit, Wertschätzung, Zuneigung, Angstminderung, Stärkung des Selbstkonzepts, Sich-darstellen-wollen und -können.

(D) Dirigierungs-Dimension
Positive Ausprägungen: demokratisches Verhalten, sozialintegratives Verhalten, nichtdirektives Verhalten, minimale Lenkung, viel Freiraum gebend, geringe Kontrolle, geringe Verplanung.

Negative Ausprägungen: autokratisches Verhalten, nicht-integratives Verhalten, direktives Verhalten, maximale Lenkung, wenig Freiraum gebend, starke Kontrolle, starke Verplanung.

Die positiven Ausprägungen der Dirigierungs-Dimension sind (gegenüber den negativen Ausprägungen) positiv, weil sie im allgemeinen Sozialbewußtsein als wünschenswertes Verhalten erscheinen und weil durch empirische Untersuchungen (vgl. *Tausch* u. *Tausch* 1970, S. 201ff.) belegt ist, daß davon Wirkungen auf Schüler ausgehen, die sich eigenschaftlich folgendermaßen fassen lassen: Entdeckung der eigenen Möglichkeiten, Entfaltung der Kreativität, Gefühl der eigenen Freiheit des Verhaltens.

(A) Aktivitäts-Dimension
Positive Ausprägungen: Engagement, stimulierend, schwungvoll, enthusiastisch, entschlußfreudig. *Negative Ausprägungen:* Desinteresse, langweilig, schwunglos, gleichgültig, zögernd. – Die positiven Ausprägungen der Aktivitäts-Dimension sind (gegenüber den negativen Ausprägungen) positiv, weil sie in der allgemeinen Verhaltenserwartung als wünschenswert erscheinen und weil durch empirische Untersuchungen belegt ist (vgl. u. a. *Tausch* u. *Tausch* 1970; *Fittkau* 1969), daß davon Wirkungen auf Schüler ausgehen, die sich eigenschaftlich folgendermaßen fassen lassen: die Schulangst wird vermindert, wenn gleichzeitig eine positive Emotionalität (E) vorhanden ist; die Behaltensleistungen steigen.

(K) Kongruenz-Dimension (= Echtheit des Verhaltens)
Echtheit des Verhaltens ist in dem Ausmaß gegeben, wie „sich die seelischen Bereiche einer Person zu gleicher Zeit in Übereinstimmung befinden" *(Tausch u. Tausch* 1970, S. 398). Man könnte auch vom Ausmaß der Kongruenz (bzw. Kohärenz) psychophysisch-sozialer Teilbezirke der Person sprechen. Ein bekanntes Beispiel für die Unechtheit ist die Differenz zwischen dem, was einer sagt, und dem, wie er es sagt (Inhaltsaspekt kontra Beziehungsaspekt nach *Watzlawick* u. a. 1971).

(P) Prägnanz-Dimension (= Klarheit des Verhaltens, des Sprechens)
Klarheit, Deutlichkeit, Strukturiertheit, Wesentlichkeit, Prägnanz des Verhaltens machen beim Gegenüber Verstehen wahrscheinlich. Diese banale Feststellung wurde in verschiedenen Untersuchungen nachgewiesen (vgl. *Tausch* u. *Tausch* 1970, S. 403).

Wenn man diese Dimensionen überblickt, dann fällt auf, daß *Caselmann* mit seinen geschauten Typengruppen nicht weit von den Dimensionen liegt, daß er sie jedoch näher der pädagogischen Praxis zu formuliert hat.

Kritik an reduzierten Konzeptionen der Lehrer-Persönlichkeit

Die drei Dimensionen Emotionalität (E), Dirigierung (D) und Aktivität (A) erfassen bereits sehr viel allgemeine Verhaltensvarianz. Im drei-dimensionalen Modell des Verhaltens (s. Abbildung) hat ein Lehrer L1 die Verhaltenskoordinaten a1, d1, e1. Diese Feststellung kann heute auf eine empirische Grundlage gestellt werden; dieser Erkenntnisvorteil hat jedoch einige Nachteile:

1. Das individuelle Verhalten hat eine eigene Varianz, die u. a. abhängt vom Lebensalter (Berufsalter), von der Situation und von der aktuellen Gestimmtheit. Man müßte keinen resultierenden Verhaltenspunkt angeben, sondern einen Raum wahrscheinlichen Verhaltens um diesen Punkt (in einem definierten Zeitraum). Dieser Raum ließe sich durch den Verbund der Stellen gleicher Wahrscheinlichkeit strukturieren. Dieses Gebilde kann man den faktoriell und wahrscheinlichkeitstheoretisch entwickelten Erziehungs- bzw. Unterrichtsstil eines Lehrers nennen.
2. Dem Modell fehlt die Aussage über die psychische Dynamik, die je nach Raumpunkt sehr verschieden sein kann. So ist in unserem Beispiel der Lehrer eher aktiv, nicht-

Drei-dimensionales Modell des Verhaltens

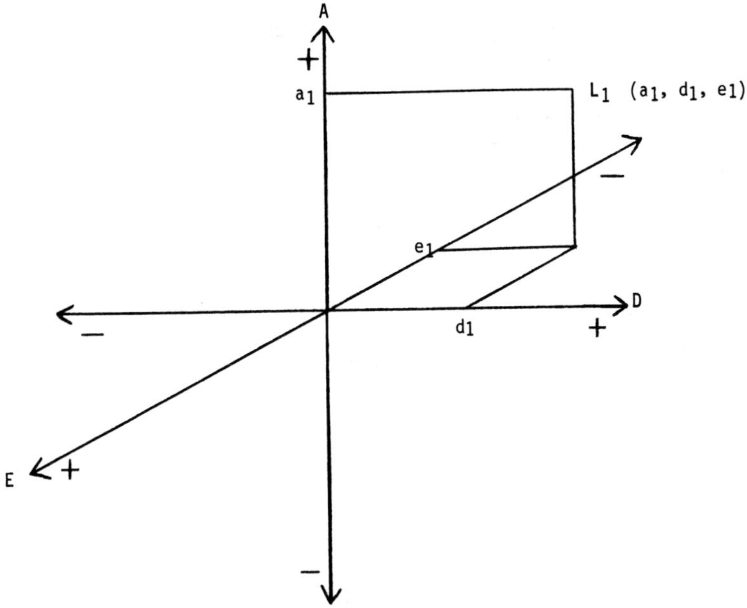

direktiv jedoch emotional kühl. Im Vollzug dieser Komplexion treten sicher andere Spannungen auf, als wenn dieser Lehrer emotional warm(-herzig) erscheinen würde. Die Entdynamisierung des Systems ergibt sich mit der summativen Struktur, die bereits bei den Eigenschaftslisten zur Lehrer-Persönlichkeit involviert ist.

3. In diesem Modell kann man zwar die Wichtigkeit der einzelnen Dimension in ihrem Beitrag zur Klärung der Gesamtvarianz bestimmen; das Modell gibt jedoch nur soviel her, wie man als Variablenmenge zuvor investiert hat. So enthalten fast alle bisherigen Faktorenmodelle des Lehrerverhaltens nur Dimensionen, die die Persönlichkeit in allgemeiner Weise und nach ihrer sozialen Seite hin charakterisieren und nicht spezifisch als Lehrer. Auch die zusätzlichen Dimensionen der Kongruenz und der Prägnanz, die das jetzt fünf-dimensionale System unanschaulich werden lassen, sind noch zu unspezifisch. Lediglich die Prägnanz-Dimension steht nahe beim Vermittlungsaspekt des Unterrichts. Es kann Verhalten in diesen Dimensionen realisiert werden, ohne daß es real um Unterricht geht (*Maier* u. *Pfistner* 1976, S. 207f.). Damit handelt es sich bei den Dimensionen um Betrachtungsaspekte, die auch anläßlich von Unterricht herangezogen werden können. Die relative Unspezifität zeigt sich auch darin, daß keiner der als positiv bezeichneten Dimensionspole in concreto nicht auch negativ wirken könnte – trotz der allgemein positiven Wirksamkeit. Erstaunlicherweise fehlt bei solchen Untersuchungen zur Lehrerpersönlichkeit oft auch die Dimension der Fachkompetenz.

Einige Nachteile der faktorenanalytischen Auffassung der Lehrer-Persönlichkeit ließen sich dadurch reduzieren, daß man von einer prägnanteren Unterrichts- und Erziehungstheorie ausgeht, um wesentliche Variablen zur Untersuchung zu bestimmen und um später einen Interpretationsrahmen zu besitzen. Zudem könnte man die Variablenmenge zunächst spezifisch vergrößern, bis man unter der Führung einer reflektierten Theorie zweckmäßige Faktorisierungen durchgeführt hat. Ansätze dazu finden sich u. a. bei *Kounin* (1976) und *Hörner* u. a. (1978). Schließlich könnte die Interkorrelationsmatrix der Variablen über die partiellen Regressionskoeffizienten in einer sogenannten Pfadanalyse untersucht werden (*Seibel* u. *Nygreen* 1972; *Vetter* 1972). Mit der Frage nach den dahinter stehenden Bedingungs- bzw. Bewirkungszusammenhängen stellt sich ein besonderes Problem. Nach der faktorenanalytischen Verarbeitung wäre dies die vierte Ebene der Diskussion der Lehrer-Persönlichkeit.

Für den einzelnen unterrichtenden Lehrer sind die Ergebnisse, die auf den verschiedenen Betrachtungsebenen vorliegen, Aspekte der Selbstreflexion und der Selbständerung; für den Unterrichtswissenschaftler können sie – je nach Situationsnähe – zweckmäßige diagnostische Verfahren enthalten, die er bei der Erforschung des Unterrichts einsetzen kann. Vieles hängt hier an der Frage, ob der jeweilige Allgemeinheitsgrad des Faktorensystems zu dem im Verwendungszusammenhang anvisierten Allgemeinheitsgrad der Aussage paßt. Entscheidend ist für die Verwendung der Befunde in der individuellen Praxis die tragende Erziehungs- bzw. Unterrichtstheorie, die dem Lehrer erlaubt, daraus eigenständig und ohne großen Verfahrensaufwand Handlungsstrategien für sich in einer bestimmten Situation zu generieren. Unsere Kritik richtet sich gegen eine summative, einseitig lehrer-zentrierte, situations-unspezifische, eigenschaftliche Konzeption der Lehrer-Persönlichkeit, wenn es darum geht, dem Lehrer konkrete Hilfen in seinen verschiedenen Handlungsfeldern anzubieten. Von den meisten Unterrichtsforschern wird heute eine solche Kritik vertreten (z. B. *Gagné* 1970; *Ryans* 1960, 1970; *Nickel* 1978; *Graumann* u. *Hofer* 1974). Dabei – so meinen wir – ist es zunächst nicht so entscheidend, ob jede Einzelaussage statistisch abgesichert ist; wenn nur die tragenden Stellen des Systems empirisch fundiert sind. Das gilt sowohl für die deskriptiv wie die präskriptiv erscheinenden Aussagen des Systems.

Fazit

Die Lehrer-Persönlichkeit hat als soziale Rolle je nach den Aufgabenfeldern verschiedene Segmente: zentral stehen Eigenschaften des Lehrers als Unterrichtender (Fach-/Fächerkompetenzen, didaktische Kompetenzen); je nach Anspruch marginal, fundierend oder umgreifend stehen die Eigenschaften des

Lehrers als Erzieher (Erziehungs- und Sozialisierungskompetenzen). Zusätzlich muß der Lehrer sich als Berater in schulisch-unterrichtlichen Dingen darstellen und spezifische Eigenschaften bzw. Kompetenzen zeigen (Beratung von Eltern, Schülern; Systemberatung; Schulorganisation). Alle diese spezifischen Eigenschaften, die den Tätigkeitsfeldern des Lehrers zugeordnet werden können, stehen in einem dynamischen Verbund und werden von der Person situationsspezifisch organisiert; zugleich sind sie eingebettet in angeborene, unbewußt und bewußt erlernte Verhaltensmuster. Diese dynamische Komplexion von Eigenschaften als „Lehrer-Persönlichkeit" wird moderiert von den jeweiligen Positionen, die dem Lehrer gegenüberstehen: Schüler in Unterricht und Erziehung, Mitlehrer und Schulaufsichtsbeamte, Eltern, politische Parteien bei der bildungspolitischen Diskussion. Schließlich ist eine zusätzliche Variable zu beachten: Der Lehrer kann gegenüber seinem Selbstbild, gegenüber dem Bild, das andere Gruppen jeweils von ihm haben, sowie gegenüber allen darin enthaltenen Normierungen und Zumutungen Stellung nehmen. Mit dieser Variablen konstituiert sich seine Freiheit in der Lehrer-Rolle, seine Ansprechbarkeit auf die (schul-)pädagogische Verantwortung und die Möglichkeit der reflektierten Verhaltensänderung. Wir gehen davon aus, daß – trotz der empirisch belegten Verhaltenskonstanz bestimmter Verhaltensweisen des Lehrers über kurze Zeiten mit Korrelationen von $r = 0{,}49$ bis $r = 0{,}64$ (*Tausch* u. *Tausch* 1970, S. 435) – längerfristige Verhaltensänderungen bei Lehrern möglich sind. Diese These läßt sich jedoch erst dann richtig prüfen, wenn die Lehrer-Persönlichkeit in der hier skizzierten Weise differenziert wird.

Literatur

Caselmann, C.: Wesensformen des Lehrers. Stuttgart, [4]1970.

Fittkau, B.: Dimensionen des Lehrerverhaltens und ihre Bedeutung für die Auslösung von Angst und Sympathie bei Schülern: In: Zeitschrift für Entwicklungspsychologie und Pädagogischer Psychologie 1, 1969, S. 77–92.

Gagné, N. L.: Paradigma für die Erforschung des Lehrens. In: Pädagogische Psychologie, hrsg. v. F. E. Weinert. Köln, 5. Auflage 1970, S. 70–101.

Graumann, C. F. / Hofer, M.: Lehrerpersönlichkeit und Lehrerverhalten. Lehrerverhalten und Schülerverhalten. In: Weinert, F. E. u. a. Pädagogische Psychologie (Funk-Kolleg, Bd. 1). Frankfurt 1974, S. 495–520 u. S. 521–545.

Heller, K. u. a.: Erziehungsstil. In: Psychologie in der Erziehungswissenschaft, Bd. II. Stuttgart 1976, S. 196–261.

Herrmann, Th. (Hrsg.): Psychologie der Erziehungsstile. Göttingen [4]1974.

Hörner, H. u. a.: Beurteilung von Unterricht. Rheinstetten 1978.

Kounin, J. S.: Techniken der Klassenführung. Bern 1976.

Krainz, E.: Persönlichkeitsmerkmale des Lehrers. Wien o. Jg.

Kretschmer, E.: Körperbau und Charakter. Berlin 1921, [25]1967.
Maier, H./Pfistner, H.-J.: Grundlagen der Unterrichtstheorie und der Unterrichtspraxis. Heidelberg [2]1976.
Nickel, H.: Psychologie des Lehrerverhaltens, München [2]1978.
Pause, G.: Merkmale der Lehrerpersönlichkeit. (Deutsche Bearbeitung des Kapitels 11 von The Teacher's Personality and Characteristics by J. W. Getzels and P. W. Jackson). In: Handbuch der Unterrichtsforschung, Bd. II, hrsg. von K. Ingenkamp/E. Parey. Weinheim [2]1972, Sp. 1353–1526.
Roth, E.: Persönlichkeitspsychologie. Stuttgart 1969.
Ryans, D. G.: Characteristics of teachers. Washington (Americ. Counsil on Education) 1960.
Seibel, H. D./Nygreen, G. T.: Pfadanalyse. In: Zeitschrift für Sozialpsychologie, Bd. 3, 1972, S. 5–12.
Spranger, E.: Lebensformen. Halle [7]1930.
Tausch, A./Tausch, R.: Erziehungspsychologie. Göttingen [5]1970.
Vetter, H.: Dynamische und statistische Kausalanalyse. In: Zeitschrift für Sozialpsychologie, Bd. 3, 1972, S. 13–22.
Vohwinkel, E.: Pädagogische Typenlehre. München 1923.
Watzlawick, P. u. a.: Menschliche Kommunikation. Bern [2]1971.

Hans Maier

Ableitung von Eigenschaften der Lehrerpersönlichkeit aus den Aufgabenfeldern des Unterrichtens

I Einleitungen in die Fragestellungen und Begriffsklärungen

H.-J. Pfistner weist am Ende seiner vorstehenden Analyse der empirischen Befunde zu Fragen der Lehrerpersönlichkeit auf die Gefahr der nur summativen situations- und handlungsunspezifischen Nennung von Eigenschaften und Merkmalen hin.

Dieser Gefahr, so führt er aus, könne man nur entgehen, wenn die Eigenschaften in einem Zusammenhang mit den Aufgabenfeldern der Handlungssituation und der sie konstituierenden sozialen Beziehungen gebracht werden. Solche Aufgabenfelder der Handlungssituation des Lehrers sind Unterrichten, Erziehen, Beraten, Verwalten, sich Fortbilden. Alle Aufgabenfelder sind auf das zentrale Aufgabenfeld Unterricht bezogen und werden von dort her eingegrenzt. Es ist deshalb notwendig, zunächst das Verhältnis der Lehrerpersönlichkeit zum Unterrichten zu untersuchen; erst danach können die anderen Aufgabenfelder herangezogen werden.

In zahlreichen Untersuchungen der Schulpädagogik wird seit langem versucht, die Aufgabenfelder des Unterrichtens zu bestimmen und daraus Lehrkompetenzen abzuleiten, über die der Lehrende verfügen muß, wenn er die Aufgaben innerhalb dieser Aufgabenfelder bewältigen will; ein Stichwort sei genannt: Micro-Teaching. Es liegt nun nahe zu prüfen, ob die Linie von den Aufgabenfeldern zu Lehrkompetenzen in Richtung auf personale Merkmale oder Eigenschaften fortgesetzt werden kann; Merkmale oder Eigenschaften, die die Entwicklung der gewünschten Lehrkompetenzen erst ermöglichen oder zumindest erleichtern.

Der Gang der Überlegungen ist damit vorgezeichnet: Es wird zunächst zu prüfen sein, ob es einen Weg von den Lehrkompetenzen zu Eigenschaften von Lehrpersonen gibt. Wenn ja, müssen aus den Lehrkompetenzen Eigenschaften abgeleitet werden. Wenn nein, muß durch eine eigene Bestimmung von Aufgabenfeldern und der sie konstituierenden Lehraufgaben die notwendige Voraussetzung geschaffen werden, um kontextbezogene Eigenschaften oder Merkmale abzuleiten. Die vorliegenden Arbeiten über Micro-Teaching sollen unter diesem Kriterium der Kontextbezogenheit untersucht werden, das heißt, es soll untersucht werden, ob Aufgabenfelder und Lehrkompetenzen unterrichtsspezifisch, konkret und strukturell aufeinander bezogen sind.

Einleitend sind noch Bemerkungen zu den Begriffen Eigenschaft, Merkmal, Lehrperson und Lehrerpersönlichkeit wichtig:

Es gibt Versuche, die Begriffe Eigenschaft und Merkmal zu unterscheiden (vgl. die Stichworte Eigenschaft und Merkmal bei H.-J. Pfistner 1970). Für unsere Untersuchungen ist eine solche Unterscheidung nicht zweckmäßig. Wir verwenden beide Begriffe synonym. Mit Merkmalen und Eigenschaften werden hier Besonderheiten einer Person oder einer Personengruppe im Unterschied zu anderen Personen und Personengruppen bezeichnet. Die in den Merkmalen oder Eigenschaften erfaßten Besonderheiten müssen relativ stabil sein, das heißt zumindest in ähnlichen Situationen des Verhaltens und Erlebens müssen die Merkmale an den Personen oder Personengruppen langfristig immer wieder zu beobachten sein. Ähnlich ist die Sachlage bei den Begriffen Person und Persönlichkeit. H.-J. Pfistner weist darauf hin, daß schon in der Umgangssprache das Wertmoment pointiert mit dem Begriff Persönlichkeit verbunden sei (vgl. H.-J. Pfistner 1970, Stichwörter Persönlichkeit und Person). Trotz dieses Unterschieds verwenden wir die Begriffe Lehrperson und Lehrerpersönlichkeit synonym. Im Rahmen unserer Überlegungen spielt der Wertgesichtspunkt noch keine Rolle; ebenso nicht der Gesichtspunkt des personalen Gefüges von Werten und Eigenschaften. Es muß weiteren Untersuchungen überlassen bleiben, die von uns abgeleiteten Eigenschaften als Teile eines personalen Gefüges zu beschreiben.

Um auf die synonyme Verwendung der Begriffe aufmerksam zu machen, werden in den folgenden Ausführungen in der Regel beide Begriffe angeführt, also Merkmal oder Eigenschaft und Lehrperson oder Lehrerpersönlichkeit.

II Handlungsfelder und Handlungskompetenzen des Lehrers

Die Suche nach Eigenschaften oder Merkmalen von Lehrpersonen oder der Lehrerpersönlichkeit im Kontext zu den Aufgabenfeldern des Lehrers wird mit einer Analyse des Handlungsfeldes auf abhebbare Aufgabenfelder hin beginnen müssen, um dann nach Handlungskompetenzen zu fragen, die benötigt werden, um diese Aufgabe zu bewältigen. Aus den Handlungskompetenzen ist dann auf Eigenschaften und Merkmale der Lehrpersonen zu schließen.

Das hier anstehende Problem, das Handlungsfeld zu analysieren und dann spezifische Handlungskompetenzen zu bestimmen, wird wie erwähnt vielerorts behandelt. Auf zwei Richtungen sei näher eingegangen:

1. auf die Richtung des Micro-Teaching oder situativen Lehrtrainings, in Deutschland vor allem vertreten durch Zifreund (1976) und Becker (1980), und
2. auf die Richtung, Lehrerverhalten aus den Anforderungen der Lernleistung abzuleiten (Thiersch 1969).

Der Aussage Beckers, daß berufsspezifisches Verhalten nicht allein theoretisch vermittelt werden kann, sondern auch praktisch eingeübt werden muß, wird jedermann zustimmen (Becker 1980, S. 9). Zwei Fragen stellen sich in diesem Zusammenhang:

1. Welches sind abhebbare Lehrsituationen, und durch welche Faktoren wird das effektive Lehrerverhalten in diesen Situationen bestimmt?
2. Welche Persönlichkeitsmerkmale müssen vorausgesetzt werden, damit ein Lehrtraining, d. h. eine Verhaltensänderung erfolgreich sein kann.

In den vorliegenden Arbeiten wird die Frage 1 nach den Faktoren und den Lehrsituationen gestellt. Bei dem Studium der Antworten jedoch zeigt sich, daß der Schlüsselbegriff der Situation nicht ausreichend geklärt ist. Jede unterscheidbare Lehrhandlung wird zur Situation z. B. etwas erklären, ein Kleingruppengespräch führen, eine offene Frage stellen, Schüler am Anfang des Unterrichts motivieren. Die Situationen werden nach dem Verfahren der Plausibilität und der Alltagserfahrung des Lehrers gewonnen. Es ist plausibel, daß z. B. Lehrer Fragen stellen müssen, und die Alltagserfahrung der Lehrer bestätigt das. Aber Fragen, die im Unterricht gestellt werden, haben ihre Geschichte. Wie wurde der Lehrstoff eingeführt? In welcher Zielperspektive erscheint er? Wer hat bei der Auswahl und Einführung mitgewirkt, auch die Schüler? Welche Medien stehen zur Verfügung? Welche Einstellung zum Unterricht und welche Erfahrungen über Unterricht haben die Schüler?

Schon vom Ansatz her muß das am Micro-Teaching orientierte Trainingsverfahren den Komplex Unterricht in kleine Einheiten zerlegen. Werden die kleinen Einheiten auch jüngst als Situationen bezeichnet, an den Tatsachen ändert sich nichts. Bei der Zerlegung in solche kleinen Einheiten besteht nun die Gefahr, daß sie strukturlos, prozeßlos und damit auch situationslos werden. Natürlich können Lehrer das antrainierte Verhalten dann in die Struktur des Unterrichts mit seinem Prozeß und seiner Geschichte einbringen. Aber dieses Einbringen setzt Eigenschaften und Begabungen dieses Lehrers voraus, die jenseits des Trainingsprogramms liegen. Entsprechend wird die Frage 2 nach den vorausgesetzten Eigenschaften und Persönlichkeitsmerkmalen übergangen. Bei der Lektüre der einschlägigen Arbeiten entsteht der Eindruck, als ob jede Person, gleichgültig durch welche Eigenschaften und Merkmale sie gekennzeichnet ist, durch Lehrtraining ein effektives Verhalten erreichen könne.

In seiner Abhandlung „Lehrerverhalten und kognitive Lernleistung" macht Thiersch (1969) darauf aufmerksam, daß eine befriedigende Antwort auf die Frage nach dem effektiven Lehrerverhalten nicht von den Bemühungen zu erwarten sei, Lehrerverhalten aus Unterrichts- oder Lehrstilen abzuleiten. Die Kategorien, mit denen Lehrstile erfaßt werden sollen, seien von außen an die Aufgabe in Schule und Unterricht herangetragen. Kategorien wie autoritär, demokratisch und laissez-faire seien politisch-ideologischer Herkunft. Wir fügen hinzu, auch Begriffe wie sozial-integrativ, direktiv-nicht direktiv, direkt-indirekt sind ebenfalls von außen an Schule und Unterricht herangetragen. Sie stammen aus psychotherapeutischen oder sozialpsychologischen Systemen. Natürlich lassen sich die Vorgänge im Unterricht auch sozialpsychologisch oder soziologisch-politisch oder psychotherapeutisch-analytisch betrachten. Aber Lehrerverhalten und Lehrstil müssen primär unter einer didaktisch pädagogischen Perspektive erfaßt werden. Entsprechend führt Thiersch – und in ähnlicher Weise auch Ausubel (1980) – aus, Lehrerverhalten müßte im Zusammenhang mit einer Theorie des Unterrichts bzw. in Zusammenhang mit den Interaktions- und Lernprozessen im Unterricht gebracht werden. Lehrerverhalten müsse als der personale Faktor im Instruktionsprozeß verstanden werden. Die Effektivität des Lehrerverhaltens ließe sich unter vier Perspektiven erörtern:

- „Für die in der Person der Lehrers liegenden Identifikationsangebote
- Für das sanktionierende Verhalten
- Für das Arrangieren des Unterrichtsstoffes nach sachlogischen und methodischen Krtierien
- Für ein dirigierendes bzw. nicht dirigierendes Verhalten" (Thiersch, S. 483).

Die resümierten Ergebnisse unter den vier Perspektiven sind nun überraschend abstrakt und kontextlos. Als Beispiele seien angeführt:

„Identifikationslernen setzt im allgemeinen ein liebevolles, warmes Sozialklima voraus; Neigung und Notwendigkeit zur Identifikation sind aber bei Schülern nach Geschlecht, Alter und individueller Disposition verschieden." (Thiersch, S. 484)

Unter dem Stichwort Unterrichtsarrangement heißt es:

„Ein sachlogisch und methodisch gelungenes Unterrichtsarrangement ist signifikant leistungsfördernd bei allen unterschiedlichen Formen des Lehrerverhaltens; die Funktion des Lehrers als ‚instructionel Designer' kann deshalb kaum überschätzt werden." (Thiersch, S. 485)

Die Kritik, die Thiersch an den Bemühungen übt, Lehrerverhalten aus den Unterrichtsstilen abzuleiten, kann gegen die von ihm und anderen vorgestellten Untersuchungsaspekte gewendet werden. Auch die Kategorien, die diese Aspekte festlegen, sind nicht an einer Unterrichtstheorie orientiert, in der die spezifischen Aufgaben des Lehrers im Blick auf sein Handlungsfeld dargestellt werden. Auch diese Kategorien werden von außen an Schule und Unterricht herangetragen.

Lernen durch Identifikation (Modell-lernen) gilt für alle Erziehungsprozesse, ja für alle Situationen, in denen Menschen mit anderen kontinuierlich und vertraulich umgehen (Ehe, Beruf, Freundschaft, Sport, Spiel). Das gleiche gilt für die Kategorien sanktionierendes Verhalten und divergierendes-nicht divergierendes Verhalten. Weil Unterricht auch ein Erziehungsprozeß, ein sozial-psychologischer Prozeß und ein Kommunikationsprozeß ist, gelten Befunde aus einer allgemeinen Erziehungstheorie, einer Sozialpsychologie oder Kommunikationstheorie immer auch für Unterricht. Aber das Spezifische des Unterrichts wird damit nicht erfaßt. Lediglich die Stichworte „Arrangieren des Unterrichtsstoffs nach sachlogischen und methodischen Kriterien“ signalisieren eine unterrichtsspezifische Aufgabe. Jedoch sind die Kategorien Arrangement, sachlogisch und methodisch so global, daß sie wiederum für alle möglichen Aufgabenfelder gelten, z. B. für wissenschaftliche Untersuchungen, für Kochen, für das Arrangement von Wahlkämpfen, etwa das Arrangieren der Wahlkampfargumente nach sachlogischen und methodischen Gesichtspunkten. Das Handlungsfeld Unterricht wird erst erreicht, wenn die besonderen Momente des Arrangierens und des methodischen Vorgehens beim Unterrichten deutlich werden.

Nach diesen kritischen Überlegungen ist der Weg zur Konstruktion von Eigenschaften und Merkmalen von der Lehrerpersönlichkeit oder Lehrperson vorgezeichnet. Die Aufgabenfelder sind aus einer eindeutigen Beschreibung von Unterricht abzuleiten; den Aufgabenfeldern sind die zentralen Handlungen des Lehrers zuzuordnen, die zur Bewältigung dieser Aufgaben notwendig sind, und aus den Handlungen ist dann auf Merkmale und Eigenschaften einer Person zu schließen. Die Aufgabenfelder müssen dabei in einem solchen Zusammenhang stehen, daß die Struktur und der Prozeß des Unterrichtens abgebildet werden; erst dadurch wird die bemängelte Strukturlosigkeit und Abstraktheit vermieden. Die Benennung der Eigenschaften und Merkmale orientiert sich an Befunden der Persönlichkeitspsychologie, der Sozialpsychologie und den erziehungswissenschaftlichen Arbeiten zur Typologie des Lehrers, ohne daß der Zusammenhang im einzelnen aufgewiesen wird (vgl. die vorgehende Darstellung von H.-J. Pfistner). Es kommt in dieser Darstellung vor allem darauf an zu zeigen, daß sich auf dem genannten Wege brauchbare, d. h. differenzierte und operable Aussagen über Eigenschaften bzw. Merkmale ergeben.

III Aufgabenfelder des Unterrichtens und Eigenschaften der Lehrperson

Zur Bestimmung der Aufgabenfelder gehen wir von einer Realbeschreibung des Unterrichtens aus. Die Beschreibung enthält so viele Bestimmungsstücke, wie nötig sind, Unterrichten von anderen verwandten Erscheinungen, z. B. von Spielsituationen oder Arbeitssituationen, zu trennen.

1. Unterricht ist ein zielgerichteter Kommunikationsprozeß zwischen den zwei Positionen der Lehrenden und der Lernenden.
2. Zwischen den beiden Positionen besteht hinsichtlich des zu lernenden Sachverhaltes ein Gefälle, d. h. die lehrende Position repräsentiert das Sachverhältnis in einem höheren Mannigfaltigkeitsgrad.
3. Das Ziel des Kommunikationsprozesses ist mindestens bei einer Position, ein mannigfaltigeres Verhältnis zur Welt im Erleben und Verhalten zu erreichen, d. h. das Gefälle zwischen den beiden Positionen auszugleichen.
4. Die lehrende Position trägt die Verantwortung für die Wirksamkeit des Prozesses und dafür, daß der Lebensernst auf keiner Stelle im Prozeß bestimmend durchschlägt.
5. Das zu lernende neue Sachverhältnis muß von der Öffentlichkeit (Gesellschaft) anerkannt werden. (Dieses Bestimmungsstück gilt nur für die öffentlich sanktionierten Schulen.)

In zahlreichen Veröffentlichungen ist diese Realbeschreibung von Unterricht von uns vorgestellt und erläutert worden (z. B. Maier/Pfistner 1978, H. Hörner u. a. 1979). Im Rahmen der Zwecksetzung dieser Darstellung sei auf drei Begriffe erläuternd hingewiesen:

1. Der Begriff Position meint, daß im Unterricht bestimmte Aufgaben, die zu bewältigen sind, sich deutlich auf zwei Positionen verteilen lassen. Die Positionen können im Prozeßverlauf unterschiedlich besetzt werden; die lehrende Position z. B. im Schulunterricht von einem ausgebildeten Lehrer, von einem eingeladenen Fachmann für einen zu lernenden Sachverhalt, von einem Schüler, von Lehrmaschinen, Lehrfilmen, Lehrbücher; die Besetzung kann im Prozeßverlauf während der ganzen Zeit des Unterrichts oder nur teilweise erfolgen. Für jeden, der die lehrende Position einnimmt, gilt z. B.: er muß, bezogen auf den zu lernenden Sachverhalt, mehr wissen und können als der Lernende (das Gefälle). Beim Selbstunterrichten nimmt eine Person die beiden Positionen im Prozeßverlauf alternierend ein. Jetzt z. B. bin ich Lehrer, jetzt Schüler, jetzt Lehrer usw.
2. Repräsentation des höheren Mannigfaltigkeitsgrades.
   Mit Repräsentation ist gemeint, daß die lehrende Position den Sachverhalt nicht nur besser beherrschen muß im Sinne des Könnens, sie muß darüber hinaus das bessere Können in einem Kommunikationsprozeß für andere glaubhaft darstellen, d. h. repräsentieren.
3. Der Lebensernst darf auf die Situation nicht durchschlagen.
   Damit ist gemeint, im Unterricht – und das ist ein wichtiger Wesenszug – wird der Lebensernst methodisch zurückgedrängt. Der Lernende muß Fehler machen können, muß sich irren dürfen, ohne daß ihm dies als persönliches Manko angerechnet wird. Natürlich wird im Unterricht erwartet, daß der Lernende Fortschritte in der Sachbeherrschung macht. Aber dieses Fortschreiten schließt Nebenwege und Irrwege mit ein. Die Leistungsbeurteilungen, durch die Lebenschancen eröffnet oder verhindert werden, sind Lebensernst, gehören also nicht zum Unterricht, werden von außen an Schule und Unterricht herangetragen. Da, wo im Erleben der Schüler die Leistungsbeurteilung im Sinne von Lebenschancenvergabe dominiert, verliert Unterricht eine wesentliche humane Dimension (vgl. hierzu Maier/Pfistner 1978).

Die Begriffe wurden erläutert, weil sie für die Einschätzung der Aufgabenfelder des Unterrichtens wichtig sind. Die Realbeschreibung von Unterricht steht nun in einem Zusammenhang mit den Aufgabenfeldern von Unterricht, d. h. die Sache Unterricht, wie sie in den obigen Bestimmungsstücken entfaltet ist, verlangt von den Beteiligten die Erfüllung bestimmter Aufgaben. In dieser Darstellung sollen die Aufgaben der lehrenden Person erörtert werden. Wir listen die Bestimmungsstücke des Unterrichts noch einmal in verkürzter Form auf und leiten daraus plausible (jedem einsichtige) Aufgabenfelder ab.

Bestimmungsstücke der Realbeschreibung	Lehraufgaben
1. Zielgerichteter Kommunikationsprozeß zwischen zwei Positionen	Einleitung (Eröffnung) des Kommunikationsprozesses mit Vereinbarung über Inhalt, Ziel, Ort, soziale Organisation und Mitbestimmung beim Lernen
2. Gefälle	(Das Gefälle ist im Zusammenhang mit dem Bestimmungsstück Verantwortung zu sehen, die Aufgaben werden dort abgehandelt.)
3. Ziel und zielgerichtet	ständiges Prüfen des Zielabstandes bei den Lernenden, Steuern des Prozesses zum Ziel hin oder Entwerfen neuer Zielperspektiven
4. Verantwortung der lehrenden Position	Hilfen bei Lernschwierigkeiten, bei affektiven Sperren oder motorischen Unruhen. Kontrollieren des Lernerfolgs, Beurteilen des Unterrichtserfolgs in retrospektiver Analyse, Planen von Lernprozessen für Unterricht

Beim Vollzug des Kommunikationsprozesses (Instruktionsprozesses) im Unterricht lassen sich fünf Aufgabenfelder bestimmen: Das Einleiten oder Eröffnen, das Steuern, das Helfen bei Lernschwierigkeiten, das Helfen bei affektiven Schwierigkeiten, das Kontrollieren und Beurteilen von Lern- und Unterrichtserfolg. Das Planen von Unterricht sowie die Analyse und Bewertung des gehaltenen Unterrichts in retrospektiver Analyse gehören ebenfalls zu den Aufgabenfeldern des Lehrers, werden hier aber nicht weiter erörtert.

Im vorigen Abschnitt wurden die Kriterien genannt, die erfüllt sein müssen, damit die Angaben über Lehrverhaltensweisen oder Lehraufgaben oder Lehrsituationen der Gefahr der unverbindlichen Abstraktheit entgehen: Die situative Kontextgebundenheit ist dann gewährleistet, wenn die Aufgabenfelder oder Lehrsituationen die Struktur der Unterrichtssituation (= Kriterium 1) und den Prozeßverlauf (= Kriterium 2) abbilden. Das Diagramm (auf

Lernende Position		Lehrende Position
Ziel-Inhalt (Lernaufgaben), Sozialformen des Lernens rezipieren bzw. mitbestimmen	←	Eröffnen (Einleiten)
↓		
Aktivitätsschemata aktualisieren und Lerntätigkeiten durchführen	→	Lerntätigkeiten beobachten
		↓
evtl. steuernde Maßnahmen rezipieren, Lernhilfen, affektive Hilfen rezipieren	←	wenn notwendig, zusätzliche steuernde Maßnahmen, Lernhilfen und affektive Hilfen formulieren
↓		
verbesserte Lerntätigkeit durchführen		
↓		
Zielerreichung feststellen	→	Zielerreichung prüfen, wenn nötig, weitere steuernde Maßnahmen zur verbesserten
	←	Zielerreichung mitteilen.

Seite 61) zeigt den strukturellen Zusammenhang der didaktischen Aufgaben durch den Fluß und das Zusammenspiel der Aktivitäten (durch Pfeile graphisch dargestellt).

Der im Diagramm dargestellte Fluß der Aktivitäten und das Zusammenspiel der Aktivitäten gilt für jede didaktische Einheit (Unterrichtssituation). Unterricht ist in der Regel eine Folge solcher didaktischen Einheiten. Die Anzahl der didaktischen Einheiten richtet sich nach den Teilzielen (Teilschritten), die bei einer Unterrichtseinheit notwendig sind.

An einem *Beispiel* verdeutlicht: Das Thema einer Unterrichtseinheit einer Grundschule heißt „Der Kran". In folgenden Teilschritten könnte der Sachverhalt entfaltet werden:

1. Was wissen wir bis jetzt über Kräne?
2. Wir beobachten Kräne im Film an Modellen auf die Funktionen hin, die sie ausführen können.
3. Wir bauen Kranmodelle.
4. Wir vergleichen die Kranmodelle und beschreiben, wie die technischen Funktionen die der Kran ausführen muß, gebaut worden sind.
5. Wir besichtigen einen richtigen Kran und stellen fest, wie hier die technischen Funktionen gebaut sind.

Jeder dieser Teilschritte verlangt bei seiner Verwirklichung den Ablauf der Aktivitäten, wie er im Diagramm dargestellt worden ist.

Der Tatbestand, daß Unterricht in solchen didaktischen Einheiten verwirklicht wird, gilt für jeden Unterricht, für offenen und geschlossenen. In unserem Beispiel könnte – um den Ablauf mehr für Schülerentscheidungen zu öffnen – an die Stelle der Frage in der ersten didaktischen Einheit: Was wissen wir jetzt über Kräne? die Fragestellung: Was interessiert uns an Kränen? treten. In den weiteren Teilschritten (didaktischen Einheiten) würden dann die Interessengebiete der Schüler behandelt. Aber auch hier ist bei der unterschiedlichen Ausgestaltung der Interessengebiete der beschriebene Aktivitätsfluß in jeder didaktischen Einheit notwendig.

Nach dem wir geprüft haben, ob die abgeleiteten Aufgabenfelder in einem strukturellen und zeitlichen Zusammenhang (einer Struktur) stehen, wenden wir uns wieder der Hauptfrage, der Darstellung der Fragen nach Eigenschaften von Lehrpersonen oder nach Eigenschaften der Lehrerpersönlichkeit zu. Auf S. 64ff. werden die Lehraufgaben innerhalb der didaktischen Aufgabenfelder weiter konkretisiert. Die angeführten Konkretisierungen ergeben sich aus einer phänomenologischen Betrachung von Unterrichtsverläufen, und sie werden gestützt durch die Erfahrungen von Lehrern (vgl. hierzu Hörner u. a. 1979). Gemäß der Fragestellung werden die Lehraufgaben in Richtung auf psychische Leistungen des Lehrers konkretisiert; es gibt noch andere Richtungen, die hier nicht weiter verfolgt werden. Der besseren Übersicht wegen listen wir die konkretisierten Lehraufgaben in Spaltenform auf. In einer zweiten Spalte werden die Eigenschaften (Merkmale) von Lehrpersonen genannt, die vermutlich vorausgesetzt werden müssen, damit die zur Bewältigung der Aufgaben notwendigen Fähigkeiten durch eine Lehrerausbildung entfaltet werden können.

IV Zusammenfassung und Konsequenzen

Von einer Realbeschreibung des Unterrichts ausgehend, lassen sich nach dem beschriebenen Verfahren den Lehraufgaben folgende Lehrereigenschaften zuordnen:

1. *Einfühlungsvermögen* (in die Umwelt und die Lernsituation von Schülern, in leitende Vorstellungen, Interessen, Kommunikationsformen)
2. *Analytisches Vermögen* (für psychische Vorgänge, insbesondere für Lernoperationen)
3. *Ideenflüssigkeit* (besonders für Arbeitsaufträge, für Lernprozesse, für variable Steuerungsmöglichkeiten und für individuelle Lernhilfen)
4. *Fantasie* (zum Entwerfen unterschiedlicher Instruktionsprozesse)

5. *Redegewandtheit und Sicherheit im Ausdruck*
6. *Vermögen, Selbstsicherung zu vermitteln*
7. *Humor*
8. *Risikobereitschaft* (hinsichtlich nicht determinierter Lernreaktionen)
9. *Toleranz gegenüber Unruhe und Abschweifungen*
10. *Spannkraft* (besonders bei der Betreuung verzweigter Kommunikationswege und in der Koordination unterschiedlicher Lernergebnisse)
11. *Vermögen, sachliche Überlegenheit zu vermitteln*
12. *Affektkontrolle*
13. *Freundlichkeit und Verständnisbereitschaft vermitteln* (besonders beim Helfen angesichts von Lernschwierigkeiten und beim Mitteilen von Lernergebnissen)

Es sei erinnert, was eingangs über Merkmale bzw. Eigenschaften von Personen gesagt wurde:

Mit Merkmalen oder Eigenschaften werden Besonderheiten einer Person oder einer Personengruppe im Unterschied zu anderen Personen und Personengruppen bezeichnet. Die in den Merkmalen oder Eigenschaften erfaßten Besonderheiten müssen relativ stabil sein, das heißt, zumindest in ähnlichen Situationen des Verhaltens und Erlebens müssen die Merkmale an den Personen oder Personengruppen langfristig immer wieder zu beobachten sein.

Die Personengruppen, um deren Besonderheiten es geht, sind Lehrer, die Situation, in der die Merkmale konstant beobachtbar sein sollen, ist das Unterrichten. Die Aufgabe des Unterrichtens fordert nicht das eine oder das andere der genannten Merkmale, sondern den Zusammenhang dieser Merkmale. Die Merkmale der Lehrperson treten nun bei den einzelnen individuellen Persönlichkeiten in unterschiedlicher Profilierung (Ausprägung und Zusammenhang) auf. Folgende Fragen, die weiterer Untersuchung bedürfen, stellen sich:

Welche typischen Arten von Profilen gibt es?

Mit welchen anderen Merkmalsgruppen der Persönlichkeit sind die Lehrmerkmale verbunden?

Gibt es hier eine Typik?

Welche Merkmale verhalten sich kompensatorisch, das heißt, der Ausfall welcher Merkmale kann durch die starke Ausprägung welcher anderer Merkmale ausgeglichen werden?

Für welche Merkmale gelingt der Aufbau von entsprechenden Kompetenzen im Verlauf der regulären Ausbildungszeit eines Lehrers?

Bei welchen Merkmalen gelingt er nicht oder nur sehr schwer?

Ein weites Feld phänomenologischer und empirischer Untersuchungen eröffnet sich. Besonders wichtig erscheint aber die Anwendung der Ergebnisse auf der Konzeption der Lehrerausbildung etwa unter der Fragestellung: Was wird getan bzw. was muß getan werden, damit die merkmalsspezifischen Lehrkompetenzen durch die Lehrerausbildung aufgebaut werden? Durch die Untersuchungen und Erfahrungen können dann rückwirkend die Ergebnisse der vorgelegten Ableitungen konkretisiert und modifiziert werden.

Lehraufgaben	Eigenschaften (Merkmale)
Eröffnen (Einleiten)	
1. Antizipieren der Schülersituation durch Analyse der leitenden Vorstellungen und Interessen der Schüler hinsichtlich des jeweils zu lernenden Sachverhaltes (die Sachanalyse geht vorher)	Analytisches Vermögen für psychische Vorgänge Einfühlungsvermögen in Schülersituationen Ideenflüssigkeit hinsichtlich interessanter Fragestellungen und Aufgabenstellungen
2. Synthetisieren von Sachanspruch und Vorstellungswelt der Schüler durch Finden von Fragestellungen oder Aufgabenstellungen, die interessierende Vorstellungen und Aktivitätsschemata beim Lernenden auslösen (vgl. hierzu Piaget 1974 und Aebli 1963)	Fantasie für vorwegnehmendes Entwerfen von kommunikativen Prozessen Redegewandtheit und Sicherheit im Ausdruck (Wort- und Satzflüssigkeit, Intonationssicherheit und gestische Gewandtheit)
3. Kommunikative Ansprache der Schüler, die ermutigt und gespannt macht	Selbstsicherheit und Humor
Steuern	
Steuern nach Tendenz A	
1. Selbststeuernde Gruppen ermutigen und Lehraufgaben deligieren	Risikobereitschaft hinsichtlich offener Lernverläufe
2. Hinnehmen von Unruhe und Abschweifungen	Toleranz gegenüber Unruhe und Abschweifungen
3. Sammeln und Ordnen unterschiedlicher Lernergebnisse der selbststeuernden Gruppen und abschließende Ordnung der Lernergebnisse plausibel machen	Geduld und Spannkraft und Auffassungsvermögen, verschiedenartige Kommunikationswege zu überwachen sowie Lernergebnisse zu sammeln und zu ordnen
4. Starke Affektkontrolle	Ausgeprägte Affektkontrolle
Steuerung nach Tendenz B	
1. Strukturierung des Lernwegs der Schüler durch Vorgabe klarer Lernschritte	Vermögen, Ruhe, sachliche Überlegenheit und persönliche Sicherheit zu vermitteln
2. Ständige Kontrolle des Lernfortschritts und Zentralisieren der Kommunikation durch Wahl geeigneter Kommunikationsformen	Verständnis bei Abschweifungen und Unruhe der Schüler

3. Vermitteln des Gefühls von Ruhe, Sicherheit und Geborgenheit

Bei beiden Steuerungstendenzen

4. Einschätzen der Schüleräußerungen auf ihre Bedeutung für die Lernzielerreichung

5. Aktualisieren von steuernden Maßnahmen (z.B. Akzentuierungen, Impulse, Fragen, Arbeitsaufträge), um die Zielrichtung oder den Zielzug zu präzisieren

Vermögen zur Analyse von aktuellem Lernverhalten
Vermögen zur Interpretation von Schüleräußerungen hinsichtlich der Erziehungs- und Bildungsziele
Ideenflüssigkeit für variable Steuerungsmaßnahmen
Redegewandtheit

Lernhilfen

1. Diagnostizieren der kognitiven und psychomotorischen Operationen, deren Aufbau den Lernenden Schwierigkeiten bereitet

2. Aktualisieren von Hilfsoperationen, die vorgeschlagen werden, um den Aufbau zu erleichtern

Affektiv-disziplinarische Hilfen

1. Diagnostizieren von affektiven und sozialen Sperren beim Arbeiten in Gruppen oder beim Alleinarbeiten

2. Aktualisieren von Formen des Verhaltens, die helfen, diese Sperren zu überwinden

3. Aktualisieren von Interaktionsformen zur Verständigung im Lehrer-Schülerdialog und dem Schüler-Schülerdialog

Die folgenden Angaben gelten für die Aufgabenfelder "Lernhilfen", "affektive Hilfen" und "Beurteilen-Bewerten-Kontrollieren".

Einfühlungsvermögen in die aktuelle Lernsituation der Lernenden
Vermögen der Analyse der Lernoperationen der Schüler
Ideenflüssigkeit zum Aktualisieren von individuellen Lernhilfen und für Hilfen zur Affektgestaltung
Affektkontrolle
Gewandtheit, eigene Gefühle sprachlich, mimisch, gestisch darzustellen
Freundlichkeit und Verständnis beim Helfen und bei der Mitteilung von Lernergebnissen

Kontrollieren-Bewerten-Beurteilen

1. Vergleichen des aktuellen Lernstandes der Lernenden mit dem geplanten Lernstand an verschiedenen Stellen des Lernwegs (nicht nur am Ende des Unterrichts in abgetrennten Kontrollphasen)

2. Bewußtmachen von drei Formen der Erfolgskontrolle: der intraindividuellen (der Schüler lernt seine Leistungen mit eigenen früheren Leistungen zu vergleichen), der sozialen (der Schüler vergleicht seine Leistungen mit denen anderer Schüler), der normativen (der Schüler vergleicht seine Leistungen mit gruppenunabhängigen Leistungsnormen)

Literatur

Aebli, H.: Psychologische Didaktik. Stuttgart 1963.
Ausubel, D. P.: Psychologie des Unterrichts. Weinheim [2]1980.
Becker, G. E.: Unterrichtssituationen. Ein Trainingsbuch für Lehrer und Ausbilder. München/Wien/Baltimor 1980.
Hanke, B. u. a.: Soziale Interaktion im Unterricht. München [3]1976.
Hörner, H. u. a.: Beurteilung von Unterricht. Rheinstetten 1978.
Maier, H./Pfistner, H.-J.: Grundlagen der Unterrichtstheorie und der Unterrichtspraxis. Heidelberg [2]1976.
Piaget, J.: Der Aufbau der Wirklichkeit beim Kind. Stuttgart 1974.
Pfistner, H.-J.: Pädagogische Psychologie. Koblenz 1970.
Signer, R.: Verhaltenstraining für Lehrer. Weinheim 1977.
Tausch, R. u. A.: Erziehungspsychologie. Göttingen [7]1973.
Thiersch, H.: Lehrerverhalten und kognitive Lernleistung. In: Roth, H. (Hg.) Begabung und Lernen. Stuttgart [2]1969.
Zifreund, W.: Lehrtraining und Interaktionsanalyse. Weinheim 1976.

"Aus Schülersicht"

Horst Speichert

Lehrer-Schüler-Interaktion zwischen unbewußter Triebdynamik und den institutionellen Bedingungen der Schule

Wenn über Veränderung der Schule geredet wird, so laufen die Gespräche sehr schnell auf die Forderung nach Veränderung bzw. Verbesserung der Lehrerausbildung hinaus. Solche Gespräche folgen der geheimen Denkfigur: „Auf den Lehrer kommt es an."

Dabei gibt es zwei mögliche idealtypische Varianten, eine „naive" und eine „sozial-psychologisch aufgeklärte".

Die „naive" Variante solcher Gespräche oder auch wissenschaftlicher Diskurse und Abhandlungen endet bei der Forderung nach einer *inhaltlichen* Verbesserung der Lehrerausbildung, wozu auch noch eine Verbesserung von methodischer und didaktischer Ausbildung hinzugerechnet werden kann. Wenn der Lehrer nur seine Sache beherrsche, wenn er methodisch und didaktisch geschickt sei, dann brauche er nichts zu befürchten, ist die – allerdings durch nichts gerechtfertigte – Hoffnung, die hier zum Ausdruck kommt.

Die sozial-psychologisch aufgeklärte Variante solcher Argumentationen hält die inhaltliche Verbesserung der Lehrerausbildung für eine notwendige, keineswegs aber für eine hinreichende Voraussetzung dafür, daß Lehrer Unterricht erfolgreich gestalten können. Die zweite notwendige und hinreichende Bedingung für eine befriedigende Arbeit im Klassenzimmer sei – so die sozial-psychologisch aufgeklärte Variante der Argumentationen – die Entwicklung und Ausbildung von

- psychischer Sensibilität, mit deren Hilfe der Lehrer die Probleme und Bedürfnisse der Schüler wahrnehmen könne, und von
- Ich-Stärke, angemessener Bedürfnis-Repräsentation und entsprechenden Verhaltensstrategien (etwa nach Gordons „Lehrer-Schüler-Konferenz"), um die gruppendynamische Situation, die Unterricht auch immer ist, nicht dem Zufall und all jenen Kräften zu überlassen, die von allen möglichen Seiten (kaum merklich) in die Unterrichtssituation hineinreichen.

Solche Überlegungen erfreuen sich – besonders auch bei Lehrern, die die Unterrichtssituation häufig als kränkend und enttäuschend erleben – großer Beliebtheit. Gruppendynamische Trainings- und Fortbildungsangebote für Lehrer in Hessen z. B. sind in der Regel mehr als ein Jahr im voraus ausgebucht.

Der Ertrag solcher Weiterbildung und psycho-sozialer Qualifizierung von Lehrern wird von denen, die sich ihr unterzogen haben, vor allen Dingen darin gesehen, daß die subjektive Belastbarkeit und damit auch die „Zufriedenheit" der entsprechenden Lehrer verbessert wird. Im Bereich der Lehrer-Schüler-Interaktion wird, ein Gelingen der Trainings vorausgesetzt, die verbesserte Fähigkeit zum Konflikt-Management hervorgehoben.

Gegenüber solchen optimistischen Hoffnungen, die Schüler-Lehrer-Interaktion quasi sozialtechnokratisch „in den Griff" bekommen zu können, wird nun wiederum eingewandt, daß Schule und damit die Lehrer-Schüler-Interaktion zu allererst und damit alles andere bestimmend durch die Auslesefunktion des Schulsystems determiniert sei.

Insofern die Auslese das ständig zu hörende Grundthema des Schulkonzerts sei, sei die Lehrer-Schüler-Interaktion grundsätzlich und unaufhebbar ambivalent. Denn der Lehrer erscheint dem Schüler als der leibliche Repräsentant jener Macht, die, indem sie über das Schulschicksal entscheidet, die Perspektiven für das Leben setzt.

Gleichzeitig erscheint der Lehrer dem Schüler aber auch als Person, zu der sich ein psychologisch beschreibbares Verhältnis (etwa: Sohn-Mutter- oder

Tochter-Mutter-Beziehung und ähnlich) herstellt. Der Antagonismus besteht vor allen Dingen darin, daß die Beziehung zugleich eine „rein menschliche" (mit all ihren möglichen Problemen von Liebe, Haß, Identifikation etc.) und eine „instrumentell-sachliche" (mit der schein-objektiven Zumessung von Leistungen, „gerechten" Sanktionen und Belohnungen etc.) ist.

Wenn dieser Antagonismus als gegeben hingenommen wird, kann Lehrerbildung in der Tat letztlich nicht mehr erreichen, als daß die Widersprüche, welche sich aus Auslese- und Förderfunktion der Schule ergeben, durch geschicktes Lehrerverhalten überspielt und somit unsichtbar gemacht werden.

Die tatsächlichen Probleme der Lehrer-Schüler-Interaktion lassen sich aber von diesem groben Raster her noch gar nicht erfassen. Denn wenn auch der Lehrer in seiner Berufsrolle täglich die Funktion des Sortierens und Auslesens annehmen und erfüllen muß, so tut er das doch subjektiv mit unterschiedlichen Absichten und Zielsetzungen, aber auch Erwartungen an seinen Beruf. Diesen Tatbestand kann man auch so formulieren: Die Schule erscheint verschiedenen Typen von Lehrern als ein durchaus unterschiedlicher Ort.

Wenn man den Überlegungen von Zinnecker (1970, S. 30ff.) folgt, lassen sich drei (für unsere Zwecke hinreichende) idealtypische Fantasien unterscheiden:

1. Für eine Gruppe von Lehrern ist die Schule bzw. die Klasse ein Ort, an dem sich ich-erhöhende, narzißtische, aber auch autoritative Fantasien realisieren lassen. Das „Manipulieren" von Menschen („das Menschen-Machen") ist ein wesentliches Thema einer Untergruppe dieses Typus; ein anderes wesentliches Thema einer anderen Untergruppe ist die Identifikation mit der Allmacht des autoritär-sadistischen Erziehers, unter dem man gelitten hat und dessen gehaßte und zugleich bewunderte Macht unbewußt angestrebt wird.
2. Der extravertierte Typus des pädagogischen Schauspielers, der in der Klasse die Möglichkeit sieht, das Interesse der Kinder auf sich zu lenken.
3. Das Bedürfnis, sich auf Kinder verstehend einzulassen, mit ihnen befriedigende Beziehungen aufzunehmen und sie so zu fördern, daß Kind und Lehrer davon profitieren.

Man wird davon ausgehen können, daß eines dieser „Tiefen-Motive" in jedem Fall bei der Berufswahl „Lehrer" eine Rolle gespielt hat. Diese Motive aber werden natürlich überlagert von rationalen Überlegungen wie z. B. Numerus-clausus-Fragen, fehlende Alternativen, vermeintliche Angemessenheit eines Lehrerstudiums für Frauen (traditionelle Festlegung der Frau auf Berufe im Bereich von Pflege und Erziehung) etc. Gewiß spielen auch Momente wie Arbeitszeit, Ferien etc. eine Rolle.

Man wird aber dennoch davon ausgehen können, daß in irgendeiner Weise (negativ oder positiv) eine Beziehung zum Kind (und zwar zu „den Kindern" und „dem Kind in sich") bei der Entscheidung eine Rolle gespielt hat.
Was wird nun aus diesen Motiven in der Wirklichkeit der Schule?

Der Lehrer mit den Bedürfnissen nach intensiven Kontakten zum Kind entwickelt sich am leichtesten zu jemand, der als „guter Pädagoge" gilt. Er reagiert sensibel auf Freude und Enttäuschungen der Kinder und gewinnt so die Kinder für sich und zieht gleichzeitig emotionelle Befriedigung aus seiner Rolle. Mit der Zeit lernt er, den Kummer zu ertragen, der sich aus seiner Auslesefunktion ergibt, daß er nämlich einen Teil der geliebten Kinder – oft unter Schmerzen – auf die Sonderschule abschieben, sitzenbleiben lassen oder auf andere Art und Weise aussortieren muß.

Die Gruppe der pädagogischen Schauspieler, die also Zuwendung der Kinder suchen, hat es am schwersten. In der Regel werden ihre Hoffnungen, die Aufmerksamkeit der Kinder auf sich ziehen zu können, arg enttäuscht – weder ist ihnen die Notwendigkeit schauspielerischer Technik bewußt gewesen, noch sind ihnen entsprechende Fähigkeiten in der Ausbildung vermittelt worden– obwohl solche einem jeden Lehrer nur guttun können! Bei solchen Lehrern stehen im Vordergrund der Probleme die Disziplinfragen. Denn da die Schüler sich nun nicht freiwillig an die Lippen des Pädagogen hängen, so wird nach Mitteln gefahndet, um sie doch noch dazu zu bringen.

Bei der Gruppe derjenigen Lehrer, die entweder „Menschen machen" oder ihre autoritativ-sadistischen Emotionen ausleben wollen, finden wir eine weitgehende Übereinstimmung der Ziele des Schulsystems und der Möglichkeiten, die es zuläßt, und den Bedürfnissen der Lehrer vor. Durchsetzung der Schulnormen, der Disziplin entsprechen bei beiden Gruppen den Motiven, aus denen heraus man Lehrer geworden ist. Und besonders die autoritativ-sadistische Charakterstruktur hat, wie schon Fürstenau betonte (1964, S. 65 ff.), im Schulsystem den höchsten „Auslesewert". Das läßt sich etwa auch daran belegen, daß unter den in den letzten Jahren bekanntgewordenen Fällen von Prügelstrafe der überwiegende Anteil (mehr als die Hälfte) Rektoren bzw. Schulleiter betraf.

Entsprechen diese Charakterstrukturen dem heimlichen Lehrplan der traditionellen Schule noch am ehesten, so garantieren sie doch keineswegs für ein konfliktfreies Lehrerdasein. Die weitgehende Einschränkung der Strafmöglichkeiten in der Schule führt dazu, daß solche Lehrer häufiger als früher mit Gerichten in Berührung kommen und Disziplinarverfahren durchzusetzen haben. Das Überhandnehmen schülerorientierter Pädagogik in den Lehrbüchern, in der Praxis und auch in der Ausbildung bringt Lehrer mit autoritär-sadistischen Tiefen-Motiven ebenso wie solche mit narzißtischen Machtausübungsbestrebungen in Schwierigkeiten.

Bei Licht betrachtet, läßt sich keine Tiefenstruktur finden, die – den widersprüchlichen Strukturen der Schule quasi optimal angepaßt – ein praktisch problem- und reibungsloses Funktionieren garantieren würde.

So ist sich denn die Literatur zum Thema weitgehend einig darin, daß die von den Tiefenstrukturen her gesteuerten Absichten und Zielsetzungen, die während der ersten Phase der Lehrerausbildung meist noch eine größere Bedeutung hatten, in der zweiten Phase („Praxisschock") quasi institutionell beerdigt werden. Die kindlichen Wünsche und Motive werden weit zurückgedrängt und von einer routinisierten Job-Praxis überlagert, deren Hauptmerkmal die Entwicklung einer relativ ausgeprägten Distanz zu den Kindern und ihren Problemen ist.

Eine solche Distanz ist ein absolutes Muß für das Überleben des Lehrers in der Schule. Diese Distanz bedeutet, daß der Lehrer sein Interesse an seinen Schülern als Mitmenschen jedenfalls da auf ein Minimum reduziert, wo die Entfaltung dieses Interesses mit seiner Leistungsforderungs- und Bewertungsfunktion in Konflikt geraten würde.

Dies ist bei den verschiedenen Lehrer-Typen in unterschiedlicher Weise notwendig.

Schülerzentrierte Lehrer verstehen es nicht selten, Nischen im System ausfindig zu machen, wo sie die negativen Auswirkungen des Zwanges zur Sortierung der Schüler auf die Beziehung zu ihren Schülern vermeiden können. Solche Nischen sind etwa in unserem Schulsystem die ersten zwei bis drei Grundschuljahre, in den USA einige Grundschuljahre mehr, weil dort die Ausleseprozesse erst später einsetzen. Wenn es schülerzentrierten Lehrern gelingt, solche Nischen zu finden, sind sie in ihrer Arbeit sehr erfolgreich. Als der amerikanische Unterrichtsforscher Jackson nach Lehrern fahndete, die als hervorragende Praktiker galten, wurden im wesentlichen solche schülerzentrierte Lehrer genannt. Als typisch für diese Lehrer kann gelten, daß ihre Berufszufriedenheit im Erfolg der Kinder liegt. Wie sie ihn feststellen, das formulierte eine Lehrerin folgendermaßen: „Man kann den Unterrichtserfolg auch am Wandel ihrer (der Kinder) Einstellungen ablesen. Es gibt so viele Dinge, die sie nicht mögen – ‚Ich mag das nicht' oder ‚Ich kann dies nicht'. Wenn sich aber ihre Einstellung zu ändern anfängt und sie das, was sie tun, wirklich mögen und sie können's auch, dann habe ich das Gefühl, daß sie vorankommen." (Jackson 1968, Übersetzung vom Verfasser)

In ihren Nischen, die sie sich erobert haben, erhalten diese Lehrer die Illusion aufrecht, daß schüler- und kindzentrierter Unterricht in der Staatsschule möglich sei, mit ihren Erfolgen werden sie als Vorbilder für andere hingestellt. Und besonders in der Lehrerausbildung sind sie die leuchtenden Vorbilder, denen es nachzueifern gilt.

Der Nischen-Sucher ist aber keineswegs die typische Verarbeitungsform – ebensowenig wie der „Lehrdienstverweigerer", der die Konflikte zwischen seinen Bedürfnissen, sich den Kindern zuzuwenden, und dem systemimmanenten Zwang, die Kinder zu sortieren und zu bewerten, nicht aushält und oft erst nach mehreren Berufsjahren den Dienst quittiert, um sich einer anderen Berufsperspektive zuzuwenden.

Die typische Verarbeitung des Problems im Zuge der Job-Routinisierung sieht folgendermaßen aus: Der schülerzentrierte Lehrer konzentriert seine Zuwendung auf einen Teil der Schüler, und zwar vorzugsweise auf jene, die in der oberen Hälfte der Leistungshierarchie zu finden sind. So gerät der Pädagoge nicht in Konflikte zwischen seinen „menschlichen“ und Lehrerrollen-Bedürfnissen.

Für die Schüler hat das fatale Folgen. Viele von ihnen erleben solche Verhaltensweisen unter der Gleichung: Leistung – Zuwendung – Liebe.

Diese Art des pädagogischen Umgangs, die tendenziell am autonomen Verhalten wenigstens eines Teils der Schüler interessiert ist, kommt neueren Bestrebungen auch im Schulsystem und der Schulhierarchie entgegen. Lehrer mit den beschriebenen Merkmalen werden durch das Schulsystem immer häufiger positiv bestärkt und auch für Leistungsfunktionen ausgewählt. Damit tritt dieser Lehrer-Typus in Konkurrenz zu dem traditonell autoritativen Typus, dessen „Streng-aber-Gerecht-Lösungen“, dessen Distanz zu den Schülern sowie Furcht und Schrecken verbreitende Art (die Disziplinprobleme nicht kennt) auch noch heute im Schulbetrieb durchaus „ankommt“ und auch von den meisten Eltern noch akzeptiert wird.

Besonders in Schulen, deren Schüler als schwierig gelten und deren Elternschaft den unteren Schichten zugerechnet wird (z. B. Sonderschule, Hauptschule), besteht auch heute noch eine relativ hohe Wahrscheinlichkeit, daß der autoritative Führungsstil einen Lehrer etwa für die Schulleiterfunktion als geeignet erscheinen läßt. An integrierten Gesamtschulen oder als modern geltenden (z. B. neusprachlichen) Gymnasien hat eher der schülerzentrierte Lehrer-Typus eine Chance, dessen Menschenführung eher dem „human engineering“-Modell entspricht.

Literatur

Fürstenau, P.: Zur Psychoanalyse der Schule als Institution. In: Das Argument 29, 2 (1964), S. 65–78.

Gordon, Th.: Lehrer-Schüler-Konferenz. Hamburg 1976.

Jackson, Ph. W.: Life in Classrooms. New York 1968.

Mann, I.: Die Kraft geht von den Kindern aus. Lollar 1978.

Speichert, H.: Umgang mit der Schule. Reinbek 1976.

Zinnecker, J.: Das Vorleben der Lehrerin. In: b: e 3 (1970) 7, S. 30ff.

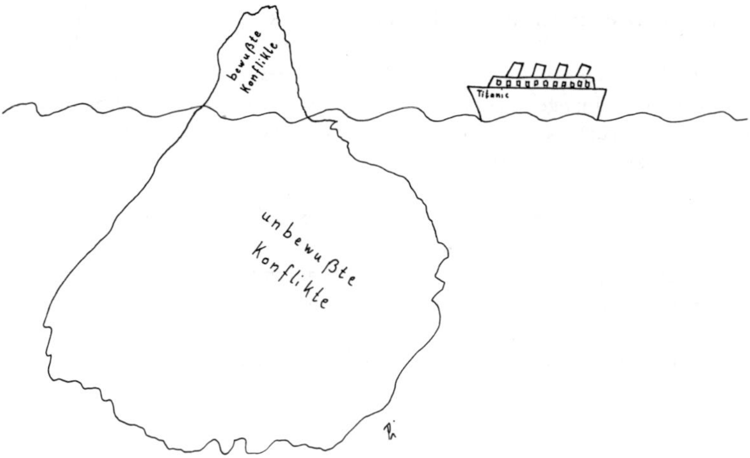

"Das nächste Schiff könnte 'Unterricht' heißen"

Kurt Singer

Unbewußte Konflikte der Lehrerpersönlichkeit als Störung der pädagogischen Beziehung

Anregungen zur Selbstbesinnung des Lehrers

1. Unbewußte Lehrerkonflikte werden zu Schulkonflikten

Im Kontakt zwischen Lehrer und Schüler spielen bewußte und unbewußte Einstellungen und Handlungen eine Rolle. Unbewußte Lehrerkonflikte können die pädagogische Beziehung beeinträchtigen.

1.1. Beispiel: Die Wut einer Lehrerin gegenüber der Schulbehörde wird auf die Schüler verschoben

Eine Lehrerin läßt sich psychologisch beraten, weil sie mit ihrer Klasse – einer vierten Jahrgangsstufe – nicht zurecht kommt: die Schüler seien so unruhig und schwätzten in einem fort. Die Lehrerin bekomme immer wieder große Wut auf die ganze Klasse; vor allem werde sie ärgerlich, wenn Kinder so unselbständig seien und wegen allem Möglichen fragten. Zwar sehe sie ein, daß ihr Ärger hier unangebracht ist, aber sie könne nicht anders. Überhaupt habe sie den Eindruck, sie sei für eine Grundschulklasse nicht geeignet. – Im Gespräch zeigt sich allerdings, daß sie früher mit Grundschulkindern gut ausgekommen ist. Auch bei ihren eigenen Kindern störe sie nicht, daß sie „klein" sind; es mache ihr Spaß, mit ihnen umzugehen. Diese Klasse aber habe sie von Anfang an wütend gemacht und in den verstrichenen Wochen sei ihre psychische Angespanntheit gewachsen. – Während des Gesprächs wurde der Widerspruch deutlich zwischen der im Grund partnerschaftlich eingestellten Lehrerin und ihrer deutlich empfundenen Ablehnung dieser Klasse gegenüber. Und das beunruhigte sie auch am meisten: daß sie ihrer Grundeinstellung untreu werden mußte.

Als von den Umständen die Rede war, unter denen die Lehrerin diese Klasse zugeteilt bekam, wurde ihre Erregung heftiger: das sei eine Gemeinheit gewesen. Schulrat und Rektor hätten ihr fest versprochen, sie bekäme eine siebte Hauptschulklasse. Diese Schüler kannte sie von früher und sie hätte gern mit ihnen gearbeitet, zumal ihr Jugendliche mehr lägen als jüngere Kinder. Sie hatte sich bereits auf diese Klasse eingestellt, Arbeitsmaterialien gesammelt und Pläne gemacht. Da sei sie zu Beginn des Schuljahres ohne Kommentar – es ginge eben nicht anders – in die vierte Klasse versetzt worden. Ihre Enttäuschung und die (unterdrückte) Wut seien noch größer geworden, als sich herausstellte, daß mit einer Kollegin genau in umgekehrter Weise verfahren wurde: diese wollte gern in die Grundschule und mußte eine Hauptschulklasse übernehmen.

Zorn und Erregung über diese Ungerechtigkeit, Gleichgültigkeit und vielleicht auch Böswilligkeit brachen jetzt im Beratungsgespräch hervor. Es zeigte sich, daß sie diese Wut damals „geschluckt" hatte, weil sie in ihrer Prüfungsabhängigkeit nicht zu den Behörden hingehen und ihnen die Meinung hinschreien konnte. – Jetzt wurde der Lehrerin klar, daß ihre Wut auf die unfolgsame, rücksichtslose Klasse etwas mit ihrer unterdrückten Wut der Schulbehörde gegenüber zu tun haben mußte. Sie verübelte der Klasse, daß diese ihr zugeschoben wurde. Die Wut über die schlechte Behandlung konnte sie weder ausleben noch bearbeiten. Sie verdrängte ihren Affekt und erlebte ihn an einer Stelle wieder, an die er eigentlich nicht hingehörte, nämlich in der Arbeit mit den Schülern.

Bei dem beschriebenen Vorgang handelt es sich um einen unbewußten Prozeß, den die Psychoanalyse als *Verschiebung* bezeichnet: der an eine Vorstellung geknüpfte Affekt wird auf eine harmlosere Sache verschoben, an der sich die psychische Energie angstfreier entladen kann. – Eigentlich hatte die Wut der Lehrerin den Personen der Schulbehörde gegolten. Sie an diesen abzureagieren, wäre zu angstmachend gewesen. Also wurde der unerträgliche Affekt abgeschoben auf die ungefährlichere Schulklasse.

Die Verschiebung spielt überall dort eine besonders wichtige Rolle, wo das Verhältnis zu Vorgesetzten vom Machtprinzip gekennzeichnet ist: der Ärger auf den Chef wird als angstvoll empfunden und deshalb an schwächeren Ersatzpersonen ausgelassen. Lehrer erleben sich häufig als abhängig von ihren Vorgesetzten. Aus der sich daraus ergebenden Angst geraten sie in Gefahr, ihre Affekte auf die wehrloseren Kinder abzuschieben – ohne es zu merken.

Im vorliegenden Beispiel handelt es sich um einen Konflikt, der mit der Jetzt-Situation der Lehrerin zusammenhängt – und nicht mit der Lebensgeschichte oder einer neurotischen Erkrankung. In einem solchen Fall ist es möglich, über das Gespräch mit einem Partner, gegenüber dem man offen sein kann, oder über eine Konfliktbearbeitung in der Gruppe oder über die Aussprache mit einem psychologisch-pädagogischen Berater das Problem zu erkennen und zu bearbeiten. Die Lehrerin konnte ihre Wut in dem Beratungsgespräch voll erleben und fühlte sich mit ihrem Affekt der Enttäuschung und der Ohnmacht verstanden. Sie konnte aber auch erkennen, daß sie ihre Klasse aus dem unverarbeiteten Affekt heraus ablehnen mußte. Diese neue Bewußtheit ermöglichte es ihr, die Schwierigkeit zu bearbeiten und sich den Schülern gegenüber anders einzustellen.

Das Beispiel zeigt, wie leicht der Lehrer in Gefahr gerät, die Schüler auskosten zu lassen, was ihm andere eingebrockt haben. Dies geschieht unter der unbewußten Formel: Wie er mir, so ich dir! – Des weiteren wird sichtbar, wie ein willkürliches und machtbehauptendes Umgehen mit Lehrern nicht nur den einzelnen Lehrer trifft, sondern auch seine Klasse. Wenn der Lehrer mit sich und seiner Klasse Schwierigkeiten hat, ist deshalb immer auch nach dem psychosozialen Umfeld zu fragen, in dem er arbeiten muß. Die institutionellen Rahmenbedingungen können ihm das Unterrichten und die Bearbeitung von Konflikten erleichtern – etwa in einem kooperativen Beziehungsklima zu den Vorgesetzten und zu den Kollegen. Sie können die Arbeitsbedingungen aber auch zum Schaden der Schüler erschweren – zum Beispiel wenn die kollegialen Beziehungen durch Machtbehauptung, Einengung, Beurteilung und Zensur gekennzeichnet sind.

Schließlich kann das Beispiel zeigen, daß es nicht Zeichen von Schwäche und Unzulänglichkeit ist, wenn ein Lehrer sich in Konfliktsituationen tiefenpsychologisch beraten läßt, sondern Ausdruck von menschlicher Reife und pädagogischem Verantwortungsbewußtsein.

1.2. Beispiel: Unbewußte Beziehungskonflikte eines Lehrers werden in die Schülerinnen hineinverlegt

Im vorgehenden Beispiel hatte der unbewußte Konflikt der Lehrerin mit ihrer aktuellen psycho-sozialen Situation zu tun. Dort ist dann auch die Mitursache und der Auslöser für die Schwierigkeiten zu suchen – und nicht in der Lebensgeschichte des Lehrers. – Im folgenden Fall hingegen hängt der Konflikt vorwiegend mit individuellen Problemen des Lehrers zusammen, die aus seiner persönlichen Entwicklungsgeschichte stammen und in der Schulsituation neu aufbrechen. Dieser Lehrer hat sich mit seinen Problemen an die Gruppe gewandt, mit der er in einem Wochenendseminar „Konflikte in der Schulklasse" bearbeitete.

Den Gymnasiallehrer beunruhigte, daß er von seinen sechzehn- bis siebzehnjährigen Schülerinnen umworben wurde. Diese schrieben ihm kleine „Liebesbriefchen", steckten ihm heimlich Blümchen zu und luden ihn ins Kino ein. Der Lehrer war persönlichen Kontakten zu seinen Schülerinnen nicht abgeneigt, aber es ärgerte ihn, daß die Mädchen offensichtlich nur bessere Noten erreichen wollten.

Was sich zunächst als Sache einiger berechnender Schülerinnen ansah, geriet in ein anderes Licht, als der Lehrer in der verstehenden Atmosphäre der Gruppe deutlich werden konnte: die Schülerinnen machten ihm auch unverhüllt sexuelle Angebote – zum Beispiel durch die Art, in der sie sich „aufreizend" kleideten, in der sie ihm in den vorderen Bänken „Einblicke" ermöglichten und in der ihn eine Schülerin bei einem Hausbesuch „sehr spärlich bekleidet" empfing; er wollte mit ihr eine unterrichtliche Schwierigkeit besprechen.

Der Lehrer erlebte sich fortwährend in einer Verfügungssituation. In der Gruppe wurde spürbar, in welche Angst ihn dies versetzte. Zum einen war es eine unbestimmte Angst: von den Mädchen ging etwas Bedrohliches für ihn aus. Zum andern aber schien auch die Realangst dazusein, was wohl passierte, wenn die Mädchen ihn tatsächlich verführten. Schließlich hat zwar ein aggressiv ohrfeigender Lehrer mit Nachsicht und Freispruch bei Gerichten zu rechnen, nicht aber ein Lehrer, der beispielsweise den Busen eines Mädchens berührt. – Die Lehrergruppe, die zuerst dazu neigte, das Verhalten der Mädchen zu bagatellisieren, merkte jetzt, daß es sich tatsächlich um eine ernsthafte Bedrohung für den Lehrer handelt – ohne daß schon verständlich geworden wäre, wodurch sie verursacht wurde.

In weiteren Gesprächen konnte der Lehrer im schützenden Klima der Gruppe sehen, daß sich die Verführungssituationen gar nicht so „von selbst" ergaben und auch nicht nur von den Mädchen eingerichtet wurden. Ohne daß er es merkte, hatte er selbst sie heraufbeschworen. – Er gab zum Beispiel – versteckt zwar – den Anstoß zu einem gemeinsamen Treffen in einem Café. – Er war es auch, der den Hausbesuch bei einem der Mädchen in die Wege leitete. Es wurde deutlich – ohne daß dabei die Gruppe etwas Verurteilendes ausstrahlte –, daß *er* der Werbende war und einige der Mädchen bereitwillig auf seine halbbewußten und unbewußten Angebote eingingen.

Als Hintergrund der Schwierigkeit stellte sich eine Gehemmtheit des Lehrers Frauen gegenüber heraus. Sie hatte ihren Ursprung in einer überwertigen Tabuisierung alles Sexuellen während seiner Kindheit. Er konnte keinen Kontakt zu Frauen herstellen, weil ihm diese große Angst machten. Insgeheim spürte er jedoch den Wunsch, zu Frauen Beziehungen zu haben und auch seine sexuellen Impulse leben zu können.

Bei der Schwierigkeit, die der Lehrer in der Klasse als bedrohlich erlebte, handelt es sich um einen unbewußten psychischen Vorgang, den die Psychoanalyse als *Projektion* bezeichnet: der Mensch kann eigene Impulse nicht in seinem Innern wahrnehmen, sondern erlebt sie als von außen kommend oder an anderen. Er wehrt damit peinliche oder verbotene Inhalte ab, die sein Ich als gefährlich erleben würde. – Der Lehrer kann sich von seinen Schuldgefühlen und seiner Angst entlasten, wenn er die Situation unbewußt so gestaltet, daß er der passiv Erduldende und nicht der aktiv Handelnde ist: Nicht *ich* werbe um die Schülerinnen, sondern die Schülerinnen werben um mich; nicht *ich* habe den Wunsch, auf ein Mädchen zuzugehen, sondern das Mädchen verführt mich.

Durch seine Kindheitserfahrungen erlebte der Lehrer sexuelle Impulse als sündhaft: Ich darf das nicht tun. Deshalb mußte der gefährliche Inhalt aus seinem Selbst hinausverlagert werden: die anderen sündigen. Es gelang allerdings nicht, die Kraft der psychischen Impulse ungeschehen zu machen: durch die Projektion kehrten sie von außen wieder zurück. Dadurch wurde der Lehrer zwar von der Innenangst etwas entlastet, aber gleichzeitig konnte er die Wirklichkeit nur noch verzerrt wahrnehmen. Er bekämpfte in anderen seine eigenen, von ihm abgelehnten Persönlichkeitsmerkmale. – Besonders bedrohlich wurde für den Lehrer, daß seine Projektionen teilweise Wirklichkeit wurden: Einige Mädchen spürten – aus ihrer eigenen Persönlichkeitsproblematik heraus – die unbewußte Erwartungshaltung des Lehrers. Sie antworteten mit wirklichen – nicht nur vom Lehrer eingebildeten – Verführungsabsichten. Bei der Durcharbeitung des Problems blieb allerdings kein Zweifel darüber, daß am Anfang die Projektion des Lehrers stand.

Zu Projektionen neigt jeder Mensch, besonders unter Angstdruck. Der Lehrer kann zum Beispiel die eigenen Aggressionen verdrängen – aber er muß dann ständig seine Schüler mit Aggressionen aufladen und hinter jeder ihrer Verhaltensweisen einen Angriff auf sich vermuten. – Oft anzutreffen ist die Pharisäerhaltung des „Moralapostels“: er muß die eigenen Wünsche unerbittlich am anderen verfolgen und bekämpfen. – Deutlich wird die Projektion auch in jenen Lehrern sichtbar, die ständig über ihre faulen Schüler klagen – und dabei im Grunde ihre eigene Bequemlichkeit verdecken und bekämpfen müssen.

Die Bearbeitung eines Konfliktes wie der des beschriebenen Lehrers ist schwieriger als das Problem der Lehrerin, die ihre Wut auf die Klasse verschieben mußte. Denn hier handelt es sich um eine Störung, die in der Lebensgeschichte verankert und deshalb nicht von heute auf morgen zu beseitigen ist. Helfen kann nur, wenn das Problem *aufdeckend* und nicht zudeckend behandelt wird.

- Dazu gehört, genau hinzusehen, wie die psychische Wirklichkeit des bedrängten Lehrers aussieht. Vor allem dürfen wir nicht nach dem Warum fragen; denn das hilft nicht weiter, weil es sich um ein emotionales Problem handelt. Wichtiger ist, gemeinsam das Erleben zu erkunden: die Frage danach, *wie* es dem Lehrer geht, welche Ängste er verspürt, welche Gedanken ihn beschäftigen.
- Dazu gehört des weiteren: Die anteilnehmenden Freunde oder Kollegen oder die Gruppe, in der das Problem besprochen wird, oder der Berater und Therapeut versuchen, sich nacherlebend einzufühlen in die Situation und das psychische Empfinden dieses Menschen; das heißt: die Fähigkeit zu üben, in sich selbst mitschwingen zu lassen, was bei der nacherlebten Problematik des anderen anklingt.
- Auf diese Weise kommen wir an die Ursachen des Verhaltens und Erlebens heran, die mit der persönlichen Entwicklungsgeschichte, aber auch mit der Jetzt-Situation zusammenhängen.
- Das ermöglicht dann, das Problem ursachenorientiert zu bearbeiten. – Im vorliegenden Fall kann das nicht ohne therapeutische Hilfe geschehen; entweder durch Beratungsgespräche oder durch eine analytische Selbsterfahrungsgruppe oder durch psychotherapeutische Behandlung.

2. Mangelnde Selbstreflexion des Lehrers verzerrt die pädagogische Beziehung

Daß Lehrer – wie alle Menschen – ihre persönlichen Schwierigkeiten haben, ist selbstverständlich. Die Kinder müssen sich mit diesen auseinandersetzen und sie akzeptieren, wie der Lehrer seinerseits unablässig versucht, die Schüler so anzunehmen, wie sie sind. Schwierig wird es, wenn der Lehrer blind für seine eigenen Probleme ist und wenn er selbstgefällig als pädagogisches Handeln ausgibt, was in Wirklichkeit Ausdruck ungelöster eigener Konflikte ist. – Häufig handelt es sich um verborgene sadistische Regungen, die in die Lehrer-Schüler-Beziehung einfließen. Und zwar nicht in Form grober Sadismen, wie dies früher in der Schule beobachtet werden konnte, sondern als viel gefährlichere verfeinerte Sadismen – etwa in Form des Notenbüchlein-Sadismus oder des Bloßstellens oder des „Hängen-Lassens“ in der Prüfungssituation oder in Form von pädagogisch bemäntelter „Strenge“ und „Gerechtigkeit“.

Beispiel: Unpädagogisches Verhalten wird als beispielhaftes erzieherisches Handeln ausgegeben

Ein Lehrer berichtet von folgendem Problem: „Vor einigen Wochen fing einer der Schüler meiner Klasse an, dauernd aufzustehen und sich über sein Pult zu lehnen. Dabei tat er seine Arbeit aus einer halb stehenden Stellung. Dies wiederholte sich mehrere Male". – Mancher Lehrer würde dies vermutlich nicht als Störung des Unterrichts empfinden und darüber hinweggehen. Aber dieser fühlte sich gestört und überlegte, was er tun könne, um die Schwierigkeit zu beseitigen. Er hat sich dann dem Schüler gegenüber so verhalten (Dreikurs 1969, S. 110): „Schließlich fragte ich den Schüler, ob er bei der Arbeit lieber stehen oder sitzen wolle. Mir wäre es gleichgültig, was er lieber täte. Der Junge erklärte, lieber zu stehen. Darauf sagte ich ihm, daß er keinen Stuhl mehr brauche, und wir deshalb seinen Stuhl aus dem Zimmer entfernen könnten – was wir auch taten, wobei wir dem Jungen erlaubten, den Rest des Tages zu stehen.

Am folgenden Tag fragte ich am Anfang des Unterrichts wieder, ob er lieber stehen oder sitzen wolle. Diesmal wollte er lieber sitzen. Wir hatten von da an keine Schwierigkeiten mehr, was seine halb stehende Stellung anbelangte." – Und der Kommentar von Dreikurs: „Dies ist ein gutes Beispiel einer richtig ausgeführten logischen Folge, nämlich dem Jungen täglich die Wahl zu lassen, was er vorziehe."

Dieses Verhalten scheint mehr ein gutes Beispiel dafür zu sein, wie man versuchen kann, unpädagogisches Handeln als pädagogische Maßnahme auszulegen. Denn dieses Lehrerverhalten erinnert eher an Heimtücke als an erziehliches Bemühen. Der Lehrer denkt nur an sich und nicht daran, was hier für den Schüler schwierig sein könnte. Er tut so, als ließe er den Schüler mitbestimmen, um sein macht-behauptendes Verhalten zu verdecken. Die Person des Schülers interessiert ihn überhaupt nicht: wie es diesem bei seinem Störverhalten geht, was er zu seiner „Arbeitshaltung" meint, wie er glaubt, daß er sein Verhalten ändern könne, ob er überhaupt merkt, daß er stört, ob er nicht gut sitzen könne ... All dies hätte zu einem gegenseitigen Verstehen geführt: Der Lehrer hätte den Jungen besser kennengelernt, und dieser hätte eine Ahnung davon bekommen, was den Lehrer stört. – Aber so wurde der Schüler nicht als Partner behandelt, sondern als Objekt, das sich verändern soll, wie dies der Lehrer wünscht.

Bedenklich ist auch die Unehrlichkeit des Lehrers: Ihm wäre es gleichgültig, was dieser täte, behauptet er dem Jungen gegenüber; dabei ist offensichtlich, daß er den Schüler zum Sitzen bringen möchte. Die sadistische Neigung wird unverkennbar, wenn der Lehrer dem Jungen zumutet, „den Rest des Tages zu stehen" und diesem seinen Stuhl wegnimmt. Versucht wird eine oberflächliche Symptombehandlung mit unlauteren Mitteln – und nicht ein Vorgehen, das sich an den Ursachen des Schülerverhaltens orientiert. Der Lehrer deckt im Gegenteil die möglichen Ursachen zu, indem er erst gar nicht zu ergründen versucht, wo sie liegen könnten. Dieses zudeckende Lehrerverhalten – an Stelle eines aufdeckenden – macht eine Verständigung zwischen den beiden unmöglich.

Das Beispiel steht für eine verbreitete Haltung: mit dem Schüler etwas zu „machen", ihn trickreich zu einem der Schule angepaßten Verhalten zu bringen, ihn mit „psychologischen" Maßnahmen zu überlisten. Nicht das Prinzip der Verständigung ist handlungsleitend, sondern das Machtprinzip. Wenn dieses Machtprinzip dann noch – wie im vorliegenden Beispiel – verschleiert wird, gerät der Schüler in eine ohnmächtige Situation.

Nicht daß der Lehrer menschlich unzulänglich ist, wird zum Problem, sondern daß aus der Not menschlicher Unzulänglichkeit eine Tugend sogenannten pädagogischen Vorgehens gemacht wird. Dadurch wird das Lehrerverhalten unkorrigierbar. – Die beiden vorher beschriebenen Lehrer waren durch ihre Schwierigkeit unsicher geworden, hatten sich mit ihrem Problem anderen mitgeteilt und konnten somit in den für Erzieher wichtigen Prozeß der Selbsterkenntnis eintreten. Die kritische Selbstreflexion des eben geschilderten Lehrers wurde vor allem durch einen Vorgang blockiert, den die Psychoanalyse als *Rationalisierung* beschreibt: Für Verhaltensweisen werden vernünftige Argumente vorgegeben, während in Wirklichkeit andere, zum Teil unbewußte Motive dahinterstecken. Durch unbewußte Scheinbegründungen rechtfertigt man dabei „Handlungen, Einstellungen und Meinungen, die unbewußt jedoch Triebinteressen entspringen, die aber wegen ihres ‚egoistischen' Charakters und der Begleitängste nicht bewußtseinsfähig sind". (Elhardt 1971, S. 52) Hinter der rationalen Begründung, den Jungen eine pädagogisch nützliche „logische Folge" erleben und ihm „täglich die Wahl zu lassen", verbergen sich machtbehauptende und sadistische Impulse. Diese nicht gebilligten psychischen Inhalte werden durch die unbewußte Verhaltensweise der Rationalisierung abgewehrt.

Aus der geschilderten Persönlichkeitsproblematik heraus war es dem Lehrer nicht möglich, sich mit dem Schüler über dessen Schwierigkeit zu verständigen. Verständigung hätte erfordert, daß der Lehrer ehrliche Sofortmaßnahmen ergreift, von denen er zwar weiß, daß sie nicht ursächlich wirken, aber den Konflikt auch nicht zudecken oder verschärfen: Zum Beispiel indem er den Schüler darum bittet, ob er es nicht einmal anders versuchen könnte: oder indem sich Schüler und Lehrer bemühen, einen Sitzplatz ausfindig zu machen, an dem der Junge durch sein Aufstehen die anderen Schüler nicht in ihrer Sicht zur Tafel behindert; vor allem wäre es für das Sich-Verständigen günstig gewesen, wenn der Lehrer offen sein Gestört-sein durch den Schüler und seinen Wunsch nach störungsfreiem Arbeiten mitgeteilt hätte – anstatt scheinheilig zu fragen, ob dieser lieber stehen oder sitzen möchte. – Der Lehrer hätte sich beim Schüler erkundigen können, wie die Arbeitssituation für ihn ist, ob er überhaupt merkt, daß er immer wieder aufsteht, und weshalb er stehen möchte.

Beide hätten dann überlegen können, welche Ursachen das Verhalten haben kann. Und von hier aus wäre es möglich gewesen, über ursachen-orientierte Langzeitmaßnahmen nachzudenken. So aber hat der Lehrer blind und willkürlich gehandelt; er hat eine eigene Schwierigkeit auf Kosten des Schülers ausgelebt, anstatt zu versuchen, die Schwierigkeit des Schülers zusammen mit der seinen zu bearbeiten.

Im Gegensatz zu den Lehrern, von denen vorher berichtet wurde, verspürt dieser keinen „Leidensdruck". Deshalb fühlt er sich nicht dazu angestoßen, sein Verhalten zu ändern. Das zeigt, die wichtig psychohygienische Maßnahmen als fester und fortlaufender Bestandteil der Lehrerweiterbildung wären.

3. Wege der Selbstreflexion und Selbsterkenntnis des Lehrers

Es ist eine Grundweisheit der Erziehung, daß sich der Erzieher selbst verändern muß, wenn er seinen Kindern wirksam helfen möchte.

3.1. Die Einschätzung des Lehrers durch die Schüler als Gesprächsanstoß

Das Nachdenken über sich selbst wird angeregt, wenn wir von den Menschen, mit denen wir täglich zu tun haben, gesagt bekommen, wie sie uns sehen. Kinder wie Erwachsene haben vielfach verlernt, sich offen kritisch zu äußern. Deshalb kann der Lehrer damit beginnen, seine Schüler den Unterricht und sich selbst beurteilen zu lassen, indem er sie schriftlich befragt. – So versuchte die Lehrerin einer 5. Klasse durch die folgende Befragung etwas über sich selbst und ihre Schüler zu erfahren:

Fragebogen über Unterricht und Lehrerin
Bitte unterstreiche, was für dich zutrifft.

1. Findest Du den Unterricht verständlich?
   Ich kann alles gut verstehen – ich verstehe fast alles – ich komme manchmal nicht mit – ich verstehe wenig
2. Findest Du, daß Deine Lehrerin streng ist?
   sehr streng – streng – manchmal streng – zu wenig streng – gerade richtig
3. Ist die Lehrerin freundlich zu Dir?
   immer – oft – manchmal – selten – nie
4. Ist die Lehrerin Deiner Ansicht nach gerecht?
   gerecht – meistens gerecht – selten gerecht
5. Lobt Dich die Lehrerin?
   sehr oft – oft – manchmal – selten – nie
6. Schimpft Dich Deine Lehrerin?
   sehr oft – oft – manchmal – selten – nie
7. Kannst Du mit ihr auch über Dinge reden, die nicht zum Unterricht gehören?
   ja – nein
8. Hast Du das Gefühl, daß sie sich für Dich interessiert?
   immer – oft – manchmal – selten

9. Hast Du vor der Lehrerin Angst?
immer – oft – manchmal – selten – nie
10. Traust Du Dich, Deine Lehrerin etwas zu fragen?
immer – oft – manchmal – selten – nie
11. Lacht die Lehrerin Kinder aus?
oft – manchmal – selten – nie
12. Hast Du Angst, vor der Klasse etwas zu sagen?
oft – manchmal – selten – nie
13. Bist Du mit Deinem Verhalten in der Schule zufrieden?
sehr – fast immer – oft – teils/teils – selten
14. Findest Du, daß Du etwas dazu beiträgst, daß wir in der Klasse gut arbeiten können?
ja, sehr oft – oft – gelegentlich – selten
15. Wie findest Du Deine Mitarbeit bei Gruppen- und Partneraufgaben?
gut – zufriedenstellend – nicht so gut
16. Gehst Du gern in die Schule?
nie – manchmal – oft – meistens

So wesentlich wie die Befragung selbst ist das Gespräch über die Ergebnisse. In ihm erfahren die Schüler, daß die Lehrerin ernsthaft mit ihnen über all das sprechen möchte, was sie täglich in der Schule bewegt. Die selbstkritische Haltung der Lehrerin führt auch zum Nachdenken der Schüler über sich selbst.

3.2. Kritik als Anlaß zu Selbstreflexion bei Lehrer und Schüler

Wenn der Lehrer die Schüler zur Einschätzung seines Unterrichts und zu Kritik an seiner Person anregt, lernt er, sich mit den Augen der Kinder zu sehen. Das bedeutet für ihn eine Chance, an sich zu arbeiten. Indem er erfährt, was die Schüler über ihn und seinen Unterricht denken, wird es ihm möglich, Selbstverständliches kritisch zu betrachten und Neues zu versuchen. Das hat nichts damit zu tun, daß sich der Lehrer den Vorstellungen der Schüler anpassen müsse, sondern daß er sich mit ihnen auseinandersetzt. Er merkt zum Beispiel, daß das, was er „gut meint" schlecht ankommt, und kann – da er es wirklich gut meint – zusammen mit den Schülern etwas verbessern.

So sah sich zum Beispiel ein Lehrer in der guten Absicht, den Unterricht durch Späße aufzulockern und Humor in das Schulleben zu bringen. Er war betroffen, als er sich im Spiegel der Schülerbefragung so sehen mußte, wie ihn die Schüler tatsächlich sahen. Bei der Frage, ob der Lehrer Kinder auslache, hatten nämlich viele mitgeteilt, daß er das tue. Da er im Grunde ein den Kindern zugewandter Lehrer war, erschreckte ihn das, weil er weiß, wie verletzend es sein kann, ausgelacht zu werden. – In Gesprächen mit der Klasse zeigte sich: der Lehrer merkte nicht, daß seine Späße oft zu Ungunsten einiger Kinder ausgingen; da lachten zwar viele, aber einige wenige hatten nichts zu lachen. Es ging dann im Gespräch nicht nur um das manchmal verletzende

Verhalten des Lehrers, sondern auch um den Anteil, den die Klasse daran hat, wenn ein Schüler beschämt wird. So konnten alle diesen Punkt wachsamer beobachten und taktvoll versuchen, Auslachsituationen zu vermeiden. Eine weitere Erfahrung für Schüler und Lehrer war dies: Wir dürfen es nicht bei unseren guten Absichten belassen, sondern müssen erkunden, wie sie sich auswirken. – Zudem waren die Schüler angerührt davon, daß sie ihren Lehrer betroffen erlebten und brachten spontan Beispiele, in denen sie sich auch nicht richtig verhalten hatten.

3.3. Selbsteinschätzung und Selbstbeobachtung des Lehrers

Der Lehrer sollte seine Schularbeit und den Umgang mit Kindern fortlaufend mit Selbsteinschätzung begleiten. Diese kann zum Beispiel mit Hilfe von Tonbandaufnahmen erfolgen, durch tagebuchartige Notizen, die sich der Lehrer macht – wobei er vor allem Problemstellungen entdeckt und festhält, mit denen er sich weiter befassen möchte. Er kann sich für eine lockere Selbstbeobachtung jeweils einen Gesichtspunkt vornehmen, zum Beispiel: Bringe ich es heute vormittag fertig, die Schüler mehr anzuerkennen als zu kritisieren? Wenn nicht: woran kann das liegen? – Gelingt es mir in der folgenden Stunde, die Schüler so ausgeprägt wie möglich selbst tätig sein zu lassen? Wenn nicht: Weshalb muß ich selbst so aktiv sein? – Wie spreche ich im Unterricht: habe ich meine normale Sprechstimme wie außerhalb der Schule – oder gerate ich vielleicht in einen „Schulton", der mir gar nicht gemäß ist? Würde ich mit Menschen außerhalb des Klassenzimmers in der gleichen Weise reden? – In welchen Situationen der heutigen Schulstunden freue ich mich? Kann ich mich freuen über das Schulehalten? – Was sind Situationen, die mich ärgern oder gespannt machen? Wodurch werden diese Situationen ausgelöst? – Wie geht es den leistungsschwachen Schülern in meiner Klasse: übersehe ich sie, dulde ich sie, ermuntere ich sie, stören sie mich, nehme ich wahr, wie es ihnen in ihrem „Schlecht-sein" geht?

3.4. Fremdeinschätzung des Lehrers durch Kollegen

Eine Form kollegialer Beratung und Hilfe, die zur Selbstreflexion führt, kann die Fremdeinschätzung durch gegenseitige Schulbesuche sein. Der Lehrer erfährt sich selbst anders, wenn ein Kollege zu Gast in seiner Klasse ist: Manches fällt ihm auf, was ihm in der Alltagssituation entgeht; die Anwesenheit des Kollegen schärft seine Selbstwahrnehmung. Anschließend ist hilfreich, wenn der Kollege mitteilt, was ihn in der Stunde besonders angesprochen, was er Neues gesehen hat, was ihm aufgefallen ist, was er nachmachen möchte. Und dann auch ein Gespräch darüber, was er anders machen, was er dem Kollegen raten würde, welchen „blinden Fleck" er womöglich entdeckt hat. Dieses Sich-im-Unterricht-Besuchen soll jedoch nicht darauf eingeengt werden, daß der junge Lehrer unbedingt zum Erfahrenen und dieser zu ihm gehen muß: Es ist genauso wirksam, wenn „unerfahrene" Lehrer sich gegenseitig besuchen – in mancher Hinsicht sogar wirksamer, weil sie gemeinsame Probleme entdecken und sich oft in ihren Zielvorstellungen nahe sind.

3.5. Schul-„Aufsicht" als kollegiale Beratung

Weil Schulbesuche durch Vorgesetzte mit Beurteilung und Zensur gekoppelt sind, geht es dabei für den Lehrer oft mehr um Selbstverteidigung als um Selbsterkenntnis. Die derzeitige Organisation der Schulaufsicht läßt wenig Spielraum für Formen kollegialer Beratung im Sinne der Selbstreflexion: Angefangen dabei, daß „Aufsicht" und „Visitation" und „Beurteilung" von vorneherein partnerschaftliches Zusammenarbeiten erschweren, bis hin zu der Tatsache, daß Seminarleiter, Schulamtsdirektoren, Schulräte und Schulleiter keine Zeit für eine solche Beratungstätigkeit bekommen. *Seminarleiter wie Schulräte sollten Kollegen sein, zu denen man mit seinen Schwächen hingehen kann.* Dazu müßte Gelegenheit geschaffen werden durch ein ausreichendes Angebot an Sprechzeiten für die Lehrer. Es widerspricht lernpsychologischem Denken, daß Lehrer mit ihren Lehr-, Lern- und Erziehungsproblemen oft lange warten müssen, bis der Seminarleiter zu ihnen kommt. Sie müßten sich möglichst dann beraten lassen können, wenn sie ein dringendes oder gar angstmachendes Problem haben. Deshalb sollte der Seminarleiter keine Lehrinstanz sein, sondern Berater des jungen Lehrers und Anreger von Lernprozessen in ihm: *ein Mensch, mit dem man reden und den man um Rat fragen kann* – und nicht ein Inspekteur. Wenn Gespräche mit Schulrat und Seminarleiter nicht Angst machen und zu Anpassung verleiten, sondern Selbstreflexion und Selbsterkenntnis anregen und zu neuem schulpädagogischem Handeln ermutigen – dann haben sie eine hohe pädagogische Aufgabe erfüllt.

3.6. Vielseitige Kontakte mit Schülern und Schülereltern als Quelle der Selbsterfahrung

Je unmittelbarer der Lehrer mit den Schülern Kontakt aufnimmt, umso mehr erlebt er sich selbst und erfährt er über sich selbst. Die Offenheit der Schüler kann ihm eine fortlaufende Quelle von Erkenntnissen über sich und Ermunterung zur Arbeit an sich sein. Gelegenheit zur unmittelbaren Kontaktaufnahme ergeben sich vor der Schule, zwischen den Stunden in Arbeitsabschnitten während des Unterrichts, während der Pausen, in der Schülersprechstunde, auf Wanderungen und bei Schullandheimaufenthalten, bei Veranstaltungen in und außerhalb der Schule.

Auch von den Eltern kann der Lehrer angeregt werden, sein pädagogisches

Handeln zu überdenken – vorausgesetzt Eltern und Lehrer stehen sich nicht mißtrauisch gegenüber, sondern begeben sich gemeinsam in einen Prozeß der Selbsterziehung und nicht des sich gegenseitigen Beobachtens.

3.7. Pädagogische Gruppen als Anstoß zum Nachdenken über sich selbst

Eine besondere Chance, sich selbst zu erfahren und sein Verhalten zu ändern, sind Übungs-Seminare. Sie ermöglichen ein „Probehandeln", das dem Lehrer dabei hilft, Situationen schärfer wahrzunehmen und beweglich anzugehen. In solchen Übungs-Seminaren werden schulische Lebenssituationen herausgegriffen. Die Lehrer „erproben" in der Gruppe, wie sie diese handhaben würden, sie überlegen, welche persönlichen Hintergründe für dieses Handeln mitverantwortlich sind – und wie sie das vermutete Verhalten allmählich abändern könnten.

Durch die themenzentrierte interaktionelle Methode (TZI) wird der Lernprozeß der Seminare gesteigert. Denn hier gehört es zur Methode, daß jeder Teilnehmer sein *Ich* einbringt, daß das *Wir* der Gruppe fortlaufend im Auge behalten wird – bezogen auf das *Es,* nämlich die Sache, um die es im Seminar geht. Bei der themenzentrierten Gruppenarbeit mit Kollegen werden die Schwierigkeiten des Einzelnen zum Thema – und damit für den Lehrer erfahrbar. – Wie solche Gruppen verlaufen können, ist ausführlicher dargestellt in Singer 1976b, und Singer 1979, S. 201–212.

3.8. Selbsterfahrungsgruppen als Arbeit an der Person und deren Beziehungsfähigkeit

Selbsterfahrungsgruppen haben Beziehungs- und Gefühlserfahrungen zum Ziel. In einer Gruppe von etwa acht Teilnehmern erfahren die Teilnehmer in der Beziehung zu den anderen Gruppenmitgliedern, wie sie auf diese wirken, wie sie die anderen erleben, wie sie sich im Kontakt fühlen. Diese Selbsterfahrungen ermöglichen es, sich selbst und andere zutreffender wahrzunehmen, sie erhöhen die Fähigkeit, mit anderen umzugehen und zusammenzuarbeiten, sie schärfen die Empfindsamkeit für soziale Vorgänge.

> „Das Ziel einer Selbsterfahrungsgruppe ist nicht Therapie im üblichen Sinne. Das hindert nicht daran, daß von den Teilnehmern therapeutische Bedürfnisse entwickelt und auch therapeutische Hilfen ausgetauscht werden. Ausdrücklich streben die Teilnehmer an, *sich selbst im Zusammenhang einer Gruppe besser kennen und entfalten zu lernen. Sie suchen in der Gruppe Möglichkeiten, ihre Beziehungen zu anderen Menschen zu verbessern.* Sie möchten studieren, wie sich solch eine Gruppe im ganzen entwickelt. Und sie möchten vor allem mit darauf hinwirken, daß man miteinander dahin kommen möge, verständnisvoll und weitgehend solidarisch zu kooperieren."

Lehrer sollten während ihrer Ausbildung und dann vor allem berufsbegleitend gruppendynamisch geschult werden.

„Denn es ist für sie erfahrungsgemäß in vielen Situationen außerordentlich wichtig, ihren persönlichen Angstdruck, Ehrgeiz, Rivalenhaß von sachlichen Entscheidungskriterien genau zu trennen. Und die Öffentlichkeit wird sich vermutlich einmal darauf einstellen, daß solche gruppendynamischen Schulungen nicht etwa ein peinliches Eingeständnis von abnormen psychischen Schwächen dargestellen, sondern im Gegenteil einen reifen Verantwortungssinn bezeugen, um auch in dieser bislang völlig unkontrollierten Dimension gefährliche Risiken abzubauen." (Richter 1974, S. 137, 141)

3.9. Die tiefenpsychologische Einzelberatung

Wenn es der Lehrer mit sich selbst oder mit den Schülern oder mit seinem Beruf schwer hat, sollte er auch an die Möglichkeit denken, sich beraten zu lassen. Beratungsgespräche haben die Aufgabe, spezifische Lehrerkonflikte auf ihre Ursachen hin abzuklären und dem Ratsuchenden Möglichkeiten der Bearbeitung des Konflikts aufzuzeigen.

Alle Vorschläge verfolgen das Ziel, das Selbstgefühl und Selbstbewußtsein des Lehrers zu entwickeln – und ihn damit zu hilfreichem pädagogischem Handeln zu befähigen.

Literatur

Aktion Humane Schule Bayern: Leitziele für eine Humane Schule. München 1980. Bezug: AHSB, Schwaigerstr. 14, 8018 Grafing.

Dreikurs, R.: Psychologie im Klassenzimmer. Stuttgart 1969.

Elhardt, S.: Tiefenpsychologie. Eine Einführung. Stuttgart 1971.

Richter, H. E.: Lernziel Solidarität. Hamburg 1974.

Riemann, F.: Grundformen der Angst. München [9]1974.

Schraml, W. J.: Einführung in die Tiefenpsychologie für Pädagogen und Sozialpädagogen. Stuttgart 1976.

Singer, K.: Verhindert die Schule das Lernen? Psychoanalytische Erkenntnisse als Hilfe für Erziehung und Unterricht. München [2]1976.

Singer, K.: Lernhemmung, Psychoanalyse und Schulpädagogik. München [2]1974.

Singer, K.: Von der Angst und Abhängigkeit des Lehrers zu pädagogischer Mündigkeit. In: Ebert, W. (Hrsg.): Lehrer – Gefangener oder Gestalter der Schule. München 1979, S. 201–212.

Singer, K.: Trainings-Seminare zur Veränderung des Lehrerverhaltens. In: Blätter für Lehrerfortbildung 28 (1976b) 2.

Singer, K.: Der Lehrer als Erzieher – in schulischen Konfliktsituationen. Schwierige Kinder als Herausforderung zu pädagogischem Handeln. In: Pädagogische Welt 34 (1980) 8.

Singer, K.: Humane Schule – Pädagogische Schule. Mitmenschliche Beziehung und angstfreies Lernen durch partnerschaftlichen Unterricht. Frankfurt 1981.

Dieser Beitrag erschien zuerst in: Blätter für Lehrerfortbildung 32 (1980) 7/8, S. 350–357. Wir danken dem Ehrenwirth Verlag (München) für die Abdruckgenehmigung.

"Die Gedanken sind frei... "

Thomas Wegner

Das Dilemma des Beratungslehrers

Ein Beispiel

Als die Kultusminister 1973 einen Ausbau der schulbezogenen Beratung empfahlen, geschah dies vor dem Hintergrund einer sich zunehmend komplexer und schwieriger gestaltenden Schullandschaft.

Doch nicht nur die Komplexität unseres Bildungssystems hat zugenommen, auch die internen Probleme in Schulen sind nicht mehr übersehbar. Stichworte wie Motivationsschwund, aggressives Verhalten, Schulstreß oder Notendruck sind schon lange nicht mehr Kürzel pädagogischer Fachleute, sondern täglich erfahrbare Phänomene in fast allen Klassenzimmern. Dieser Beitrag analysiert ein Beispiel aus dem Alltag eines Beratungslehrers (BL). Eine Lehrerin und ein

BL erörtern eine mögliche Umschulung von der Grundschule in die Sonderschule.[1] Ziel der Analyse der Gesprächssituation und der anschließenden Diskussion ist der Versuch, einige der konstitutiven Elemente im Alltagshandeln des BL aufzuzeigen und zu prüfen, inwieweit diese handlungsleitend werden können.

Soll Martin in die Sonderschule?

Das folgende Gespräch findet Ende 1978 zwischen *einer* Lehrerin, *einem* Bl und mir statt. Kasuistik also. Es ließe sich jetzt allerlei Diskussionswürdiges zur Entscheidung für diese Methode erziehungswissenschaftlichen Forschens sagen, und man hätte – nimmt man aktuelle Publikationen als Indiz[2] – im Zuge der „Alltagswende" (Thiersch) wohl auch ‚Rückenwind' bei einer pro-Entscheidung. Nur etwas: Lag die Gefahr „empirisch-analytischer" Forschungsergebnisse für eine *handlungsbezogene* Erziehungswissenschaft vor allem in einer unflexiblen Deduktion auf eine stets komplexere Praxis, so sind bei den Bemühungen um qualitative Forschung Fragen nach der Methodik einer Konzeptbildung und deren mögliche Reichweiten noch lange nicht geklärt. Wenn Binneberg (1979) Aussagen wie „ein einzig, wirklich analysierter Fall eines pädagogischen Verhaltens, so dürfen wir erklären, hat für die Theorie der Pädagogik mehr wissenschaftlichen Wert als ein ganzes Heer statistischer Angaben über das Zusammenbestehen von Merkmalen und Reaktionsweisen" (Hönigswald 1927; 214f.) zitiert, sollte das eher als Ermunterung denn als Selbstanspruch einer Wissenschaftsrichtung aufgefaßt werden. Wer vermag schon einen Fall *wirklich* zu erklären oder auch nur angesichts verschiedener ‚Paradigmen' und Schulen konsensstiftende Resultate vorzulegen?

Ich lernte die Lehrerin Frau C. und den BL Herrn O. im Rahmen meiner Mitarbeit im DFG-Projekt „Zur Genese von Devianz im frühen Jugendalter" kennen. Anlaß des Gespräches waren Verhaltens- und Lernschwierigkeiten des Schülers Martin (9 Jahre, 2. Klasse der Grundschule); es wurde überlegt, ob Martin (M) in die Sonderschule für Verhaltensgestörte umgeschult werden sollte.

O: Wir hatten ja das Gefühl, daß er aufgrund seiner eigenen Aussagen möglicherweise einen leichten Gehirnschaden hat. Er hat zweimal Aussagen gemacht, die dafür sprechen könnten; einmal sagte er, wenn ich rauskomme, ans Licht, dann wird mir schwindlig, das zweite Mal, wo mich das stutzig machte, ich kann diesen fürchterlichen Lärm in der Klasse nicht ab, worüber die Kinder oft klagen. Deshalb hab ich gestern mal ein paar Übungen mit ihm gemacht, die das erfahren sollten, und keine einzige hat diesen Befund . . . man müßte ihn wahrscheinlich noch mal hinschicken in das Institut, wenn man das wirklich ausschließen will, aber ich glaube nicht, daß da was vorliegt. Ich denke, das ist gemacht, das ist gelernt, was da an Verhaltensweisen auffällig erscheint. Ich habe da so den Eindruck gewonnen, ich habe ja nur eine Hospitation gemacht, bei der einen Hospitation, daß er sein negatives Verhalten, oder als negativ beschriebenes Verhalten, überhaupt erst dann zeigt, wenn Leistungsanforderungen gestellt werden, die er nicht erfüllen kann. (. . .) Diese eine Erfahrung, wenn ich die bewerten würde, dann würde ich sagen, das Verhalten, das er zeigt, wird offenbar in ganz bestimmten Situationen, in ziemlich eng umschriebenen Situationen vorgerufen. Von dir habe ich in der gleichen Situation den Eindruck, daß du dich fast fürchtest vor dem Moment, wo er wieder ausflippen würde. (. . .) Ich habe so das Gefühl, daß er irgendwie darauf spekuliert, daß er mit diesen Befürchtungen und Ängsten deiner weiblichen Bezugsperson arbeitet, daß er genau weiß, daß er das Maß an Aufmerksamkeit, das er haben will, sofort abrufen kann. Dazu braucht er bloß einen ganz bestimmten Reiz, das ist dann also Rumlaufen, abzugeben, die Antwort kommt prompt.

C: Hast du den Eindruck, daß ich sofort darauf eingehe, ich laß ihn eigentlich wahnsinnig viel rumlaufen, ohne daß etwas geschieht.

O: Er kann aber nicht das Gefühl haben, daß es dir wirklich gleichgültig ist, sondern ich hatte das Gefühl, daß du angespannt warst und unter Druck standest, eigentlich verhindern zu müssen, das was du da siehst, zugunsten der anderen Kinder, zugleich es aber nicht mit Maßnahmen machen wolltest, die dir widerstreben. Also mit Gewalt. Vielleicht auch ein bißchen Resignation, Ansprache nützt ja nichts, das hast du ja auch gesagt. Es passiert ja nichts, er schert sich ja nicht darum.

C: Wie sollte man ihn denn in den Griff kriegen, mehr übersehen oder mehr nicht darauf eingehen? Ich sehe da echt gar keine Möglichkeit, wie ich ihm nützen kann.

Der Beratungslehrer skizziert hier gleich eingangs des Gespräches einen lerntheoretisch orientierten Bezugsrahmen und bezieht diesen auch auf die Interaktion von Lehrerin und Schüler. Die Kompetenzen, die der BL damit signalisiert, spiegeln Schwerpunkte des in der Zusatzausbildung vermittelten Wissens wider. Doch auch dem BL dürfte deutlich sein – er deutet dies auch an – daß aufgrund nur einer Hospitationsstunde und eines Einzelgesprächs mit dem Jungen eine Diagnose oder gar eine Interventionsstrategie unter Einschluß der verschiedenen Perspektiven (Redlich/Schley 1978) nicht möglich ist. Daß er dennoch in diese Richtung argumentiert, kann in den metakommunikativen Aspekten der konkreten Gesprächssituation gesehen werden. Der BL versteht sich als solcher und sieht sich aufgefordert, der Lehrerin und mir zu dokumentieren, daß er theoretisch-fundiert und systematisierend an Probleme herangehen kann.

Die Lehrerin reagiert entsprechend, sie widerspricht zunächst einer Verhaltensbeschreibung und formuliert dann ihr zentrales Problem: „Wie sollte man ihn denn in den Griff kriegen" – „wie ich ihm nützen kann?" Der Handlungsdruck, unter dem die Lehrerin täglich steht, macht den Wunsch nach handhabbaren und *konkreten* Vorschlägen verständlich.

Doch noch etwas anderes deutet sich an: Ein spannungsgeladenes Verhältnis innerhalb der Lehrerrolle, zwischen der Aufgabe eines lehrplangebundenen Wissensvermittlers („in den Griff kriegen") und der eines Sozialerziehers

(„ihm nutzen") (Stallberg 1977); eine Spannung, die in der sozialpädagogischen Diskussion mit den Stichworten Hilfe und/oder Kontrolle erörtert wird (Brumlik/Keckeisen 1976).

O: Zu Anfang war ich dann auch immer völlig verzweifelt, ich habe zweimal eine Hauptschulklasse geführt, da summierten sich solche Probleme ja auch, wo dann dieser ganze schöne Tausch-Ansatz, den man damals in der Ausbildung kannte, überhaupt nichts fruchtete, und man sagte dann, das geht doch nicht, daß du deine Mitschüler störst, das war verkehrt, denn das brachte überhaupt erst mal ins Bewußtsein, was da an Störungen ablief. Jedenfalls empfand ich diese Hilflosigkeit, die ich jetzt auch vermute, die dich auch fertig macht, die empfand ich auch. Deshalb konnte ich dir das auch so gut nachempfinden, deine Situation. Auch diese gespannte Aufmerksamkeit, das ist wie eine tikkende Bombe, dieser Knabe, solange er sich ruhig verhält, nur wann sie hochgeht, das weiß man eben nicht.

TW: Finden Sie sich denn tatsächlich hilflos?

C: Das sind diese Überlegungen. Ich bin nicht ganz sicher, wie sollte ich auf diesen heulenden D. eingehen? Da hab ich keine Richtlinie, daß ich sage, ok, jetzt müßtest du dich so verhalten, das ist vielleicht eine Unruhe, Unsicherheit, bestimmt da. Das gebe ich wohl zu. Es fragt sich, wie kriegt man die Sicherheit, daß man ihm eine Stütze ist. Ich weiß es nicht, wie ich da sonst sicher reagieren soll auf solche Fälle. Mir fehlen da echt Maßstäbe.

Sensibel kann der Beratungsleiter aufgrund eigener Erfahrungen das Problem der Lehrerin erfassen und – vielleicht mit Hilfe seiner Ausbildung im Gesprächstraining (24 Doppelstunden) – auch verbalisieren. Die Lehrerin bestätigt die vermutete Hilflosigkeit. Wie sieht das Hilfsangebot des Beratungslehrers aus:

O: Wir haben gestern, da war ich ziemlich erstaunt, als ich mit den Ergebnissen dasaß; die überraschenden Ergebnisse. Ich hatte gehofft, es würde da einen organischen Ansatz geben. Das ist jetzt unser Problem, wir müssen damit fertig werden. Wir sind zwar nicht verantwortlich, aber ich war ziemlich überrascht. Wir gingen dann zu T. (Schulleiter, TW), und da sprachen wir über eine andere Sache, und da erwähnte ich auch (...) und da erfuhr ich, daß der Bogen ja schon zur Beurteilung ja schon an die (Sonderschule) geschickt ist.

TW: Was für ein Bogen?

C: Der Bericht.

TW: Den Sie hier gemacht haben?

C: Ich habe den Bericht über ihn gemacht.

TW: Mit der Empfehlung, ihn doch auf eine Behindertenschule zu schicken?

C: Ja.

Es ist schon makaber, wenn der Beratungslehrer seine enttäuschte Hoffnung gesteht, daß es keinen „organischen Ansatz" gebe. Der Befund eines hirnorganischen Schadens hätte es erlaubt, das beobachtbare Verhalten ursächlich zu begründen und zu individualisieren (zur Kritik: Scheff 1973;

Keupp 1974); es wäre auf diesem Weg aus möglichen Zusammenhängen mit schulischer Interaktion gelöst.

Die von der Lehrerin intendierte Lösung, den Schüler auf eine Sonderschule – Fahrweg täglich 2½ Stdn. – zu schicken, geschah ohne Wissen des BL. Obwohl dieser meint, daß „wir zwar dafür nicht verantwortlich (sind)", sieht er, „das ist jetzt unser Problem". Sein Vorschlag ist es, Martin in die Parallelklasse zu versetzen, um ihm dort unter veränderten Bedingungen einen neuen Anfang zu geben.

O: L. (Lehrerin der Parallelklasse, TW) wäre bereit, das zu machen. Sie hat nur Sorge, daß du es auffassen könntest als eine Art, als eine Versagenssituation auffassen könntest. Daß du mit dem Problem Martin selber nicht zu Rande gekommen bist, und sie muß jetzt möglicherweise als deus ex machina auftreten. Das ist ihr Problem jetzt, sie würde das auf sich nehmen.
(. . .)
Martin gegenüber würden wir das motivieren können, wir würden sagen, es handelt sich jetzt hier – er selbst weiß ja auch ganz genau, daß er Schwierigkeiten hat mit den Lehrern – wir würden dann sagen, wir geben dir einen neuen Start, was ja wahrscheinlich auch für dich leicht wird. Er würde also mit dem Problem fertig werden, was die Umsetzung angeht. (. . .) Frau L. würde nicht allzusehr zusätzlich belastet werden, für sie ist das ja auch ein Neu-Anfang mit besseren Bedingungen, und der Ausgleich würde stattfinden über die Sitzenbleiber, die dann zu dir kommen.

C: Da kann ich nur sagen, ich bin heilfroh, ich bin wirklich froh.

Der „within"-Blickwinkel des BL erlaubt es ihm, eine mögliche Lösung vorzuschlagen, die voraussehbare Schwierigkeiten bereits antizipiert („hat nur Sorge, daß . . . du es als eine Versagenssituation auffassen würdest"; „der Ausgleich würde stattfinden über die Sitzenbleiber").

Unberücksichtigt bleibt die *Perspektive des Schülers,* sie wird nur dort in Rechnung gestellt, wo sie sich mit den Interessen der Lehrer berühren mag. Hier gilt es dann „zu motivieren". Das abweichende Verhalten wird in Hinblick auf schulische Standards bewertet, Deutungen, die ihnen der „Abweichler" alternierend dazu anbieten könnte, scheinen irrelevant. Daß abweichendes Verhalten jedoch kaum aus so einer einseitigen Perspektive heraus verstehbar ist, darauf wird in Studien zum „labeling-approach" und dessen ausdifferenzierten Weiterentwicklungen (Matza 1973; Keckeisen 1974) immer wieder hingewiesen.

Noch einmal die Lehrerin:

C: Ich habe wirklich wahnsinnig viel Zuneigung zu diesem Burschen, und deshalb habe ich auch soviel Zeit investiert. Ich sehe aber auch immer und immer wieder die anderen. Und mir tun die anderen so leid, die anderen 25 Leute tun mir leid. Deshalb sage ich, ich wäre heilfroh, wenn die anderen mal 'ne Chance haben, daß sie sich ohne ihn mal konzentrieren können. Ich sehe das auch nicht als Versagen, ich habe mein Bestes getan, also ich habe so viel Herzensblut da hineingetan, um ihn hinzukriegen.

O: Die Frage ist nur, stimmt der Aufwand an seelischer Energie, die du da betreibst, steht der Aufwand noch, im Augenblick, in einer vernünftigen Relation zu den Veränderungen, die du bei ihm erreichst?

Wie in anderen Aussagen zeigt Frau C. auch hier eine deutliche Anteilnahme und Spannung. Man spürt, daß ihr der Schritt zur Umschulung nicht leicht gefallen ist. Sie sieht jedoch ihre Möglichkeiten erschöpft und zudem ihren Bildungsauftrag den anderen gegenüber gefährdet.

Der Beratungslehrer – geschult in Gesprächsführung – greift diesen Gedankengang auf und rationalisiert ihn, indem er den „Warencharakter" menschlicher Interaktion (Hagemann-White/Wolff 1975; 275) als legitimes Element schulischen Lebens betont. Ist ein bestimmtes Input-Output-Verhältnis nicht mehr gegeben, kann die „Produktion" eingestellt werden.

Doch so einfach macht es sich der BL nun auch nicht, ein „Abschieben" auf die Sonderschule wird nicht als Ideallösung gesehen.

O: Ein Schüler, der auf die Verhaltensgestörtenschule kommt, soll ja eigentlich wieder integriert werden. Nach allen Erfahrungen ist dies allerdings häufig nicht der Fall, sondern das kommt einer Abstempelung gleich. Sehr wenige schaffen den Weg zurück.

C: Ich meinte ihn dorthinzustecken, weil er dort eventuell die Chance hat, besser zu lernen. Ich weiß es nicht, wie der Leistungsstand am Ende der zweiten Klasse ist. Ich bin nicht dort gewesen. Ich habe nur gehört, daß man dort einen normalen Plan hat. Wenn er nun Ende der zweiten Klasse das Ziel hier nicht schafft, was passiert dann? Wird er dann wieder aus pädagogischen Gründen versetzt?
(. . .)
Er hat eben diese Leseschwierigkeiten, im Rechnen geht es. Ich hatte nur Sorge, daß er in der zweiten Klasse, daß man sagt: Ziel nicht geschafft, was passiert dann an dieser Schule hier? Nimmt man ihn dann weiter, bleibt er dann im Klassenverband, noch mal zurück kann man nicht, deshalb dachte ich, daß er da in der kleinen Gruppe besser zu Rande kommt.

O: Das halte ich eben für einen Trugschluß. Ich bin da voreingenommen. Ich kenne diese Schule, und ich empfinde sie als bedrückend. In dieser Massierung von verhaltensgestörten Kindern und andererseits, weil die Klassen klein sind; diese Leere – da ist kein richtiges Leben, da trotteln einem dann Schüler über den Weg. Das ist ganz fürchterlich.
Ich habe also, sagen wir das ruhig, ein negatives Vorurteil gegen diese Schule. Überhaupt gegen Sonderschulen. Ich denke, daß man Integration nicht betreiben kann, indem man isoliert. Das geht nicht. Und der Gedanke, nachher zurückzuführen, scheint mir ein Trugschluß zu sein.

Deutlich wird hier das Dilemma, in dem sich die Lehrer befinden. Dem eher resignierenden „. . . was passiert dann in der Schule hier?" steht das Wissen des BL um einen möglichen Stigmatisierungsprozeß (Brusten/Hohmeier 1975) entgegen. Was tun?

Martin wurde kurze Zeit später in die Sonderschule umgeschult; es hätten sich doch noch Probleme bei einer Versetzung ergeben, die Mutter hatte einer Umschulung schon zugestimmt, und außerdem hätte sich gezeigt, daß entgegen den Befürchtungen der lange Weg kein Problem darstelle.

Es scheint, daß bei dieser Entscheidung noch andere als kognitive Faktoren eine Rolle gespielt haben. Einen Hinweis gibt der folgende Ausschnitt aus dem gleichen Gespräch:

C: Ich weiß nicht, ob das jetzt schon so ist, daß ich wirklich froh bin, wenn ich nichts mehr mit ihm zu tun habe. Also ich sage, weil ich die anderen sehe, im Grunde bin ich froh, wenn ich die Situation retten könnte.

O: Würde dir das Schuldgefühle verursachen? Wenn du so denkst, daß du froh bist. Ich finde, darauf hat man doch ein Anrecht, daß man erleichtert aufatmet, wenn man ein Problem vom Hals hat.

C: Nein, ich hätte keine Schuldgefühle.

O: Das klang eben so.

C: Nein, ich sage einfach, ich kann nicht mehr investieren, und ich bin froh für die anderen, bin in der Hoffnung, daß dann die anderen vielleicht ein bißchen besser zum Zuge kommen, daß man selbst mehr Kraft für die anderen hat, mir käme es sehr gelegen, muß ich sagen.

Wer vermag die Erleichterung der Lehrerin nicht nachzuvollziehen? Der BL – selbst zu Dreiviertel seiner Tätigkeit Lehrer – kann es, der spricht sogar von einem Anrecht darauf.

Diese Empathie und wohl auch kollegiale Solidarität mit den Sorgen von Frau C. stellt sich jedoch quer zu den theoretischen Ansätzen, die der BL vermittelt bekommen hat. Diese würden es erforderlich machen, daß z. B. auch das Verhalten der Lehrerin mit in den Blickpunkt genommen würde, ggf. auch geändert werden müßte.

Folgerichtig werden die möglichen Entstehungsbedingungen des abweichenden Verhaltens auch vornehmlich außerhalb des Schulbereiches gesucht:

C: Er hat eben keinen Halt. Er sieht nur diese abgearbeitete Mutter, Vater ist eben nicht da, keine männliche Bezugsperson. (. . .) Er hat irgendwie kein Wohlgefühl zu Hause.

An anderer Stelle:

C: Seine Mutter macht zu Hause derart Druck (. . .) ich glaube, das ist das A und O, ich glaube, daß er eher noch zu Hause kaputt gemacht wird als in der Schule selbst.

Der Beratungsprozeß

Sich beraten lassen, jemanden einen Rat geben ist ein Moment unserer täglichen Kommunikation. Professionelle Beratung – wie im vorliegenden Fall – verfährt im Grunde nicht anders, jedoch ist die Situation von vornherein durch die Art der Rollenbeziehung, die asymmetrische Interaktionsform und die Indikationsstellung stärker strukturiert (Thiersch u. a. 1977, 101f.). Ziel der Beratung sollte es sein, „Hilfe zu einer neuen und tragfähigen Sinninterpretation anzubieten“ (ebenda S. 96). Gelingt dies im vorliegenden Fall?

Die Validität der Antwort hängt nicht zuletzt von methodischen Fragen ab. Verzerrt nicht u. U. schon die Reduktion der wiedergegebenen Beratungssituation auf Transkription nur des gesprochenen Wortes, dazu hier noch ausschnitthaft, bereits die Realität so, daß keine validen Ergebnisse zu erwarten sind?[3] Ich vermag dies nicht auszuschließen und kann auch keine „qualitative Methodik“ entwickeln, die den Weg von höchst komplexer Praxis zu theoretischen Ergebnissen eindeutig nachvollziehen kann. Ich möchte vielmehr aus dieser „Not“ qualitativen Vorgehens eine Tugend herausstreichen und den Leser auffordern, kritisch den hier zu entwickelnden Faden zu verfolgen – so braucht sich die eh vorhandene Subjektivität nicht nur pädagogischer, sondern auch pädagogisch-wissenschaftlicher *Praxis* nicht als unaufgeklärte Restvarianz hinter irgendeinem Koeffizienten zu verstecken, und Ergebnisse laufen weniger Gefahr, verdinglicht auf die so „Erforschten“ zurückzuwirken.

Zurück zu unserem Gespräch: Mittelpunkt ist die Entscheidung *über* die möglicherweise Lebenschancen kanalisierende Schullaufbahn von Martin. Ein alltäglicher Vorgang im Alltag eines BL. Folgenden Fragen soll jetzt nachgegangen werden: Welcher Deutungsmuster bedienen sich Lehrerin und BL bei der Einschätzung des Problems (1), kommt es im Beratungsgespräch zu einer Annäherung der jeweiligen Deutungen (2) und wie lassen sich die Konsequenzen des Gespräches in einem weiteren Kontext einordnen (3)?

(1) Durchgehend zeigt die Lehrerin ein Gefühl der Spannung. Auf dem einen Pol des Spannungsverhältnisses sieht sie ihre Aufgabe als Lehrstoffvermittlerin, sie hat 26 Schüler in einem 45-Minutentakt zu unterrichten, Versetzungsordnungen zu beachten, einen Lehrplan einzuhalten etc. Diese offiziellen Regeln bilden gleichsam die Grenze der Verhaltensmöglichkeiten der Lehrerin. Nun wäre es billig und würde auch der „Dignität der Praxis“ (W. Flitner im Anschluß an Schleiermacher) nicht gerecht, unterstellte man der Lehrerin, als handle sie schablonenhaft auf der Folie bestehender Regeln. Die andere Seite des oben angedeuteten Spannungsverhältnisses zeigt sich in vielen ihrer Äußerungen. Bevor sie mit dem BL spricht, hat sie mit „Bordmitteln“ versucht, Martin zu einem regelhaften Verhalten in diesen Grenzen zu bringen bzw. zu halten, „Herzensblut“ hineingesteckt, bloß – wie sieht es mit einer Versetzung aus, wie ergeht es den anderen 25 Schülern? Sie sieht mit spürbarer Anteilnahme die Probleme des Schülers, seine Nöte, die häuslichen Schwierigkeiten, sie möchte helfen. Vor dem Hintergrund dieser Ausgangslage wendet sie sich – vielleicht zu spät – an den BL.

Der Fachmann BL kann die Sorgen der unmittelbar involvierten Lehrerin aus theoretischer Distanz angehen. Entsprechend seiner Ausbildung skizziert er einen lerntheoretischen Bezugsrahmen, signalisiert diagnostische Kompetenz, weist für den Fall einer möglichen Umschulung auf die oft sigmatisierende Wirkung eines solchen Schrittes hin und zeigt durchgängig eine einfühlsame, vermittelnde Gesprächsführung. Was kann man mehr verlangen?

(2) „Beraten ist als Handeln definiert, das auf Änderung eines – wie auch immer verursachten – Zustandes der Hilfsbedürftigkeit, auf eine Krise gerichtet ist. Dieser Zustand soll mit dem Ziel geändert werden, die Hilfsbedürftigkeit zu beseitigen oder wenigstens zu reduzieren" (Thiersch u. a. 1977, 101). Dem kann ich zustimmen, doch was, wenn Hilfe für den einen (Lehrerin) des anderen (Martin) Nachteil ist?

Der erste zaghafte Ansatz des Beratungslehrers, der Lehrerin unter lerntheoretischen Gesichtspunkten deutlich zu machen, daß Martins Reaktionen vielleicht mit ihrem Verhalten zu tun hätten, wird von der Lehrerin bezweifelt bzw. auf die ganz konkrete Frage gebracht: „Wie soll ich ihn denn in den Griff kriegen?" – bitte ein Rezept. Sodann schildert sie ihre Bemühungen, sie ist mit ihrem Latein am Ende, es „fehlen ihr da echt die Maßstäbe". Der BL versteht das, er war dann auch immer „völlig verzweifelt". Die sensible Anteilnahme des BL an den Sorgen der Lehrerin zeigt sich dann auch als entscheidend für den weiteren Beratungsprozeß. Der „within"-Blickwinkel aus der Lehrerperspektive und die solidarische Anteilnahme lassen ihn nach Lösungen suchen, die der Lehrerin nicht ‚weh tun'. Nach einem Bedauern, daß es keinen „organischen Ansatz" gebe, unterbreitet der BL seinen Vorschlag, Martin in die Parallelklasse zu versetzen. Seine Sorge: Die Lehrerin könnte es als „Versagenssituation" auffassen. Martin gegenüber gilt es zu motivieren.

Das Problem scheint elegant gelöst, Schuldgefühle braucht es nicht zu geben, denn – so der BL – „darauf hat man doch ein Anrecht, daß man erleichtert aufatmet, wenn man ein Problem vom Hals hat."

Die einfühlsame Übernahme der Perspektive des jeweils gegenübersitzenden Lehrers scheint mir eines der konstitutiven Elemente zum Verständnis der vorliegenden Interaktion zu sein. Die Sichtweise des Schülers wird als variabel angesehen, hier gilt es zu motivieren, modifizieren oder diagnostizieren.

Das Verhalten des Lehrers wird nur innerhalb enger Grenzen als veränderbar angesehen, die Grenzen der Veränderbarkeit stehen nicht mehr zur Debatte,sie werden vorab als Alltagswissen (Abs 1973) als reziprok vorausgesetzt („Ausgleich über die Sitzenbleiber"). Mit diesem Stück ‚heimlichen Schullebens' wird eine konsequente interaktive Problemanalyse verstellt. Die Einstellungsparameter seitens der Schule sind invariant, die Problemsicht des nicht-pädagogischen Partners – hier Martin – erscheint nicht mehr als ein wie immer auch gebrochener Ausgangspunkt für einen Dialog, sondern schlicht als Störfaktor, das Verhalten wird individualisiert. Relevante Interaktionsstrukturen werden allenthalben außerhalb der Schule gesehen (Familie, Kindertagesheim) – „der Schüler (kann) an der Schule scheitern, die Schule am Schüler aber nicht" (Pongratz 1979, 178).

(3) Gewiß haftet diesem konkreten Beispiel schulischer Beratung etwas Zufälliges an; die feinen, kaum erfaßbaren Fäden der jeweiligen personellen und situativen Umstände, die Eigendynamik des Gesprächsverlaufs spinnen einen Teil des Netzes des Beratungsergebnisses. Aufgrund zahlreicher Gespräche mit anderen BL und Beobachtungen der Praxis scheint es mir jedoch naiv anzunehmen, daß der Prozeß der Beratung sich bei anderen Konstellationen *gänzlich* anders abspielen würde.

Die Lehrerin und der BL geben uns Stichpunkte, die uns möglicherweise „Typisches" erschließen lassen: „In den Griff kriegen – ihm nutzen", „Ausgleich über die Sitzenbleiber", „Wenn er das Ziel hier nicht schafft, was passiert dann?", „aus pädagogischen Gründen versetzt?", „was passiert dann an der Schule hier?" und am deutlichsten vielleicht in dem (oben nicht referierten) selbstironischen Stoßseufzer der Lehrerin: „Es ist doch viel dabei, was man doch tut, aus Treue dieser Behörde gegenüber." BL und Lehrerin verhandeln nicht in einem luftleeren Raum idealer Kommunikation, sondern ihr Handeln kann nur in Funktionalität zu dem gesellschaftlichen Auftrag schulischer Sozialisation gesehen werden. Dabei ist zunächst weniger an direkte „Brückenschläge" zwischen konkreter Interaktion und gesamtgesellschaftlichen Verwertungsinteressen gedacht (vergl. z. B. Rolff 1967; Oevermann 1972) als vielmehr – analog einem Vorschlag Bronfenbrenners (1978) – an eine Anbindung an die nächst höhere Ebene.

Das wären im konkreten Fall z. B. Schulbehörde bzw. deren Vertreter, Lehrpläne, rechtliche Vorschriften, die direkten Einfluß auf das schulische Leben nehmen und so die denkbare Varianz individuellen Aushandelns von vornherein beschneiden bzw. kanalisieren (vergl. die detailreiche Analyse von Glötzl (1979)).

Die Lehrerin – als Nahtstelle zwischen Schulauftrag und Schüler – spürt die Spannung und die wohl auch teilweise Unvereinbarkeit zwischen Auftrag und konkreten Realisierungsmöglichkeiten, sie reagiert mit offen eingestandener Hilflosigkeit. Auch wenn dies im Falle Martins wenig hilfreich ist, so wird hier nicht die „Flucht in die Eindeutigkeit" (Glötzl 1979, 42) angetreten, die den Handlungsdruck mildert, Strategien bereitstellt und eine mögliche Isolierung von Kollegen vermeidet.

Anders der BL – für ihn scheint zuzutreffen: „Es ist für den Lehrer im hierarchisch strukturierten Interaktionssystem der Schule und angesichts seiner ökonomischen und sozialen Abhängigkeit von diesem System nicht möglich, offen und vollständig gegen den von Kollegen, Vorgesetzten und außerschulischen Bezugsgruppen an ihn gestellten Anspruch, die Regeln und Normen der Schule gegenüber seinen Schülern zu vertreten, zu handeln." (Wellendorf 1973, 158)

Dies scheint der BL zum Ausgangspunkt seiner Beratung zu machen, durch die Beschränkung auf nur diese Wirklichkeitsdeutung geht auch ihr Konstruktcharakter verloren, und sie gerinnt zur objektiven, verbindlichen und selbstverständlichen Voraussetzung von Problemlösungen. Deutlicher Beleg dafür scheint mir des BLs zwar erstaunlich offene, dafür aber nicht minder hilflose Hoffnung, daß ein Gehirnschaden vorliege, dann wäre alles geregelt. Angesichts der hohen Aufstiegsraten von BL muß nicht nur gefragt werden, ob BL aufgrund eigener Erfahrungen Lehrerperspektiven zur nicht mehr hinterfragbaren Interpretationsfolie ihrer Entscheidungen übernommen haben, sondern auch, ob zur Sicherung eigener beruflicher Perspektiven nicht besonders eifrig im Sinne eines „Schmieröls des Verstehens" gearbeitet wird, „damit Menschen reibungsarm funktionieren und Machtverhältnisse unantastbar bleiben." (Thiersch u. a. 1977, 129)

Resümee

Eingangs wurde gefragt, ob die Tätigkeit des BL als weitere Komponente zur subtileren Lenkung eh schon vorprogrammierter Lebenschancen einzuschätzen sei oder aber Möglichkeiten bietet, dem Ziel einer humaneren Schule ein Stück näher zu kommen. Die Analyse des ausschnitthaft referierten Gespräches eines BL und einer Lehrerin legt die erste Annahme nahe, ohne dabei jedoch die zweite auszuschließen.

Die starke Involviertheit des BL in die Organisation Schule läßt ihn die Perspektiven und Probleme von Lehrern ungleich leichter erschließen als z. B. die abweichender Schüler. Das verstellt den Zugang zu einer interaktiven Problemanalyse bzw. -lösung. Die Perspektive des Schülers wird nur gebrochen durch verfestigte Interpretationsschemata in den Blick genommen, abweichende Verhaltensweisen können kaum als „Problemlösungsversuche" (Keupp 1976, 156) interpretiert werden. Obwohl sich Probleme *in* der Schule zeigen und somit immer etwas mit der Bewältigung der Bedingungen konkreter schulischen Lernens zu tun haben, überwiegt ein Individualisieren oder ein ursächliches Verlagern auf außerschulische Lebensbereiche.

Auch eine Gefahr der „Deprofessionalisierung des Lehrers" (Wulf 1977, 114) ist nicht von der Hand zu weisen. Das Entwicklung vorantreibende Moment der Spannung zwischen Ansprüchen schulischer Sozialisation und deren realiter bestehenden Möglichkeiten wird einseitig zugunsten der letzteren aufgelöst, der Lehrer noch mehr auf seine Funktion als Wissensvermittler eingeengt.

Der gesellschaftliche Bezug eines solchen Handelns kann konkret an bestehenden räumlichen, organisatorischen, rechtlichen und inhaltlichen Eingriffen und Vorschriften (vergl. Glötzl 1979) deutlich gemacht werden. Die Organisationsformen der Schule sind „gleichsam ‚eingefrorene' Bestandteile, die sichern helfen, daß gesellschaftlich für relevant gehaltene Interaktionen ihre Form behalten, unabhängig von besonderen Situationen und Motiven." (Mollenhauer 1977, 49)

Die hier geäußerte Kritik an der Praxis schulischer Beratung geriete jedoch schief und einseitig, entstünde der Eindruck von „Besserwisserei". Angesichts oft massiver Häufungen von „schwierigen" Schülern, der geringen Entlastung vom Unterrichtsbetrieb, dem Unverständnis mancher Lehrerkollegen der Tätigkeit des BL gegenüber und den oft nicht bestehenden Entscheidungsalternativen – um nur einige Schwierigkeiten zu nennen – kann man dem konstruktiven Engagement vieler BL nur Hochachtung zollen.

Soll sich in diese Arbeit nicht doch unmerklich die von Thiersch u. a. (1978, 129) befürchtete „Schmierölwirkung des Verstehens" einschleichen, gilt es, eben jenen verborgenen, weil ständig gegenwärtigen Interaktionsformen stärkere Beachtung zu schenken.

Anmerkungen

1 Die Aufzeichnung des Gesprächs erfolgte im Rahmen meiner Tätigkeit in einem Projekt der DFG („Zur Genese von Devianz im frühen Jugendalter"). Das Gespräch ist unter z. T. anderen Gesichtspunkten bereits im 2. Zwischenbericht für die DFG (August 1979, unveröfftl.) interpretiert worden. Zahllose Anregungen und Hinweise verdanke ich dem Projektleiter, Herrn Prof. Scarbath, und meinem Kollegen, Herrn

H.-J. Plewig, sowie Frau A. Machnik. – Sofern im folgenden auf die Ausbildungsinhalte eingegangen wird, bezieht sich dies auf Hamburg. Obwohl Formen und Methoden der Ausbildung in anderen Bundesländern variieren (z. B. der Fernstudienlehrgang „Ausbildung zum Beratungslehrer" des Deutschen Instituts für Fernstudien (DIFF) in Tübingen), sind die inhaltlichen Zielsetzungen ähnlich. Ausführliche Informationen finden sich bei Heller, K. (1975).

2 Einen Überblick in Möglichkeiten und Schwierigkeiten qualitativer Forschung geben Baacke/Schulze (1979). Vergl. auch: Bühl (1972), Graumann/Métreaux (1977), Binneberg (1979), Hoffmann-Riem (1979) und Gstettner (1980).

3 Das Interesse an qualitativer Forschung hat zugenommen, damit verbunden zeigt sich jedoch eine Unsicherheit, wie man mit diesem Forschungstypus nun umzugehen habe. Mollenhauer weist in seiner „Berichtskizze über das Schwerpunktprogramm ‚Sozialisationsprozesse Jugendlicher'" (1978) daraufhin und konstatiert, daß „alle (in diesem Schwerpunkt geförderten, T. W.) Projekte mehr oder minder unsicher zu sein (scheinen)." (S. 14, ebenda)
Ist das so problematisch? Sollte sich nicht vielmehr eine handlungsbezogene Erziehungswissenschaft davor hüten, laufend „gesicherte" Ergebnisse zu produzieren, ohne dabei zu bedenken, daß dadurch im Sinne einer self-fullfilling-prophecy unser So-sein als unser Sein festgeschrieben wird?
Sicherlich wird es nicht ausreichen, „qualitative Forschung" allein in Abgrenzung zu den Mängeln etwa „trait-psychologischer" Ansätze zu begründen und nach dem Muster zu argumentieren, da das andere „Paradigma" nicht mehr ausreicht, müsse das eigene schon hinreichen. Angesichts drängender Praxisprobleme scheint es mir jedoch angebracht, verschiedene Ansätze nicht *allein* von einer wissenschaftstheoretischen Metaebene her auf ihre Implikationen hin zu diskutieren, sondern auch ihren möglichen Beitrag zu einer befriedigenden Praxisbewältigung zu gewichten.

Literatur

Arbeitsgruppe Bielefelder Soziologen (Hrsg.): Alltagswissen, Interaktion und gesellschaftliche Wirklichkeit. 2 Bde. Hamburg 1973.

Baacke/Schulze (Hrsg.): Aus Geschichten lernen. München 1979.

Binneberg, K.: Pädagogische Fallstudien. Ein Plädoyer für das Verfahren der Kasuistik in der Pädagogik. In: Zeitschrift für Pädagogik (1979) 3.

Bronfenbrenner, U.: Ansätze zu einer experimentellen Ökologie menschlicher Entwicklung. In: Oerter, R. (Hrsg.): Entwicklung als lebenslanger Prozeß. Hamburg 1978.

Brumlik/Keckeisen: Etwas fehlt – Zur Bestimmung von Hilfsbedürftigkeit für die Sozialpädagik. In: Kriminologisches Journal (1976) 2.

Brusten/Hohmeier (Hrsg.): Stigmatisierung. 2 Bde. Neuwied und Darmstadt 1975.

Bühl, W. L. (Hrsg.): Verstehende Soziologie. Grundzüge und Entwicklungstendenzen. München 1972.

Bühlow/Hopf/Nagel/Preuss-Lausitz: Lernschwierigkeiten, Verhaltensstörungen und Sonderschüler – ein Problem politischer Sozialisation. In: dies.: Gesamtschule zwischen Schulversuch und Strukturreform. Weinheim/Basel 1972.

Bund-Länder-Kommission: Bildungsgesamtplan. Stuttgart 1973.

Glötzl, H.: „Das hab ich mir gleich gedacht." Weinheim und Basel 1976.

Graumann/Métreaux: Die phänomenologische Orientierung in der Psychologie. In: Schneewind (Hrsg.): Wissenschaftstheoretische Grundlagen der Psychologie. München 1977.
Gstettner, P.: Qualitative Analyse biographischer Dokumente. (Ms. 4/1979). Erscheint in: Hurrelmann/Ulich (Hrsg.): Handbuch der Sozialisationsforschung. Weinheim/Basel 1980.
Hagemann-White/Wolff: Lebensumstände und Erziehung. Frankfurt 1975.
Heller, K. (Hrsg.): Handbuch der Bildungsberatung. Band I u. II, Stuttgart 1975.
Hönigswald, R.: Über die Grundlagen der Pädagogik. München 1927.
Hoffmann-Riem, C.: Die Sozialforschung einer interpretativen Soziologie. Ms. Hamburg 1979.
Homfeldt, H. G.: Stigmatisierung in der Beratung. In: Beraterlexikon. München 1977.
Homfeldt/Lauff/Maxeiner: Für eine sozialpädagogische Schule. Grundlagen, Probleme, Perspektiven. München 1977.
Keckeisen, W.: Die gesellschaftliche Definition abweichenden Verhaltens. München 1974.
Keupp, H.: Modellvorstellungen von Verhaltensstörungen: ‚Medizinisches Modell' und mögliche Alternativen. In: Kraiker (Hrsg.): Handbuch der Verhaltenstherapie. München 1977.
Keupp, H.: Abweichung und Alltagsroutine. Hamburg 1976.
Kruschke, I.: Ausbildung von Beratungslehrern in Hamburg. In: 25 Jahre Schülerhilfe. Berichte und Dokumente aus der Freien Hansestadt Hamburg (1978) 7, Nr. 549, S. 40–46.
Matza, D.: Abweichendes Verhalten. Heidelberg 1973.
Mollenhauer, K.: Interaktion und Organisation in pädagogischen Feldern. In: Zeitschrift für Pädagogik (1977) 13. Beiheft.
Oevermann, U.: Sprache und soziale Herkunft. Frankfurt 1972.
Prongratz, L. A.: Schule und Sozialcharakter. Pädagogische Reflexion in Anschluß an Erich Fromm. In: Zeitschrift für Pädagogik (1979) 2.
Redlich/Schley: Kooperative Verhaltensmodifikation im Unterricht. München-Wien-Baltimore 1978.
Rönner, O.: 25 Jahre Schülerhilfe. In: Berichte und Dokumente der Freien Hansestadt Hamburg. (1978) 7, Nr. 549.
Rolff, H.-G.: Sozialisation und Auslese durch die Schule. Heidelberg 1973.
Scarbath, H.: Unser Wissen ist Stückwerk. Plädoyer für ein mehrperspektivisch-dialogisches Verständnis von Erziehungswissenschaft. In: Claußen/Scarbath (Hrsg.): Konzepte einer kritischen Erziehungswissenschaft. München 1979.
Scheff, T. J.: Das Etikett „Geisteskrankheit". Frankfurt 1973.
Stallberg, F.: Schule als Kontrollinstanz. Ein kriminalsoziologischer Bezugsrahmen. In: Kriminologisches Journal (1979) 3.
Thiersch/Frommann/Schramm: Sozialpädagogische Beratung. In: Thiersch, H.: Kritik und Handeln. Interaktionistische Aspekte der Sozialpädagogik. Neuwied und Darmstadt 1977.
Tillmann, K. (Hrsg.): Sozialpädagogik in der Schule. München 1976.
Wellendorf, F.: Schulische Sozialisation und Identität. Weinheim 1973.
Wulf, C.: Kritik der Bildungsberatung. In: Beraterlexikon. München 1977 (a).
Wulf, C.: Der Lehrer als Berater – und
Wulf, C.: Beratung in der Schule. In: Hornstein/Bastine/Junker/Wulf (Hrsg.): Beratung in der Erziehung. Bd. II. Frankfurt 1977 (b).

Gerd-Bodo Reinert/Sabine Heyer

Der „gute“ Lehrer: Impressionen zur Lehrerpersönlichkeit als tragender Determinante der Lehrer-Schüler-Beziehung

Eine Alltags-Studie

Lieber Herr H. Wissen sie warum wir in Bio immer lachen?
Weil, wir sie so gern verlegen machen.
Wan ziehen sie mal wieder Blue Jeans an. Sie haben darin so eine muskulöse männliche Figur. Wan . . .
Rasieren sie bitte ihren Bart ab.

Viele Grüße von 4 hinreisenden Girls

Vorbemerkung

Schulleben wird in erster Linie „erlebt“ und determiniert durch menschliche Kontakte und Begegnungen, die sich im Rahmen der Schule – und somit auch *im* Unterricht – entwickeln. Für das Lehrer-Schüler-Verhältnis wirkt sich stark signifikant die Person des Lehrers aus.
Wenn im folgenden diese Beziehung vorwiegend aus der Lehrersicht betrachtet wird, so berührt diese Ebene selbstverständlich auch die Schülerperspektive, da Lehrer- und Schülerprobleme und -positionen nicht losgelöst voneinander erörtert werden können.

Begriffsbestimmung und Idealisierung der „Lehrerpersönlichkeit“

Nachstehende These des Psychologen William Stern sei an den Anfang gestellt, weil sie unmittelbar in die Diskussion einführt:

„Seelische Entwicklung ist nicht ein bloßes Hervortretenlassen angeborener Eigenschaften, aber auch nicht ein bloßes Empfangen äußerer Einwirkungen, sondern das Ergebnis einer Konvergenz innerer Angelegenheiten mit äußeren Entwicklungsbedingungen.“ (Zitat Stern in Glänzel 1967, S. 205)

Lange Zeit wurden für Lehrer bestimmte „Tugenden“ postuliert, die als Leitziele für die „ideale“ Lehrerpersönlichkeit galten, wie etwa „soziale Hingabe an das Kind, erzieherische Liebeshaltung“, religiöse Überzeugung“, Berufung zum Pädagogen“, „politische Zurückhaltung“. (Müller-Fohrbrodt 1973, S. 30f.) Verbunden damit entstand ein Idealbild des Lehrers, dem der einzelne sich anzugleichen zwar bemüht sein sollte, um die Rolle des „guten“ bzw. „idealen“ Lehrers zu verkörpern, das in seiner Anforderung, seinem ethischen Gehalt und seinen Wertvorstellungen allerdings nicht in die Realität umzusetzen war bzw. – aus heutiger Sicht beleuchtet – umgesetzt werden konnte.

Die Betonung der Vorbildwirkung des einzelnen für einen ganzen Berufsstand erwies sich in der Praxis oft genug als Überforderung, wobei Anpassungsversuche ständig scheiterten und vom Lehrer im Zweifelsfall als eigenes Fehlverhalten oder Versagen gedeutet wurden.

Die Persönlichkeitsdefinition wird u. E. von Allport am umfassendsten geleistet:

- „Persönlichkeit ist die dynamische Organisation derjenigen psychophysischen Systeme im Individuum, die sein charakteristisches Verhalten und Denken determinieren. (Allport 1970, S. 28).
- „Persönlichkeit ist das, was ein Mensch ‚wirklich ist‘, unabhängig davon, wie andere Menschen seine Eigenschaften sehen oder wie wir sie erforschen.“ (ebenda, S. 34)

Die Auseinanderlegung des Begriffes „Persönlichkeit“ weist schon darauf hin, daß es weder eine umfassende Theorie der Lehrerpersönlichkeit geben kann noch eine geschlossene Berufsgruppe „Lehrer“ mit besonderen, speziell für sie charakteristischen Persönlichkeitsmerkmalen. (vgl. Müller-Fohrbrodt 1973)

Unter dem Stichwort „Persönlichkeit“ finden sich in den gängigen Nachschlagewerken nachstehende erklärende Begriffe: *Eigenart, Besonderheit, Individualität* und *Ich-Bewußtsein, hervorstechende Charakterzüge* etc. Persönlichkeit bezeichnet quasi die Phänomene, die den Menschen als Individuum klassifizieren, d. h. ganz persönliche Eigenarten und Eigenschaften, die in unmittelbarem Zusammenhang mit der Biographie des einzelnen stehen. Auch der Lehrer ist in erster Linie Individuum und erst sekundär Angehöriger einer bestimmten Berufsgruppe.

Schneider begründet sein Unbehagen am Begriff der „Lehrerpersönlichkeit“ wie folgt:

„Die Verschwommenheit des Begriffs, seine Sperrigkeit gegenüber Operationalisierungsversuchen, seine pathetische Idealisierung und seine Normativität sowie die mit ihm verbundene Gefahr, die strukturellen Züge der Erziehungssituation zu vernachlässigen, können Bedenken gegen seine Verwendung stützen.“ (Schneider 1979, S. 36)

Nach Mogel ist die Lehrerpersönlichkeits-Forschung nur dann realitätsgerecht, wenn sie vor allem die Voraussetzungen berücksichtigt, die Lehrer täglich betreffen, mit anderen Worten, von Verhaltensmodifikationen, Entscheidungen, Rolle, didaktischem und praktischem Handeln in Schule *und* Unterricht ausgeht, nicht aber von Spekulationen über statische Persönlichkeitsmerkmale, Einstellungen und Interessen. (vgl. Mogel 1980, S. 14)

Unter diesem Gesichtspunkt sind auch die nachfolgend aufgeführten Merkmale des *„guten“* Lehrers zu sehen. Es sind Verhaltensweisen, die nicht als Sollenskategorien *jeder* Lehrerpersönlichkeit aufzufassen sind, sondern als ein in der Praxis selbst erfahrener dramaturgischer Orientierungsrahmen.

Wenn man der Tatsache Rechnung trägt, daß es das *Idealbild des Lehrers* nur als *„Bild“* – als schwer realisierbaren Anspruch – geben kann, so stellt sich die Frage, mit welchen Charakteristika der „gute“ Lehrer, um nicht gleich vom idealen zu sprechen, klassifiziert wird.

Dazu gibt es in der neueren Literatur unterschiedliche (sich nicht ausschließende) Deutungen. *Eine* umfassende sei an dieser Stelle zitiert:

„Der Begriff der Pädagogik und der Begriff des Lehrers werden nicht nur geändert, sie ändern auch sich selbst im Neubedenken [sic] und sie geben in der Veränderung ihres Selbstverständnisses zugleich die Bewußtseinsbasis für die Veränderung (oder Beibehaltung) sie umgebender Wirklichkeit.“ (Ipfling 1974, S. 90)

Dies impliziert: Die Sichtweise des Lehrers als Erzieher ist demselben Wandel der Gesellschaft und den damit verbundenen geänderten Auffassungen von Erziehung (wie Pädagogik überhaupt) unterworfen. Als Beispiel sei die Forderung nach politischem Engagement und kritischer Auseinandersetzung mit der Gesellschaft genannt – im Gegensatz zum früheren Anspruch der „politischen Enthaltsamkeit“ des Lehrers.

Will man die Eigenschaften eines „guten" Lehrers determinieren, so bieten sich in erster Linie nur anthropologische und humane Merkmale oder Verhaltensweisen an. (Der Begriff der „Tugenden" wäre heute vielleicht besser durch „positiv wirksame Eigenschaften und Verhaltensweisen" zu beschreiben.)

Wenn vom „guten" Lehrer nachfolgend die Rede sein wird, so sind damit Eigenschaften und Verhaltensweisen gemeint, die schwerpunktmäßig in ihrer Bedeutung für den Prozeß sozialer Interaktion zwischen Lehrer und Schüler beleuchtet werden sollen, nicht aber als unabdingbarer Trait (Wesenszug) eines Individuums betrachtet werden können.

„Daß hier die Person des Lehrers ein ungeheures Gewicht gewinnt, versteht sich von selbst, freilich nicht im Sinne der ‚tugendhaften Lehrerpersönlichkeit', sondern in dem zutiefst humanen Sinne exemplarischen Menschentums in seiner jeweiligen Einmaligkeit und Unwiederholbarkeit." (Böhm 1980, S. 18)

„Bild" und Merkmale des „guten" Lehrers

Der Lehrer ist sowohl *Gestalter* und *Organisator* von Unterricht als auch (gleichzeitig) Kommunikations- und Interaktionspartner seiner Schüler. Beides steht in wechselseitigem Zusammenhang.

Unumstritten ist die Erkenntnis, daß die Persönlichkeit des Lehrers vielfache, unmittelbare oder mittelbare Wirkungen auf Unterricht und Schüler hat. In neuesten Forschungsergebnissen kommt man zu der Feststellung, daß die Bedeutung, die den verschiedenen Organisationsformen der Schule zukommt, verschwindend gering sei, verglichen mit dem Einfluß, den die einzelnen Lehrer auf die Persönlichkeitsentwicklung ihrer Schüler im *sozial-emotionalen Bereich* nehmen können. (Vgl. Die Rheinpfalz 1980, Nr. 89)

Müller-Fohrbrodt sieht mit Verweis auf Preuß 1970 und Steinkamp 1968 vor allem folgende Einflußbereiche der Persönlichkeit des Lehrers als besonders schwerwiegend an:

„– Lehrer geben ihre persönlichen Werte an die Schüler weiter.
- Die Persönlichkeit des Lehrers beeinflußt seine Bewertung der Erziehungsziele, die er für die Schüler als verbindlich erklärt.
- Persönlichkeitsfaktoren determinieren – wenn auch nicht allein, sondern gemeinsam mit anderen Faktoren – den Erziehungsstil des Lehrers, welcher seinerseits charakteristische Auswirkungen beim Schüler zeitigt.
- Die Persönlichkeit des Lehrers beeinflußt auch so konkrete Maßnahmen wie Zensurengebung, Übergangsempfehlungen u. ä. (Preuß 1970; Steinkamp 1968 [im Orig. Kapitälchen, d. Verf.])." (Müller-Fohrbrodt 1973, S. 12)

Es läßt sich konstatieren: Die Persönlichkeit des Lehrers stellt einen *bedeutenden* (wenn auch nicht einzigen) *Bedingungsfaktor* für die Lehrer-Schüler-Interaktion und für Unterricht dar – und ist damit zugleich eine wichtige Determinante für *Schulleben.*

Welche Charakteristika sollte ein „guter“ Lehrer in seinem Verhalten, seiner Einstellung und dem dadurch bedingten Handeln zeigen?

1. Flexibilität

Grundlage sollte sein, daß sich jeder Lehrer als Individuum begreift und sich nicht durch äußere Variablen in bestimmte Kategorien pressen läßt.

„Der Lehrer ist kein Macher, Lehren und Lernen kein Produktionsprozeß, der Schüler kein Material, das zur Bearbeitung ansteht. Er ist lebendiges Wesen, mit dem Anspruch auf seine Geschöpflichkeit.“ (Schüle 1979, S. 29)

Vom Habitus und Aufgabenbereich gesehen, ist ein Lehrer nicht von vornherein (oder für einen bestimmten Zeitraum) auf bestimmte Persönlichkeits- oder Verhaltensmuster festzulegen. Jedes Fach, jede Klasse, jeder einzelne Schüler fordert anderes. Adrion spricht in diesem Zusammenhang vom „effektiven“ als dem „flexiblen“ Lehrer. (Adrion 1979, S. 79)

Flexibel sollte der Lehrer im Hinblick auf sein eigenes Rollenverständnis im Umgang mit den Schülern und auf seine methodische Unterrichtsgestaltung sein. Weder für das eine noch für die anderen Kriterien gibt es Patentlösungen, die beliebig wiederholbar sind. Wie nützlich ein gewisses Maß an Flexibilität sein kann, merkt man als Lehrer wohl am allerbesten *in der Praxis*. So erlebt man immer wieder Stunden, die völlig anders als geplant verlaufen, weil z. B. die Stunde als Gruppenunterricht konzipiert wurde, die Tische u. a. in Hufeisenform stehenblieben. Oder: Wenn der Overhead-Projektor defekt ist, der Filmapparat streikt, so muß man gezwungenermaßen den Unterrichtsablauf umstrukturieren – und zwar bevor die Schüler, die selten Verständnis für die Tücken der Technik aufbringen, aus lauter Langeweile durchs Zimmer toben. Besonders Fachlehrer spüren, wie jede Klasse anders reagiert und ein anderes Lehrerverhalten erfordert. *Flexibilität ist, objektiv betrachtet, nicht in der ersten Unterrichtsstunde zu erwarten, sondern sie entwickelt sich mit zunehmender Erfahrung und Sicherheit.*

2. Engagement

Besonders in den neuesten Modellen zur Lehrerbildung und -fortbildung werden *Innovationsfreudigkeit* und *-bereitschaft* sowie *gesellschaftskritisches Engagement* gefordert. In Zusammenhang damit wird die – in der Landeslaufbahnverordnung (hier Baden-Württemberg) verpflichtend empfohlene – Lehrerfortbildung als „eigentlicher Motor der inneren Schulreform“ dargestellt. Tatsächlich wäre es sinnvoller, Fortbildungs-Veranstaltungen nicht nur als „Muß“ anzusehen, sondern eher als Möglichkeit der Auseinandersetzung mit neuen Inhalten und Methoden (wobei anzufügen wäre, daß nicht alle dieser Veranstaltungen einen unmittelbar praktischen Wert haben!) oder auch nur als

Diskussionsbasis für ein Gespräch unter Kollegen, als Möglichkeit zum Erfahrungsaustausch.

Die Forderung nach Engagement bezieht sich vor allem auf den Unterricht selbst und den Umgang mit den Schülern.

„Was aber im Interesse der Kinder in der Schule vom Lehrer als Person gefordert werden kann, ist der volle Einsatz trotz der offenkundigen Grenzen – es sei nur das Fachlehrersystem genannt –, die zu beklagen allein niemandem hilft." (Schneider 1979, S. 48)

Zeitdruck, mangelnde Materialien und unangemessene Räumlichkeiten sowie übervolle Stoffpläne sind nur einige Faktoren, die in der Praxis sich als Hindernisse darstellen und zu bewältigen sind. Trotzdem sollte man, letztlich auch im eigenen Interesse, nicht resignieren. Ein unvorbereiteter oder lustloser Lehrer begibt sich selbst in Gefahr, Schwierigkeiten heraufzubeschwören. Schüler reagieren augenblicklich auf die innere Lehrerhaltung zur Stunde, die vom Gesicht des Lehrers ablesbar ist, sobald er die Klasse betritt (Müdigkeit oder Mißmut, aber auch Eifer und Engagement).

Nachdem dem Ergebnis einer Schülerbefragung erwarten Schüler von ihrem Lehrer, daß er „für sie da ist" („mitmenschliches Engagement"), sei es als Zuhörer, Ratgeber oder Helfer bei privaten Problemen oder als Interaktionspartner bei Schwierigkeiten innerhalb der Klasse oder der Schule. Gerade wenn Schüler sich in solchen Situationen an den Lehrer wenden, sollte er dies als Vertrauensbeweis und Möglichkeit auffassen, eine pädagogische Atmosphäre (Bollnow 1964) in der Klasse zu schaffen. Diese Art des Engagements fordert manches:

Gesprächsbereitschaft und Einsicht und Verständnis für *Schülerprobleme;* eine *partnerschaftliche Auffassung* des Lehrer-Schüler-Verhältnisses, die eine symmetrische Lehrer-Schüler-Beziehung anstrebt; *Offenheit* den Schülern gegenüber; *Mut* zum offenen Gespräch mit *Kollegen*; Bereitschaft zur *Selbstkritik; „Mut zur Lücke"* im Hinblick auf den drängenden *Stoffplan*; die *Bereitschaft*, möglicherweise auch einen Teil der eigenen Freizeit zu *opfern.*

3. Bereitschaft zur Selbsterkenntnis und -kritik

„Der Lehrer muß ein realistisches Selbst- und Berufsbild gewinnen und bewußte Psychohygiene treiben, dann wird er die gerade in seinem Beruf entscheidende seelische und körperliche Spannkraft und die Freude an der Aufgabe erhalten können." (Glänzel 1967, S. 236)

Die Fähigkeit dazu nennt Glänzel den „pädagogischen Realismus" (ebenda, S. 236ff.). Unrealistische Erwartungen bei Berufsbeginn sind neben der Hilflosigkeit gegenüber dem beruflichen Alltag Ursachen, die entweder den „Praxisschock" auslösen oder/und zum Scheitern des Lehrers in seinem Beruf führen können. (Vgl. ebenda, S. 206)

Kritik soll sich nicht an allgemeinen Pauschalurteilen über das Lehrerbild orientieren, sondern an der selbst erfahrenen Wirklichkeit, wobei die erste Zeit der Berufstätigkeit als „Selbstfindungsphase" erlebt werden kann. *Wirklichkeit kann man nicht lehren, sondern nur er-leben.* Das bedeutet, daß man als Anfänger „*Mißerfolge*" (mißlungene Stunden, Konflikte mit Schülern etc.) eher als Anstoß und positives „Negativ-Erlebnis" begreifen sollte, aus dem im sachlichen Überdenken neue Ansätze erwachsen können.

Glänzel stellt mit Hinweis auf Schuh (1962, S. 187) folgenden Fragenkatalog auf, der bei der Bewältigung von Schwierigkeiten hilfreich sein könnte:

„Wie reagiere ich auf Provokationen, Widerspenstigkeit und Aufsässigkeit, auf Gleichgültigkeit, mangelndes Interesse, geringe Leistungsbereitschaft? Auf welches Schülerverhalten reagiere ich besonders empfindlich? Woher kommt diese Allergie? Fühle ich mich durch kindliche Aggressionen persönlich angegriffen, fürchte ich um meine Autorität? Kann ich diese Spannungen mit Gelassenheit oder gar mit Humor überspielen? Reagiere ich cholerisch? Welche Mittel habe ich, den aufsteigenden Ärger zu paralysieren? Wie kann ich Abstand gewinnen?" (Glänzel 1967, S. 237f.)

Eigene *Projektions-*, *Verdrängungs-* und *Abwehrmechanismen* sind am ehesten durch Selbstbeobachtung und „*Feedback*" von Schülerseite zu erkennen. Im Sinne der Kommunikationstheorie werden Beziehungen zwischen Kommunikationspartnern selten explizit und bewußt definiert, sondern sie äußern sich eher unbewußt auf der analogen Metaebene der Kommunikation. Für die Praxis bedeutet dies, daß der Lehrer sich nicht nur die Frage stellen muß: „Wie reagieren meine Schüler auf mich?" Eigenes Verhalten wird oft als Reaktion, nicht aber als Ursache für das Verhalten des Partners aufgenommen.

Aspekte menschlicher „Tugenden"

Über die bisher angesprochenen Kriterien hinaus gibt es bei Glänzel (1967, S. 6) einen umfangreichen Katalog von „Tugenden" (s. Lemkes Anm. 2, S. 41 in diesem Band), mit anderen Worten: Eigenschaften, die als gute Voraussetzungen für ein dem Beruf entsprechendes soziales Handeln zu nennen wären. Erwähnt seien hier:

a) Gerechtigkeit

Sie ist ein Element der pädagogischen Atmosphäre, die von Lehrern und Schülern gestaltet wird. Basis dafür ist Vertrauen und das Gefühl „gegenseitigen Angenommenseins". (vgl. Barlage 1976, S. 115)

Der Schüler vertraut darauf (solange er nicht enttäuscht worden ist), daß er vom Lehrer gerecht beurteilt und – in seinen Leistungen – bewertet wird. Er verlangt auch, daß der Lehrer seine emotionale Zuwendung gleichmäßig verteilt, d. h. daß es weder „Lieblinge" noch „Sündenböcke" gibt. Wie schwer dieser Anspruch zu verwirklichen ist, spürt man bei einiger Selbstkritik in der Praxis. Jeder Mensch reagiert emotionell in Form von Sympathie oder Antipathie auf den anderen. Aufgrund des bestehenden Abhängigkeitsverhältnisses wird das Selbstwertgefühl des Schülers größtenteils durch den Lehrer beeinflußt. In unmittelbarem Zusammenhang damit sind auch schulische Leistungen zu betrachten.

b) Autorität

„Echte Autorität gründet sich auf die Achtung des Lehrers vor dem Schüler, auf dem Respekt vor seinem Wissen und Können und vor allem vor seiner menschlich-pädagogischen Haltung. Zu dieser Haltung gehört das Verständnis für den Schüler, für seine Schwächen und Nöte, dazu rechnen wir aber ebenso die Konsequenz wie die Achtung vor der Persönlichkeit des Schülers." (Glänzel 1967, S. 104)

Wahre Autorität ist manchen Persönlichkeiten aufgrund ihrer persönlichen Ausstrahlungskraft „gegeben", man kann aber auch versuchen, sie auf der Basis der angesprochenen Verhaltensweisen zu „erwerben".

Autorität wächst mit beruflicher Routine im positiven Sinne; Voraussetzung ist in jedem Falle, daß das Verhalten des Lehrers „echt" ist (in der Freude oder im Zorn). Sie äußert sich im souveränen Lösen von Konfliktsituationen und kommt dabei ohne überzogene, lautstarke Wutausbrüche aus. Dem Lehrer verlangt sie ein gehöriges Maß an Selbstkontrolle ab – beispielsweise im Hinblick auf Konsequenz, der Situation angemessene Verhaltensweisen, Überwindung von Unsicherheit etc. Gleichzeitig setzt sie eine gewisse Distanz zu den Schülern voraus – Schüler wünschen sich den Lehrer als Freund oder Partner, aber nicht unbedingt als „Kumpel".

Echte Autorität beweist sich nicht darin, daß der Lehrer „immer recht hat", sondern daß er in sachlicher Auseinandersetzung auch die Meinung der Schüler berücksichtigt.

Das Autoritätsverständnis der Schüler ändert sich mit zunehmendem Alter. Nehmen jüngere Schüler die Autorität des Lehrers meist noch kommentarlos an, so wird sie im Pubertätsalter eher negiert und bekämpft. Spätestens dann kann Autorität nur auf der Basis von Achtung und gegenseitiger Anerkennung bestehen.

Disziplinschwierigkeiten dürften in den meisten Fällen in der Lehrerautorität begründet sein.

c) Geduld

Das Hineinwachsen in Beruf und Rolle vollzieht sich nicht in den ersten Wochen oder Monaten. Geduld mit sich selbst öffnet den Mut zu neuen Versuchen und Ansätzen. Als junger Lehrer muß man sich erst selbst in verschiedenen Situationen, verschiedenen Partnern gegenüber erproben und beobachten, ehe man mit sich selbst und anderen angemessen umzugehen lernt.

Mit Blick auf die Schüler wird vom Lehrer Geduld in mancher Hinsicht gefordert: Lernerfolge, sowohl im Zusammenhang mit dem Lehrstoff als auch mit Erziehungszielen, werden oftmals kaum sichtbar. Erziehung ist nicht als „Werk eines Augenblicks" zu sehen, sondern als ein kontinuierlicher Prozeß (in den der Lehrer zu einem bestimmten Zeitpunkt eintritt), der außerdem wesentlich durch *außerschulische* Einflüsse bestimmt wird. Geduld fordert das Lernverhalten der Schüler. Konzentrationsschwäche, Lernunlust, Verständnisschwierigkeiten sind nicht durch Druck zu überwinden – oder den Versuch der Forcierung von Lernvorgängen.

Probleme innerhalb der Klasse (Disziplinschwierigkeiten, Konflikte innerhalb der Schüler-Schüler-Beziehungen etc.) sind nur mit Geduld lösbar. Man sollte nie die Hoffnung aufgeben, daß sich doch noch ein Erziehungserfolg abzeichnet und auch beim nächsten Anlaß den Schülern wieder gesprächsbereit entgegenkommen. Langfristig dürfte darin eine größere erzieherische Wirkung liegen als in autoritären Machtbeweisen, die Problemlösungen zu erzwingen suchen.

„Die Tugend der Geduld, des Wartenkönnens und Reifenlassens ist keine Gabe und kein Geschenk, sie ist das Ergebnis strenger Selbstzucht und immer neuer Reflexion. Sie kann zu jener überlegenen und selbstsicheren Gelassenheit führen, die der Lehrer letztlich braucht." (Glänzel 1967, S. 274)

d) Zuneigung

„Die emotionale Dimension ist dem Menschen zugehörig, sie ist ein Prinzip seines Menschseins. Das Herstellen emotionaler Identität ist deshalb primär Aufgabe jedes einzelnen Menschen, nicht Aufgabe bestimmter Sozialisationsinstanzen." (Barlage 1976, S. 113)

Es ergibt sich somit die Aufgabe des Lehrers, die Bedingungen zu schaffen, in denen jedes Kind seine emotionalen Dispositionen entwickeln und stabilisieren, seine Persönlichkeit entfalten kann. Basis dafür dürfte sein, daß der Lehrer dem Schüler das Gefühl gibt, akzeptiert zu werden und auf Hilfe rechnen zu können. Eine grundsätzlich positive Einstellung dem Schüler gegenüber hilft auch, Verhaltensweisen zu ertragen, die dem Lehrer das Schulleben so manches Mal recht schwer machen können. Indem ein Lehrer begreift, daß ein Schüler Produkt seiner Umwelt, seiner häuslichen Umgebung ist, wird er ihn nicht allein für ein Verhalten verantwortlich machen, mit dem der Schüler letztlich nur auf diese Umwelt reagiert. Gerade solche Schüler, die manchmal nur schwer zugänglich sind, brauchen im Grunde menschliche Zuneigung und Wärme, auf die sie aber, weil sie ihnen ungewohnt sind, nicht sofort in erwarteter Weise reagieren können.

Zuneigung zu Schülern basiert auf pädagogischem Taktgefühl. Voraussetzung ist menschliches Einfühlungsvermögen, das auf Zynismus als verbalen Abwehrmechanismus verzichten kann. Vor allem auf verbaler Ebene sind Schüler dem Lehrer oft unterlegen, eine Tatsache, die man als Lehrer manchmal als letztes Hilfsmittel ausnützt, um überleben zu können. Allerdings darf man sich nicht wundern, wenn das Gefühl der Unterlegenheit und Hilflosigkeit weitere massive Aggressionen auf Schülerseite hervorruft. Schüler haben erfahren, daß sie einem Lehrer als Erwachsenen oft nicht in gleicher Weise antworten dürfen – also werden sie auf andere Art entsprechend reagieren.

e) Humor

Humor kann sich in mancher kritischen Situation als „rettende“ Reaktion erweisen. Er wird von Schülern als erwünschte Eigenschaft des Lehrers klassifiziert.

„Humor ist, wenn man trotzdem lacht.“ So banal der Spruch in diesem Zusammenhang erscheinen mag, so beziehungsreich ist er oft in der Praxis. Dem Lehrer einen Streich zu spielen, gehört seit Generationen zum Verhaltensrepertoire der Schüler. Sofern es sich um harmlosen, nicht böswilligen Klamauk handelt, ist er wohl eher als Versuch zu werten, den Lehrer unmittelbar „menschlich“ reagieren zu sehen oder einfach den streng geregelten Unterrichtsvormittag aufzulockern. Nicht immer decken sich die Meinungen von Lehrer und Schülern bei solchen humoristischen Einlagen. Inwieweit der Lehrer auf solche „Scheinangriffe“ reagieren kann, hängt stark von seiner eigenen Persönlichkeit ab, wobei die Faktoren *Selbstsicherheit* und *Gelassenheit* eine große Rolle spielen.

Seine Situation mit Humor meistern zu können, über sich selbst lachen zu können, ohne sich angegriffen zu fühlen, setzt ein gewisses Differenzierungsvermögen voraus, das zwischen Situationskomik und dem Gefühl, sich persönlich verletzt fühlen zu müssen, unterscheiden kann. Je mehr Einblick man in die Psyche von Kindern gewinnt, desto eher wird es gelingen, Spaß und Ernst voneinander zu unterscheiden und durch gelöstes Reagieren entsprechende Situationen zu entschärfen.

Humor als Ausdrucksform menschlichen Miteinanders wird auch im Zusammenhang mit dem Wunsch der Schüler nach gemeinsamen Spielen deutlich. Im Spiel verliert das Lachen den Charakter des „Ausgelachtwerdens“, Lehrer und Schüler spielen quasi auf einer Ebene. Humor kann schließlich auch die Strenge, die vom Lehrer so manches Mal verlangt wird, mildern, ja „menschlicher“ machen. Tadel oder Verweis verlieren an Schärfe und erzeugen keine Angst beim Schüler.

Charakteristika des „guten“ Lehrers aus Schülersicht

Hauptschüler der 6. bis 9. Klassen formulierten wünschbare Eigenschaften eines ihrer Meinung nach „guten“ Lehrers. Dazu einige Ausschnitte:

- Ein guter Lehrer sollte nicht so eingebildet sein. (Kl. 6)
- Ein guter Lehrer sollte sich nicht immer nur um die Guten, sondern auch um die Schlechteren kümmern. (Kl. 6)

- Der Lehrer soll viele Ausflüge mit uns machen, nicht viel Hausaufgaben aufgeben und in der Schule mehr Spiele mit uns machen. (Kl. 6)
- Wenn man Probleme hat, sollten Lehrer für einen da sein; nicht immer nur ernst sein, sondern auch fröhlich. (Kl. 6)
- Ein guter Lehrer sollte nicht so streng und unfreundlich sein. Wenn jemand etwas nicht verstanden hat, sollte der Lehrer hingehen und es ihm erklären. Bei manchen rennt der Lehrer gleich hin, und bei anderen läßt er sich Zeit oder geht gar nicht hin. (Kl. 7)
- Der Lehrer sollte freundlich mit den Schülern diskutieren, wenn man was angestellt hat. (Kl. 7)
- Der Lehrer sollte sich mit den Problemen, die innerhalb der Klasse immer wieder auftauchen, befassen; er sollte zu jedem das gleiche Verhältnis haben, da sich sonst einer oder mehrere benachteiligt fühlen. (Kl. 7)
- Er sollte nicht immer piekfein angezogen sein, sondern auch mal mit Jeans in die Schule kommen und T-Shirts tragen. (Kl. 8)
- Ein Lehrer sollte nicht so schnell die Nerven verlieren. (Kl. 8)
- Nett, nicht der Schlauste, nicht der Dümmste. Jung soll er sein, denn er soll einige Probleme lösen, die wir als Jugend haben. Denn ein junger Lehrer der jetzigen Zeit hat dieselben Probleme vielleicht auch gehabt. (Kl. 8)
- Man sollte zu dem Lehrer Vertrauen haben können. Er sollte wie ein Freund sein, aber man sollte trotzdem Respekt vor ihm haben. Der Lehrer sollte sich mit den Schülern aussprechen, denn so erfährt er, was die Schüler an ihm nicht mögen. (Kl. 8)
- Er sollte keine äußeren Gebrechen haben, weil dies den Unterricht stört. Er soll sich zusammennehmen können. Er soll auch nicht aus dem Mund riechen, er sollte was dagegen tun – es stört. Er soll gut angezogen sein, kein Sonntagsstaat, nur einfach sauber und ganze Kleider. (Kl. 9)

Charakteristika eines „schlechten" Lehrers aus Schülersicht

Auch hierzu einige Impressionen der gleichen Probandengruppe:

- Wenn ein Lehrer zwei oder drei Wochen dasselbe Thema macht. (Kl. 6)
- Wenn sie zu leise sprechen und wir nichts mitkriegen. (Kl. 6)
- Sie halten ihre Versprechen nicht. (Kl. 6)
- Wenn sie die Noten von einer Arbeit durch die ganze Klasse sagen. (Kl. 7)
- Wenn ein Lehrer von einer Klasse im Unterricht geärgert worden ist und dann an einem schwächeren Schüler seine Wut ausläßt. (Kl. 7)
- Manche Lehrer haben Vorurteile Ausländern gegenüber, oder sie spielen den großen Lehrer, bei dem sich die Schüler nicht rühren dürfen. (Kl. 7)
- Wenn man einen neuen Lehrer zur Vertretung bekommt, sollte er nicht am Anfang der Stunde hereinplatzen und nur seinen Namen an die Tafel schreiben, nicht gleich sagen: „Hefte raus, ich muß vertreten". (Kl. 7)
- Ich kann an Lehrern nicht leiden, daß man, wenn man sie was fragt, nie eine richtige Antwort bekommt. (Kl. 8)

- Wenn sie immer recht haben wollen, auch wenn sie im Unrecht sind. (Kl. 8)
- Wenn sie jemand aufrufen, der sich gar nicht gemeldet hat. (Kl. 8)
- An manchen, oft älteren Lehrern kann ich nicht leiden, daß sie oft den Schüler nicht direkt als Person, sondern als reinen Schüler ohne Meinung behandeln. Viele Lehrer beurteilen den Schüler nur nach dem Verhalten in der Schule, viele oder fast alle Schüler sind im Privatleben ein ganz anderer Typ. (Kl. 8)
- Der Lehrer sollte nicht so streng sein, sonst verliert der Schüler die Lust am Unterricht und beteiligt sich nicht mehr. (Kl. 8)
- Manche Lehrer bilden sich sehr viel ein und denken, daß sie viele Ränge höher sind als die Kinder. Oder wenn man nur ein bißchen vorlaut oder frech ist, fangen sie gleich an zu motzen und bestellen die Eltern ein. Sie sollen sich lieber mal überlegen, was sie zu den Schülern sagen. (Kl. 8)
- An manchen Lehrern kann ich nicht leiden, daß sie sich nicht durchsetzen können und ihnen die Schüler auf der Nase herumtanzen können, wie sie wollen. (Kl. 9)
- Manche Lehrer kommen sich so vor, als würden sie mit den Schülern machen können, was sie wollen; und auf manche Schüler haben sie einen besonderen Haß und nutzen das bei jeder Gelegenheit aus. (Kl. 9)

Eigenschaften des schülergerechten Lehrers

Es ist davon auszugehen, daß sich das Idealbild des Lehrers entsprechend der altersmäßigen Entwicklung des Schülers wandelt. Erkennt der Schulanfänger den Lehrer noch als den Eltern ähnliche oder sogar übergeordnete Autorität an, so wächst beim Jugendlichen im Pubertätsalter (seinem Ablösungsprozeß vom Elternhaus entsprechend und in seiner Auseinandersetzung mit der Position von Erwachsenen) die emotionale und kritische Distanz.

Gerstenmaier weist in diesem Zusammenhang darauf hin, daß die Apperzeption von Menschen und Ereignissen selektiv und von der Biographie des einzelnen geprägt sei. (Gerstenmaier 1975, S. 13) Die Lerngeschichte des Schülers muß in Zusammenhang mit seinen Bezugsgruppen gesehen werden, wobei besonders der Konformitätsdruck der Peer-group sich standardisierend auf die Urteilsbildung auswirken kann.
Mit zunehmendem Alter wird der Schüler im allgemeinen versuchen, sich gegen den niedrigen Sozialstatus, den er als Kind in der Erwachsenengesellschaft innehatte, aufzulehnen – d. h. er wird dieselben Rechte fordern, die seiner Wahrnehmung nach den Erwachsenen zustehen. Er wird sich nicht widerstandslos den Forderungen, Normen und Werten von Erwachsenen (Lehrenden) unterwerfen, sondern im Zuge einer eigenen Identitätsfindung sich eher auf Auseinandersetzungen einlassen oder diese sogar forcieren, um sich in solchen Kraftproben selbst zu beweisen.

Um seine Identitätsbalance zu sichern, wird der Schüler sich am Lehrer und/ oder der Gruppe der Gleichaltrigen orientieren. Kann er den Lehrer als Persönlichkeit akzeptieren, so wird er ihn möglicherweise als Vorbild sehen. Andernfalls wird er den Widerstand gegen die Erwartungen und Normen der Erwachsenen eher dem Lehrer entgegenstellen als den Eltern.

„Er ‚der Lehrer' kann angegriffen oder angefeindet werden, ohne daß das Selbst eines Kindes allzusehr berührt würde." (Calvert 1976, S. 57)
Die positive oder negative Beurteilung des Lehrers und der gesamten Schulzeit basiert für den Lehrer im wesentlichen auf den Erfolgserlebnissen, seien es leistungsmäßige oder mitmenschliche, die er in der Schule erlebt.

„Um in der Schule bestehen zu können, müssen Schüler einen Weg finden, wie sie ihr gelegentliches oder regelmäßiges Versagen selbst deuten wollen, um sich trotzdem ihr Selbstwertgefühl zu bewahren und die Achtung derjenigen, auf deren Urteil sie besonders Wert legen. Die Schulkameraden stellen bei diesem Unterfangen einen sehr wichtigen Faktor dar . . ." (ebenda, S. 41)

Wie Good (1970) feststellte, erhalten Kinder mit guten Leistungen mehr Redechancen und positiveres Feedback vom Lehrer als Schüler mit schlechteren Leistungen. (vgl. Brophy/Good 1976, S. 24) Weiterhin erforschte Medinnus (1962), daß Schüler, die von Lehrern bevorzugt werden, offensichtlich von ihren Klassenkameraden eher anerkannt werden. (vgl. Brophy/Good 1976, S. 30) Schmuck (1963) beschäftigte sich vor allem mit der „Variable der Beliebtheit bei den Kameraden". (Vgl. Brophy/Good 1976, S. 31)

„Er fand, daß Kinder, die sich selbst für unbeliebt bei ihren Klassenkameraden hielten . . ., eher schlechte Leistungen, ein negatives Selbstbild und allgemein negative Einstellungen gegenüber der Schule hatten. Dieses Selbstbild und das mit ihm verknüpfte Verhalten kann leicht zu einem Teufelskreis führen: Es werden unerfreuliche Reaktionen beim Lehrer und bei den Klassenkameraden provoziert [sic] und das Kind behandelt andere schlechter." (ebenda, S. 31)

Unter diesen Aspekten wird wohl, ganz abgesehen von der rein menschlich verständlichen Forderung, der Wunsch der Schüler nach einem gerechten Lehrer, wie auch in der Untersuchung von Baumgärtner (1969, S. 12) und anderen festzustellen, an oberste Stelle gerückt. Gerechte Leistungsbeurteilung und Interaktionshäufigkeit sowie gleichmäßig positives Feedback seitens des Lehrers sichern dem Schüler größere Erfolgschancen und mindern den Leistungsdruck. In ähnlichem Zusammenhang ist auch der Wunsch der Schüler nach einem Lehrer, der einen „effektiven" und interessanten Unterricht bietet, zu sehen.

„Lehrer, von denen man glaubt, viel bei ihnen zu lernen, denen fachliche und didaktische Qualitäten zugeschrieben werden, sind beliebter als andere Lehrer." (Gerstenmaier 1975, S. 59)

Auffällig ist, durchgängig durch alle Klassenstufen, der Wunsch der Schüler nach einem Lehrer, der sich durchsetzen kann, vor dem man Respekt haben und den man achten kann. Neben dem (zeitweiligen) Bedürfnis nach einer ruhigen Arbeitsatmosphäre steht dabei wohl vor allem der Wunsch der Schüler nach einer Bezugsperson im Vordergrund, an der sie sich als Vorbild orientieren können.

Gekoppelt mit dem Bedürfnis nach Autorität sind die Freundlichkeit und Aufgeschlossenheit des Lehrers. Ein solches Verhalten gewährleistet eher eine *pädagogische Atmosphäre*, die es Schülern und Lehrern ermöglicht, trotz der bestehenden unterschiedlichen Rollenpositionen von Lehrer/Erwachsenem und Schüler/Kind sich einer symmetrischen Interaktionsform zumindest anzunähern. Dem entspricht auch der Wunsch der Schüler, vom Lehrer ernstgenommen und als Interaktions-Partner akzeptiert und behandelt zu werden. Voraussetzung dazu ist die Bemühung des Lehrers, die Schüler nicht noch in ihrer „unmündigen" Rolle zu bestärken.

Entscheidungen ohne Mitwirkung der Schüler und Blockade von Diskussionsversuchen seitens der Schüler im Konfliktfall werden keine Annäherung der Lehrer-Schüler-Beziehung nach sich ziehen. Die Schüler erwarten vom Lehrer Vertrauenswürdigkeit und Gesprächsbereitschaft.

v. Hentig (1976, S. 97) stellt fest, daß die augenfälligste Erscheinung an unseren Kindern ihre „Unfähigkeit zu trauen" sei. Schüler brauchen und fordern Be-Achtung von ihren Klassenkameraden und besonders vom Lehrer. Dabei wollen sie nicht nur als Schüler gesehen werden, sondern auch als Individuen.

Schüler wünschen sich den Lehrer als Gesprächspartner, der auch für ganz *private Probleme* ansprechbar ist, ohne sich allerdings ungefragt einzumischen. Das Bedürfnis nach einer partnerschaftlichen Schüler-Lehrer-Beziehung kommt auch darin zum Ausdruck, daß der Lehrer Spaß verstehen soll und mit den Schülern Spiele sowie Ausflüge unternimmt. Alle drei genannten Bereiche liegen auf der Ebene des *außerunterrichtlichen Schullebens,* also auf der Ebene, die am unmittelbarsten Kontakte von Person zu Person ermöglicht und die komplementäre Rollenbeziehung zwischen Lehrer und Schülern wesentlich ausgleichen kann, abgesehen von der Stabilisierung der Schüler-Identitätsbalance.
Der Lehrer als Partner und echte Bezugsperson ist besonders für *die* Schüler von Bedeutung, deren Eltern beide berufstätig sind und deren Kontaktmöglichkeiten zu den Kindern daher stark begrenzt sind.

Abschließend sei v. Hentig zitiert, der im Hinblick auf eine humane Schule die Wünsche und Bedürfnisse der Schüler sehr einfühlsam und realitätsnah charakterisiert:

„Nicht so sehr Bildung und Bildungschancen, nicht Aktivitäten und Motivationen, nicht Emanzipierung und Wissenschaftlichkeit, sondern Anlaß zu notwendigem, gemeinsamen, begründetem Handeln: Verlaß und Freundlichkeit – das sind die Grundbedürfnisse jedenfalls der heutigen Kinder, denen wir uns zuerst und zumeist widmen sollten . . .". (ebenda, S. 52)

Literatur

Adrion, D.: „Effektives" Lehrerverhalten. In: Adrion, D./Schneider, K. (Hrsg.): Von Beruf Lehrer. Freiburg 1979, S. 65–81.

Allport, G. W.: Persönlichkeit. Stuttgart 1949.

Allport, G. W.: Gestalt und Wachstum der Persönlichkeit. Meisenheim 1970.

Barlage, H.: Lernziel Nr. 1: Emotionalität. In: Ipfling, H.-J. (Hrsg.): Die emotionale Dimension in Unterricht und Erziehung. München [3]1976, S. 113–120.

Baumgärtner, A. M.: Wie sich Schüler heute ihre Lehrer wünschen. München 1969.

Böhm, W.: Das „Bild“ des Lehrers im Wandel der Geschichte. In: Gröschel, H. (Hrsg.): Die Bedeutung der Lehrerpersönlichkeit für Erziehung und Unterricht. München 1980, S. 9–22.

Bollnow, O. F.: Die pädagogische Atmosphäre. Heidelberg 1964.

Brophy, J. E./Good, T. L.: Die Lehrer-Schüler-Interaktion. München 1976.

Calvert, B.: Die Schülerrolle – Erwartungen und Beziehungen. Ravensburg 1976.

Die Rheinpfalz Nr. 89 vom 16. 4. 1980.

Dumke, D.: Lehrererwartungen als sich selbst erfüllende Prophezeiungen. In: Hinsch, R./Jürgens, B./Steinhorst, H.: Der Lehrer in Erziehung und Unterricht. Hannover 1980.

Dumke, D.: Das Lehrer-Schüler-Verhältnis. In: Blätter für Lehrerfortbildung 32 (1980), S. 150–154.

Fend, H.: Schüler-Lehrer-Verhältnis und Sozialisationseffekte. In: Landeszentrale für Politische Bildung (Hrsg.): Erziehungsnotstand, Sozialisation und Erziehung in Konsens und Differenz. Köln 1976, S. 117–139.

Gerstenmaier, J.: Urteile von Schülern über Lehrer. Weinheim 1975.

Glänzel, H.: Lehrer als Beruf. Hannover 1967.

Good, T.: Which pupils to teachers call on? In: Elementary School Journal 70 (1970), S. 190–198.

Graumann, C. F./Hofer, M.: Lehrerverhalten und Schülerverhalten. In: Weinert, F. E. u. a.: Funk-Kolleg Pädagogische Psychologie 1. Frankfurt/M. 1974, S. 495–520.

Gudjons, H./Reinert, G.-B. (Hrsg.): Schulleben. Königstein 1980.

Heiland, H.: Lehrer und Schüler heute. Königstein 1979.

Hentig, H. v.: Was ist eine humane Schule? München 1976.

Hinsch, R./Jürgens, B./Steinhorst, H. (Hrsg.): Der Lehrer in Erziehung und Unterricht. Hannover 1980.

Hofer, M.: Die Schülerpersönlichkeit im Urteil des Lehrers. Weinheim 1969.

Hofer, M.: Verhaltensweisen von Lehrern und ihre Auswirkungen. In: Weinert, F. E. u. a.: Funk-Kolleg Pädagogische Psychologie 1. Frankfurt/M. 1974, S. 537–545.

Ipfling, H.-J.: Überlegungen zum Bild des Lehrers heute. In: Ipfling, H.-J. (Hrsg.): Verunsicherte Lehrer? München 1974, S. 89–98.

Ipfling, H.-J.: Die emotionale Dimension in Unterricht und Erziehung. München [3]1976.

Keilhacker, M.: Der ideale Lehrer nach Auffassung der Schüler. Freiburg 1932.

Klink, J.-G.: Klasse H7E. Bad Heilbrunn 1974.

Medinnus, G.: An examination of several correlates of sociometric status in a first grade group. In: Journal of Genetic Psychologie 101 (1962), S. 3–13.

Merz, J.: Die Lehrerpersönlichkeit als Variable im Unterrichts- und Erziehungsgeschehen. In: Gröschel, H. (Hrsg.): Die Bedeutung der Lehrerpersönlichkeit für Erziehung und Unterricht. München 1980, S. 23–36.

Müller-Fohrbrodt, G.: Wie sind Lehrer wirklich? Stuttgart 1973.

Preuß, O.: Soziale Herkunft und die Ungleichheit der Bildungschancen. Eine Untersuchung über das Eignungsurteil des Grundschullehrers. Weinheim 1970.

Reinert, G.-B. (Hrsg.): Pädagogische Interaktion. Kastellaun 1981.

Reinert, G.-B./Thiele, J. (Hrsg.): Nonverbale pädagogische Kommunikation. München 1977.
Reinert, G.-B./Zinnecker, J. (Hrsg.): Der heimliche Lehrplan im Schulbetrieb. Reinbek 1978.
Ryans, D. G.: Characteristics of Teachers. Washington 1960.
Ryans, D. G.: Einige Beziehungen zwischen Schülerverhalten und gewissen Verhaltensweisen der Lehrer. In: Weinert, F. E. (Hrsg.): Pädagogische Psychologie. Köln 1967, S. 323–335.
Schmuck, R.: Some relationships of peer liking patterns in the classroom to pupil attitudes and achievments. In: School Review 71 (1963), S. 337–359.
Schneider, K.: Der menschliche Lehrer. Zur Problematik der Lehrerpersönlichkeit. In: Adrion, D./Schneider, K. (Hrsg.): Von Beruf Lehrer. Freiburg 1979, S. 33–49.
Schüle, A.: Der Lehrer in der Veränderung des 20. Jahrhunderts. In: Adrion, D./ Schneider, K. (Hrsg.): Von Beruf Lehrer. Freiburg 1979, S. 13–33.
Schuh, E.: Der Volksschullehrer. Hannover 1962.
Steinkamp, G.: Lehrer voller Vorurteile. Soziologische Analyse der Schülerbeurteilung in der Volksschule. In: Die Deutsche Schule 60 (1968), S. 802–816.
Strunz, K.: Ein abschließendes Wort über den idealen Pädagogen. In: Strunz, K. (Hrsg.): Pädagogische Psychologie für höhere Schulen. München 1961, S. 392–397.
Ulich, D.: Die Dimension der Macht in der Lehrer-Schüler-Interaktion. In: Pädagogische Welt 28 (1974a), S. 130–137.
Ulich, D.: Gruppendynamik in der Schulklasse. München 1974b.

Arno Combe

Krisen im Lehrerberuf, Verarbeitungsformen und die Rolle der Sozialwissenschaften

„Was sind das für Zeiten, wo ein Gespräch über Bäume fast ein Verbrechen ist, weil es ein Schweigen über so viele Untaten einschließt ..." (B. Brecht)

1. Vorbemerkungen zur Struktur der Lehrerarbeit

Für den Berufsanfänger wie für den berufserfahrenen Lehrer bleibt die alltägliche Schulerfahrung offenbar psychisch belastender, als dies eine erfolgreiche

Außendarstellung vermuten läßt. Die Forschungsansätze zum Prozeß der beruflichen Sozialisation des Lehrers haben sich bisher allerdings nur fragmentarisch mit solchen Krisenerfahrungen eines Lehrerlebens auseinandergesetzt, obwohl diese – insbesondere durch die dabei in den konkreten, alltäglichen Handlungsvollzügen „erarbeiteten“ Problemlösungsmuster – zentralen Einfluß auf die Typik des Berufshandelns und das Selbstverständnis eines je besonderen Lehrers haben dürfen.[1] Wir wissen also bisher genau genommen nicht, welche Reaktionsweisen auf welche spezifischen Handlungsprobleme unter welchen besonderen sozialen Bedingungen für welchen Persönlichkeitstyp des Lehrers charakteristisch sind. Soviel läßt sich aber zur Logik von Berufskrisen sagen: Sie lassen sich keinesfalls nur psychologisch aus der Persönlichkeitsstruktur des Lehrers herleiten oder auf der subjektiv-psychischen Ebene zureichend erfassen und diskutieren, obwohl der einzelne Lehrer durchaus mit ganz speziellen Ausprägungen seiner bisherigen individuellen Biographie im Falle einer Berufskrise involviert sein dürfte. Gerade aber der existentielle Charakter einer Berufskrise verweist unmißverständlich auf mißlungene bzw. ständig mißlingende Versuche, sozio-biographische Erfahrungen, die sich in einer spezifischen Charakterstruktur, in Einstellungen, Werthaltungen, Emotionen und Motiven niedergeschlagen haben, mit Anforderungen und Bedingungen der Lehrerarbeit in Einklang zu bringen.[2]

Wir wollen diesen Gedankengang nun zunächst anhand einer Praxisdimension des Lehrerberufs erläutern, die über die Extremsituation des Berufsanfangs hinaus als latente oder manifeste Konflikterfahrung, als Quelle von Selbstzweifel, Verunsicherung oder auch Bestätigung, kurz: als ständige persönliche Bewährungsprobe erlebt wird: die Herstellung einer Beziehung bzw. eines befriedigenden Arbeitsbündnisses zu den Schülern. Unsere These ist: nicht die didaktischen Planungen, sondern eine recht blinde, meist unbewußt bleibende Interaktionsdynamik bestimmen die Unterrichtsprozesse mit.[3]

2. Das Problem der Lehrer-Schüler-Beziehung: Die Professionalisierungslücke der Lehrerrolle

Im Falle des Praxisschocks werden in der Extremsituation des Berufsanfangs exemplarisch gewisse Schwierigkeiten der Lehrer deutlich, die institutionell geforderte Rolle als Lehrer mit persönlichen Vorstellungen in Einklang zu bringen. Diese persönlichen Vorstellungen laufen darauf hinaus, sich im Interesse der Kinder verhalten zu wollen. Diese Definition des Arbeitsbereiches über die soziale Beziehungsebene, die Bewertung der eigenen Tätigkeit unter dem Maßstab geglückter bzw. gestörter Beziehungen zu Schülern, trifft zunächst einen Kern jeglichen pädagogischen Handelns: Unterricht ist, über die inhaltliche Ebene hinaus, immer auch der Entwurf und die Herstellung einer Beziehung zu Adressaten, zu deren Anschauungen, Bedingungen und psychosozialen Voraussetzungen. Der Unterricht erfordert also auch vom Lehrer eine „Verstehensleistung" (S. Graf), die selbst in den stark von dirigistischen, bürokratischen Rollenelementen durchsetzten offiziellen Didaktiken im Begriff der "Motivation" (wenn auch technizistisch verkürzt) noch zum Ausdruck kommt.[4]

Wie gesagt, kein Lehrer kommt ohne diese Interaktionskompetenz aus, aber sind die Lehrer auch in der Lage und dafür ausgebildet, die Vorgänge in der Beziehung zu ihren Schülern wahrzunehmen? S. Graf argumentiert in ihrer Arbeit – der ich noch einen Schritt folgen will – daß diese Interaktionskompetenz und die empathischen Fähigkeiten nirgendwo systematisch entfaltet werden (z. B. in der Lehrerbildung), sondern daß sich diese naturwüchsig und unbegriffen „on the job" entfalten. In der Tat ist der Bereich des „pädagogischen Bezugs" (Nohl) bisher in ein mystisches Dunkel gehüllt worden. Die pädagogischen Ziele und Ansprüche sind – gemessen zunächst an den subjektiven Voraussetzungen, die die Lehrer hierfür mitbringen – gerade in diesem Bereich hoch gesteckt. Lern- und Verhaltensstörungen, Disziplinprobleme, Enttäuschungen und Kränkungen usw. sind aber eher zunehmende Erscheinungsformen vielerorts nicht gelingender Beziehungen und Verstehehensprozesse.

Es ist also kein Zufall, daß die Lehrer an der Diskussion über Unterrichtsstile, Fallbesprechungen, Selbsterfahrungsgruppen, Balint-Gruppen oder z. B. am Funkkolleg „Beratung in der Schule" stark interessiert sind und waren: Hier artikuliert sich diese problematische Praxisdimension des Alltagshandelns, die Professionalisierungslücke. Eine offizielle Festschreibung bzw. Bestätigung dieser professionellen Inkompetenz, was die verstehenden Fähigkeiten anlangt, erfährt der Lehrer überdies durch die Auslagerung quasitherapeutischer und diagnostischer Kompetenzen in Sonderinstanzen. (Beratung, Schulpsychologie)

Eine Entmystifizierung des Problems der Beziehungsdynamik in schulischen Unterrichtsprozessen und des pädagogischen Verstehens erreicht man nun nicht dadurch, daß vorschnell praktische Rezepte nach Art einer Verhaltenstechnologie angeboten werden, obwohl natürlich auch praktische Verfahren, z. B. für die Lehrerbildung, ausgedacht und erprobt werden müssen bzw. schon entwickelt worden sind.[5] Notwendig ist zunächst eine theoretische Klärung des Problems, die dann auch die Richtung für praktische Verfahren angeben kann. Die These, die Brück, Graf, Wellendorf u. a. im Auge haben, ist folgende: die emotionalen, subjektiven Anteile, die die Beziehungsdynamik zwischen Lehrer und Schüler auf beiden Seiten bestimmen, stammen aus lebensgeschichtlich frühen Erfahrungsbereichen familiarer Szenen, der langsamen und schwierigen Herauslösung des Individuums aus diesen, wobei wir keineswegs behaupten möchten, daß diese Herauslösung immer gelänge. Es ist also genau dieser Bereich der „verbliebenen Kindlichkeit" (Brück), der hier erinnert, wiederbelebt und emotional durchgearbeitet werden muß: Die grundlegenden Beziehungserfahrungen in der Herkunftsfamilie, der in diesen Sozialkontakten erfahrene Selbstwert bzw. die spezifischen Formen der Ablösung.

Die Beziehungsdynamik zwischen Lehrer und Schüler läßt sich allerdings nur begreifen, wenn sie in einem sozialen Gesamtkontext analysiert wird, in den sie institutionell und gesellschaftlich eingebettet ist. Die Fragerichtung, die dabei eingeschlagen werden muß, um die pädagogische Interaktion bzw. Sozialisationseffekte der Schule subjekt- und gesellschaftstheoretisch klären zu können, ohne beide Seiten auseinanderzureißen, läßt sich so kennzeichnen: Welcher „libidinöse Resonanzboden" wird von den institutionellen Arrangements der Schule her abgerufen, welche Verweisungszusammenhänge auf lebensgeschichtliche Entwicklungsstadien werden vom schulischen Lern- und Regelsystem (in einzelnen Schulformen und Altersstufen) her symbolisiert, welche Subjektformen und Persönlichkeitsentwürfe vermittelt das schulische Bedingungsgefüge und welche läßt sie überhaupt zu?

Ich will diesen Denkansatz an einer Beobachtung aus einer Berufsschuluntersuchung kurz erläutern.[6] Dabei fiel auf, daß die Schüler den „guten Lehrer" so definierten: Er sollte primär berufsbezogenes Prüfungswissen vermitteln, aber gleichzeitig die institutionell definierten Machtdimensionen seiner Rolle durch ein „menschliches Verhalten" deutlich zurückweisen und zurücknehmen. Wenn überdies das Prüfungswissen eingepaukt sei, bleibe noch Platz für andere „interessante" Themen. Diese zunächst paradox erscheinende Erwartung läßt sich nur erklären, wenn die besondere psychosoziale Lage der Schüler im sozialen Gesamtkontext des dualen Systems der Berufsausbildung zu verstehen versucht wird. Die Jugendlichen erleben die Schule dabei in dieser Statuspassage zum Erwachsenen, in der sie schon im Berufsleben stehen, als künstlich aufrechterhaltene, ja „erzwungene Kindlichkeit".[7] Von daher distanzieren sie sich klar von der Schülerrolle, sie betonen dagegen die Seiten der Schule, die ihnen in dieser Ablösungsproblematik der Adoleszenz entgegenkommen und ihnen die Attribute des Erwachsenseins zusprechen, erwachsenes Probehandeln am ehesten noch gestatten. Auf der Basis einer als sinnvoll erkannten und ausgehandelten Praxis und durch das Gefühl des „Angenommen- und Ernstgenommen-Seins" waren die Schüler zu einem Arbeitsbündnis bereit.

Unsere Fallstudien zeigen nun, daß gerade jüngere und nach 1968 ausbebildete Lehrer sich dieses „Unterrichtskonzept" zu eigen gemacht haben. Dies führt für sie selber aber zu einem prekären Auseinandersetzungsprozeß nicht nur mit den Schülern, sondern auch mit den innerschulischen und außerschulischen Kontrollinstanzen (z. B. dem Schulleiter und Kollegen), der ein erhebliches Maß an Konfliktfähigkeit verlangt und in dem die Kompetenzspielräume ausgelotet, aber auch unangemessene Bedürfnispositionen auf Seiten der Lehrer und Schüler zurückgenommen bzw. abgearbeitet werden müssen.

Die Kritik am Verhalten des Lehrertyps könnte lauten, daß er den Erwartungsphantasien der Schüler aufgrund eigener Betätigungsbedürfnisse (dem Wunsch ein beliebter Lehrer zu sein) unbewußt nachgegeben habe. Kennzeichnend für diesen Lehrertyp war aber, daß er außerordentlich konturierte und genaue Insiderkenntnisse über die institutionellen Regelungen, Instanzen und Personen an einer Schule besaß und auch in zahlreichen außerschulischen Gremien und Gruppen mitarbeitete, die zu seiner psychischen Stabilisierung wohl wesentlich beigetragen haben dürften. Das Verhalten dieses Lehrertyps resultiert damit eher aus einem stillschweigenden Arrangement, das auf einem intuitiven Wissen über jene Strukturen und Regeln des Lehrer-Schüler-Verhältnisses beruht, die die Kommunikation beider Seiten objektiv und subjektiv bestimmen.

Eine erste Rekonstruktion des Fallmaterials deutet also zweifelsfrei an, daß der Versuch, ein Arbeitsbündnis herzustellen, das die Handlungslogik des Unterrichts dann bestimmt, wesentlich in einem unbewußten Zusammenspiel von Lehrern und Schülern ausgehandelt wird, in dem biographisch bestimmte Handlungsentwürfe im Verhältnis zum institutionellen Regelsystem abgearbeitet werden. Dieses Beispiel mag auch zeigen, daß der offizielle Unterricht und die didaktische Planung angesichts dieser unbewußt ablaufenden Interaktionsdynamik oft bloßen Fassade werden.

3. Sozialwissenschaften und Lehrerbildung: Mißverständnisse über die Bedeutung sozialwissenschaftlicher Theorie für die Verarbeitung praktischer Problemlagen

Im folgenden Teil arbeite ich der weit verbreiteten Auffassung entgegen, sozialwissenschaftliche Befunde und Theorien seien für die Bewältigung von Unterrichtsproblemen ohne jeden Belang. Dem widersprechen nicht nur empirische Befunde, in denen zumindest ein Teil der Lehrer angesichts beruflicher Krisen auf wissenschaftliche Ergebnisse, Methoden und Theorien zurückgreift, um das Wissen über sich die Verursachungszusammenhänge des Problems interpretativ zu erweitern,[8] sondern hier schlägt sich auch ein fundamentales Mißverständnis über den Charakter wissenschaftlich-kritischer Theoriebildung nieder. Geht man erst einmal den empirischen Befunden nach,[9] so ist allerdings nicht zu übersehen, daß der überwiegende Teil der im Moment praktizierenden Lehrer zu einer sozialwissenschaftlich sensibilisierten Wahrnehmung und Selbstreflektion ihres Berufshandelns weder willens noch fähig ist. Für viele dieser Lehrer ist kennzeichnend, daß sie ihr Berufshandeln im Kontext von Alltagstheorien interpretieren.

So ist z. B. für den Pragmatiker, der sich politisch unschuldig und naiv, indifferent und gelegentlich fatalistisch gibt, die Welt zu komplex. Dessen Wahrnehmung richtet sich deskriptiv an die Oberfläche der Erscheinungen, er konstatiert, zählt auf und hält sich an einen fest eingespielten Set praktisch-technischer Regeln, um handlungs- und anpassungsfähig zu bleiben. Da ist der konservative Moralist und „Fundamentalontologe", als Lehrer unpolitischer Vermittler geistiger Werte, der die pädagogische Provinz gegen die Schlechtigkeit der Welt verteidigen möchte und überdies diese Welt als unheimlich, unfaßlich, bedrohlich, also im Bezugssystem der Ohnmacht des Individuums begreift und dem von daher möglicherweise eine gewisse Anfälligkeit zur Macht und eine Affinität zur Mystik bescheinigt werden könnte.[10]

In einer anderen typologischen Variante, des sensiblen Sensitivisten, löst sich die Gesellschaft in fragile Beziehungen auf, wie beim Gefühlstechnologen und Beziehungsguru in Rollenspiel, „Marketing" des Selbst und Gruppendynamik. Bei beiden Fällen liegt indes die Erfahrung einer Fragmentierung des Lebenszusammenhangs zugrunde, der nicht mehr als Moment eines allgemeinen gesellschaftlichen Gesamtzusammenhangs zu begreifen ist. Leben ist nur noch von Situation zu Situation möglich und auch nicht mehr menschliches Reagieren, sondern nur noch Handeln als Funktionsträger in erdrückenden Organisationen. Angesichts dieser Entfremdungsnotwendigkeiten kann das Gefühl des Selbstwerts, biographischer Kontinuität und persönlicher Kontur nur noch mühsam, wenn überhaupt gefunden und stabilisiert werden.

Solche, etwas impressionistisch zusammengestellten „Alltagstheorien" sind als Verarbeitungsformen der gesellschaftlichen und schulischen Realität – und auf das folgende kommt es mir an – als Abwehrregeln, Neutralisierungs-, Dethematisierungs-, Überlebens- und Verbarrikadierungstechniken zu verstehen, für die das Überwältigtwerden von gesellschaftlichen Erfahrungen und schulischen Konflikten charakteristische sind, denen Ohnmachtserfahrungen und Leidensdruck zugrunde liegen dürften, die aber der Tendenz nach Verarbeitungsformen der gesellschaftlichen Realität organisieren, die sich den undurchschauten Verhältnissen ausliefert und auch selbstzerstörerisch und selbstzwanghaft gegen die eigene Person richten.

Der Grundgedanke der folgenden Überlegung ist nun die Tatsache, daß die Lehrer im Falle von Berufskrisen in der Regel zu Distanzierungsversuchen von der bisherigen Alltagspraxis, potentiell zum Überschreiten alltagstheoretischer Gewißheiten und zur Reflexion der den Handlungsproblemen zugrunde liegenden Verursachungszusammenhänge genötigt sind. Und wir nehmen nach dem oben Gesagten an, daß diese Berufsprobleme sehr viel zahlreicher sind, als dies eine nach außen zur Schau getragene Berufszufriedenheit vermuten läßt. Wir gehen weiter von der Annahme aus, daß gerade die Strukturen der sozialwissenschaftlichen Reflexion und Theoriebildung diesen Distanzierungsschritt ermöglichen könnte, wenn diese Besonderheiten der sozialwissenschaftlich angeleiteten Selbstreflexion auch bei der Vermittlung der Sozialwissenschaften in der Lehrerbildung berücksichtigt und erfahrbar gemacht worden sind. Diese „Vermittlungsprobleme der Sozialwissenschaften" sind bislang allerdings völlig unterbelichtet,[11] der Grundgedanke ihrer Vermittlung läßt sich aber angeben: die Vermittlungsformen müßten den explizierbaren Prinzipien des sozialwissenschaftlichen Erkenntnisgewinns (also einem genetisch-rekonstruktiven Prinzip) folgen. Diese Thesen sollen nun durch einige wissenschaftstheoretische Überlegungen über den Prozeß der sozialwissenschaftlichen Theorie und Forschung zwar nicht belegt und ausgeführt, aber plausibel gemacht werden. Folgende Besonderheiten sozialwissenschaftlicher Erkenntnisprozesse sind in diesem Zusammenhang u. a. relevant:

a) Auch der Soziologe gehört den gesellschaftlichen Zusammenhängen an, die er untersucht, ist mit seinen Alltagserfahrungen in das allgemeine sozio-kulturelle Klima hineinverwickelt, in dem sich die generellen sozio-ökonomischen Bedingungszusammenhänge und Entwicklungsprozesse einer gesellschaftlichen Phase niederschlagen.
b) Zum eigentümlichen Verhältnis des Soziologen zum Gegenstandsbereich, den er untersucht, gehört weiter eine spezifische Beziehung zum Adressaten seiner Untersuchung, die sich nicht nur als distanzierte, äußerliche Beobachtung und Registrierung von Merkmalen zureichend erfassen läßt, sondern in der allemal Kommunikation und Sinnverstehen beansprucht wird, weil die Adressaten selbst Subjekte mit je eigenen Situationsbedingungen sind und ihren Handlungen selbst einen subjektiven Sinn unterlegen. Es dürfte kein Geheimnis sein, daß die Relevanz und die Plausibilität der sozialwissenschaftlichen Erkenntnisse und Befunde daran zu hängen scheint, inwieweit der Sinn der Lebensform der Adressaten in deren Lebenskontext verstanden oder vorverstanden wird und sich im Forschungsprozeß in möglichst authentischer Weise zu artikulieren vermag. Verständlich kann die andere Lebensform aber immer nur werden im Maße des Verstehens durch die eigene Lebensform hindurch, das gilt selbst für den Ethnologen, der versucht, sich in die Regeln und Bedingungen einer ihm fremden Lebenswelt einer anderen Kultur „einzufühlen".
c) Diese Thesen zeigen zunächst den Ausgangspunkt sozialwissenschaftlicher Reflexion: die probeweise Identifikation mit der Alltagssituation des Adressaten und die Verhaftung an den eigenen unmittelbaren, alltäglichen Kontext und deren alltägliches Verständnis.
d) Der eigentliche Erkenntnisprozeß beginnt nun beim Überschreiten der Alltagssituation und des Alltagsverständnisses, deren Verfremdung, Distanzierung und Reorganisation. Das Medium dieser Distanzierung ist für den Sozialwissenschaftler die Sprache und auch ein Apparat von standardisierten und intersubjektiv reproduzierbaren Methoden und Regeln, die in der „Forschergemeinschaft" ausgehandelt werden. Selbst wenn die künstlich verfremdete Wissenschafts- und Soziologensprache oft und zum Teil mit Recht kritisiert wird, erlaubt sie, als künstlich entwickeltes, systematisches und begrifflich-präzises Sprach- und Aussagesystem diese eben geforderte Distanzierung und Überschreitung der alltäglichen Situationsverhaftung, im Gegensatz zu der in ihrer Bedeutung offenen, vagen und kontextgebundenen Umgangssprache. Denn: Begreifen ist mehr als bloß Beschreiben und an die begriffliche und interpretative Strukturierung der Erfahrungen gebunden. Sobald nämlich die Alltagserfahrung so mitgeteilt wird, daß sie ebenfalls unmittelbar bleibt, kommt es zu einer stationären Kreisbewegung, die keine Erkenntnisentwicklung zuläßt. Wenn allerdings die begriffliche Formalisierung so weit geht, daß sie ihrer Erfahrungssubstanz völlig beraubt ist, wird sie für die analytische Durchdringung und praktische Bewältigung von Problem-

lagen bestimmter Adressaten, für die der Soziologie, wie offen oder verdeckt auch immer, seine Theorien entwirft (Ritsert spricht hier vom impliziten Adressatenbezug der Theorie) irrelevant und wird völlig zurecht von der Adressatenseite her kritisiert.

Bis hierher läßt sich soziologisches Reflexionsvermögen also fassen als Überschreiten der Alltagssituation, begrifflich-strukturierte Erfahrung, selbstreflexiv eingebundene, aber auch nach methodischen Regeln und von Alltagssituationen, kurz: als Matatheorie der Alltagstheorie, als Metasprache der Alltagssprache.

e) An die Soziologie wird zunächst die Erwartung gerichtet sein, sie solle praktisch verwertbares Wissen liefern. Wenn Lehrer z. B. etwas über den Rollenbegriff hören wollen, hegen sie die Erwartung, etwas über Mittel zu erfahren, die ihren Umgang mit Bezugsgruppen ihrer Berufspraxis erleichtern. Aber dieses instrumentelle Wissen, das direkt in Handlungsrezepturen mündet, kann und „sollte" die Soziologie nicht bereitstellen, obwohl sie sich der Verwendung ihres Wissens vorab nicht zu versichern vermag. Ihr kritischer Anspruch beruht eher auf einem bedingungsanalytischen und hier auch den Einzelfall zunächst überschreitenden Bezugssystem ihres Denkens: sie fragt nach den allgemeinen und überindividuellen Gesetzmäßigkeiten, Strukturen, Institutionalisierungen, Organisationsformen und Organisationsprinzipien, in der ein „menschliches" Zusammenleben in den Bereichen der Produktion und Reproduktion in einem historischen Prozeß geregelt worden ist, und sie forscht nach den Ursachen, deren historischer Entwicklung und den Möglichkeiten ihrer Veränderung im Sinne eines „besseren Lebens".

Ein so verstandener soziologischer Theoriebildungs- und Forschungsprozeß, der selbst noch in den bornierten und positivistischen Formen tendenziell als „Transzendieren des Status quo" nachgewiesen werden kann, der immer auch Momente der institutions- und legitimationskritischen Aufklärung über historisch zu überindividuellen Regeln geronnenen Formen des menschlichen Zusammenlebens in Bereichen der gesellschaftlichen Praxis enthält, müßte nicht nur im Interesse der Praxis verteidigt, sondern bei der Vermittlung der Sozialwissenschaften „exemplarisch"[13] vermittelt werden. Insofern erweitert ein so verstandenes sozialwissenschaftliches Reflexionsvermögen das Wissen über Gesellschaft und die Bedingungszusammenhänge, in die die einzelnen Individuen eingebunden sind, und kann damit, gerade indem es sich am Alltagsverstand und an der Alltagssituation abarbeitet, zum Wissen über sich selbst als ein in gesellschaftlichen Bezügen handelndes und interpretierendes Subjekt beitragen.

Anmerkungen

1 Abgesehen von den Untersuchungen zur zweiten Phase der Lehrerbildung, von D. Hänsel, Holling/Bammé, u. a.

2 Dieses Wechselspiel zwischen historisch-objektiv und überindividuell vorgegebenen institutionellen Bedingungen und den spezifischen lebensgeschichtlichen Entwicklungsprozessen zu erfassen, macht bekanntlich erhebliche analytische und methodische Schwierigkeiten, wie die Bewußtseinsforschung, Deutungsmusteransätze usw. beweisen. Zugleich geschieht jene Vermittlung alltäglich und kontinuierlich: subjektive und objektive Faktoren, die in der realen Alltagssituation unmittelbar zusammenwirken, konstituieren zusammengenommen soziales Handeln und Verhalten. Unsere Auffassung zum Konstitutionsprozeß der „Aneignung" der schulischen Realität kann hier nicht weiter entfaltet werden, sie wird aber aus der folgenden Argumentation ersichtlich.

3 Ich beziehe mich dabei eher assoziativ und kursorisch als systematisch auf eine 1980 im päd.extra-Verlag erscheinende Dissertation und Publikation von Susanne Graf mit dem Titel: Gestörtes Lernen – gestörte Beziehungen. Die Verfasserin legt hier eine psychoanalytische Deutung der Lehrerarbeit vor, die gegenüber früheren Versuchen (Bernfeld, Fürstenau, Wellendorf, Brück u. a.) mit Fug und Recht als Durchbruch bezeichnet werden kann.

4 Ohne Zweifel ist dieses didaktische und methodische Regelsystem inzwischen sehr feinmaschig ausgearbeitet, gewissermaßen für jede Sequenz der Unterrichts. Unterricht ist aber nicht nach dem Muster bürokratischen Verwaltungshandelns planbar und formalisierbar; trotz zunehmender bürokratischer Reglementierung und Kontrolle müssen institutionelle Ziele allemal in persönlichen Beziehungen realisiert werden.

5 Vgl. etwa die Arbeit von Brück, H.: Die Angst des Lehrers vor seinem Schüler. Reinbek 1978.

6 Projektgruppe A. Combe unter Mitarbeit von S. Behrendt, Berthold Bittkowski, Hans Bonifer, Stephan Fröhder, Manfred Hollenbach, Erich Janisch und Wolfgang Schaan: „Der Berufsschullehrer im dualen System, Fallstudien". Im Manuskript; sowie meine Arbeit „Krisen im Lehrerberuf", Bensheim 1979.

7 Im Bereich der Grundschule könnte eher von einer „vorenthaltenen Kindlichkeit" gesprochen werden.

8 Hier bezieht sich die Argumentation auf einige zentrale Ergebnisse eines bisher nur zum Teil veröffentlichten und zugänglichen Forschungsprojekts zur „Interessenlage" von Lehrern, vom dem aufgrund seines adressatensensiblen methodischen Vorgehens bei der Ermittlung von Problemlagen, Orientierungen und Strategien und durch die Art und Weise der Rekonstruktion von „fungierendem Bewußtsein" angenommen werden kann, daß hier ein spezifischer Bezug zur Arbeits- und Alltagssituation von Lehrern hergestellt werden konnte. Auf eine detaillierte Beschreibung des von E. Becker und J. Ritsert geleiteten Projekts, der wegweisenden methodischen Innovationen, seines wissenschaftstheoretischen und wissenschaftspolitischen Hintergrunds muß ich hier verzichten. Vgl. aber: Wältz, B.: Berufsbelastung und Realitätsdeutung von Lehrern. Bensheim 1980, sowie Bracher, U.: Kritische Sozialforschung und ihr Adressat. Frankfurt 1978.

9 Vgl. Fußnote 8.
10 Leithäuser, T.: Formen des Alltagsbewußtseins. Frankfurt 1976.
11 Schülein, J. A.: Selbstbetroffenheit. Frankfurt 1977; Horn, K. u. a.: Kritik der Hochschuldidaktik. Frankfurt 1978; Sozialwissenschaften: Studiensituation, Vermittlungsprobleme, Praxisbezug. Frankfurt 1976.
12 Vgl. hierzu die hierfür grundlegenden Arbeiten von Ritsert, J.: Zur Wissenschaftslogik einer kritischen Soziologie. Frankfurt 1976, S. 46ff.
13 Negt, O.: Soziologische Phantasie und exemplarisches Lernen. Frankfurt 1971.

"Der graue Alltag"

Bernd Weidenmann

Deformiert der Lehrerberuf die Persönlichkeit?

1. Ist das Konzept der „deformation professionelle“ naiv?

Die Überschrift des Beitrages mag auf manchen Lehrer ketzerisch wirken. Schließlich suggeriert sie einen fast gewaltsamen Einfluß auf die Lehrerpersönlichkeit mit möglicherweise pathologischem Resultat. In der Literatur, der wissenschaftlichen wie der schöngeistigen, und in der öffentlichen Meinung geistern tatsächlich seltsame Lehrerfiguren herum. Man kennt Jean Pauls „Schulmeisterlein Wuz“, Heinrich Manns „Professor Unrat“, Brechts „Kalle“ (aus den Flüchtlingsgesprächen). Hier und bei vielen anderen Literaten sind Lehrer „entweder Prügler oder Unterrichtsbeamte, weltfremde Trottel oder kindliche Träumer oder alles zusammen“ (*Combe* 1971, S. 85). Einige Empiriker haben sogar Daten zu einem Bild vom neurotischen Lehrer beigesteuert (Beispiele bei *Bentz u. a.* 1971). Wie ernst darf man dies alles nehmen? Was ist dran an der „deformation professionelle“?

Zuerst einmal ist dieser Begriff soziologisch definitionswürdig als „Bezeichnung für typische Persönlichkeitszüge bei Angehörigen eines Berufes, die als Resultat von die normale Persönlichkeitsentwicklung beeinträchtigenden Bedingungen der Berufsarbeit gelten“ (*Fuchs u. a.* 1975, S. 126).

Dieses Konzept lädt zu einer naiven Deutung geradezu ein. Man unterstellt dann einfach eine „Persönlichkeit“, die durch berufliche Einflüsse passiv „beeinträchtigt“ wird. Im Alltagsverständnis findet man derart vereinfachte Auffassungen von beruflichen Auswirkungen: der Lehrer ist dann eben ein Pauker, weil er dauernd disziplinieren muß; weltfremd, weil er es dauernd mit Kindern zu tun hat; pflichtgetreuer Unterrichtsbeamter, weil er die Sicherheit des Staatsdieners genießt. Aber auch alle dem Autor bekannten wissenschaftlichen Studien, die sich direkt oder nebenbei mit der beruflichen Sozialisation des Lehrers beschäftigt haben, müssen sich den Vorwurf einer mehr oder weniger naiven Auffassung von deformation professionelle gefallen lassen. Das ist zu bedauern, denn immerhin geht es um spannende Fragen wie z. B.:

- Zieht der Lehrerberuf ganz bestimmte Persönlichkeiten an? Soziologisch formuliert: rekrutiert die Organisation Schule nur Mitglieder mit bestimmten Merkmalen?
  Die dazu wichtigsten Arbeiten der Konstanzer Gruppe erfaßten Einstellungen (*Koch* 1972) bzw. eine Vielzahl von Persönlichkeitsmerkmalen (*Müller-Fohrbrodt* 1973) bei Abiturienten mit verschiedenen Berufszielen. Potentielle Lehrer unterschieden sich dabei nicht von Studenten mit anderen Berufsabsichten.

- Gibt es Persönlichkeitsunterschiede (bzw. Einstellungsunterschiede) zwischen Lehrern und der übrigen Bevölkerung? Oder zwischen Lehrern verschiedener Schularten?
  Hier fand man einige Unterschiede. Die Ergebnisse sind aber meist uneinheitlich. (Gute Übersichten liefern z. B. *Gerner* 1976, *Heiland* 1979).

- Verändern sich Persönlichkeitsmerkmale und Einstellungen im Verlauf von Studium und Beruf?
  Es gibt hierzu mehrere Untersuchungen, z. B. als Klassiker *Schuh* (1962), der ältere mit jüngeren Volksschullehrern vergleicht; die Konstanzer Untersuchungen zur Einstellungsänderung während des Studiums; die Arbeit von *Merz* (1979), in der die Berufszufriedenheit von Lehrern u. a. auch in Abhängigkeit von Alter und Dienstalter untersucht wurde. In der Regel haben diese und andere Studien Unterschiede zwischen jüngeren und älteren Lehrern zutage gefördert.

Der Vorwurf, diese Studien seien im Hinblick auf eine deformation professionelle mehr oder weniger naiv, läßt sich unschwer begründen. Jede dieser Untersuchungen hat nämlich zumindest einen der folgenden Mängel: Es fehlt eine Theorie beruflicher Sozialisation, von der aus die Studie entwickelt und auf die das Resultat rückbezogen wird; die Faktoren des sozialisierenden Berufes werden nicht oder nur unzureichend erfaßt (wenn man sich z. B. auf nichtssagende, weil viel zu grobe Variablen wie „Dienstzeit“ oder „Schulart“ beschränkt); es handelt sich um keinen echten Längsschnitt, sondern um Daten, die zu einem einzigen Zeitpunkt an Lehrern in verschiedenen Berufsabschnitten erhoben und als Quasi-Längsschnitt ausgewertet werden; die Daten zur Lehrerpersönlichkeit basieren auf Selbstaussagen; Kontrollgruppen fehlen oder sind ungenügend. Die Liste ließe sich verlängern. Damit sollen die bisherigen Studien zum Zusammenhang von Beruf und Lehrerpersönlichkeit nicht abqualifiziert werden. Es ist ein Positivum, daß sie überhaupt durchgeführt worden sind. Vielmehr sollte gezeigt werden, daß sie uns bei der Frage nach einer berufsbedingten Persönlichkeitsveränderung von Lehrern kaum weiterhelfen. Aber hier verlassen wir den „festen“ Boden der empirischen Daten, die bei Lehrern erhoben wurden und prüfen im nächsten Abschnitt, ob Konzepte und Ergebnisse aus anderen Disziplinen (z. B. Soziologie und Arbeitspsychologie) bzw. Berufsfeldern (z. B. Angestellte und Arbeiter) ein konstruktives Spekulieren zum Thema Lehrerpersönlichkeit und Beruf ermöglichen.

2. Ist der Lehrer eine bürokratische Persönlichkeit?

Nach konventionellen soziologischen Modellen homogenisiert eine Organisation ihre Mitglieder. Sie erledigt diese Leistung zum einen durch bestimmte Rekrutierungsverfahren, zum anderen durch ein System von Kontrollen und Sanktionen (s. z. B. *Max Webers* Schilderung der Bürokratie, 1964). Definiert wird damit eine „Berufsrolle“ (z. B. *Merton* 1968), die sich aus den Erwartungen an jedes Mitglied zusammensetzt. Berufliche Sozialisation ist (nach klassischem Versständnis) das Erlernen dieser Berufsrolle. Die Behauptung liegt nahe, Lehrer seien Angehörige einer bürokratischen Organisation und per beruflicher Sozialisation zu bürokratischen Persönlichkeiten geworden. Damit würde man aber Kritik aus verschiedenen Positionen am traditionellen Modell übergehen.

Die Kritik bestreitet nämlich, daß
- Schule eine bürokratische Organisation (i. S. von *Max Weber*) ist
- es eine eindeutige Lehrerrolle gibt und jeder Lehrer eine vorgeschriebene Rolle übernimmt
- berufliche Sozialisation eine überwiegend passive Anpassung an die Anforderungen der Organisation ist.

Zum ersten Punkt meint z. B. *Dreeben* (1973), um die Arbeit des Lehrers zu verstehen, müsse man auch die „nichtbürokratischen Elemente“ von Schule identifizieren. Zu recht weist er darauf hin, daß das Alltagshandeln im Unterricht alles andere als von zentral vorgegebenen Regeln gesteuert wird. Lernziele, Lehrmethodik und Qualitätsprüfung des Lehrerfolgs sind nach *Dreeben* auch praktisch kaum detailliert vorzuschreiben und zu kontrollieren. (Natürlich arbeitet dieser Autor auch bürokratische Züge der Schule heraus.) Für unsere Verhältnisse wäre hinzuzufügen, daß der Beamtenstatus in dieser Hinsicht nichts wesentlich ändert; beim beamteten Lehrer ist lediglich die Gefahr der Entlassung aufgrund einer Verletzung der ohnehin vagen Berufsvorschriften geringer. Bürokratische Beurteilungen von Lehrern werden im deutschen Bildungssystem faktisch nur aus besonderem Anlaß erstellt, wie z. B. bei der Übernahme ins Beamtenverhältnis, bei der Beförderung oder beim Vorliegen förmlicher Beschwerden über den betreffenden Lehrer (*Strittmatter* und *Killait* 1976, S. 192). Untersuchungen zur Beurteilung von Lehrproben ergaben zudem, daß Urteile von Schulräten oder anderen bürokratischen Kontrolleuren weder objektiv noch reliabel noch valide sind (*Krumm* 1970). Lehrer wissen dies ohnehin; trotzdem leben diese Kontrollen nahezu unverändert weiter. Das läßt sie mehr als Ritual erscheinen denn als Ausdruck einer total bürokratischen Struktur.

Die Kritik zum zweiten an einer fugenlosen beruflichen Sozialisation von Lehrern bestreitet die Übernahme einer ganz bestimmten Lehrerrolle durch die Angehörigen der Organisation Schule. Selbst Rollentheoretiker entdeckten Diffusität und zugleich Konflikthaftigkeit bis zur Unerfüllbarkeit der Lehrerrolle (z. B. *Grace* 1973). Von einer klar und einheitlich als Erwartung definierten Rolle kann also keine Rede sein. Die Revision der Rollentheorie im Zusammenhang mit dem symbolischen Interaktionismus arbeitete dann den aktiven Beitrag des Rollenträgers, auch des Lehrers, heraus (*Mollenhauer* 1971, 1972 im Anschluß an *Krappmann* 1969). Der Lehrer versucht demnach, unter Auspegeln von sozialen und personalen Anforderungen, eine Identität zu konstruieren und immer wieder aufrechtzuerhalten (*Wellendorf* 1973). Dazu gehören Rollendistanz und Anpassungsstrategien. *Peter* unterscheidet (nach *Presthus* 1958) z. B. drei Idealtypen von Lehrern: die Indifferenten, die Aufsteigenden, die Ambivalenten, je nachdem, wie ein Lehrer sich zu den Anforderungen stellt (*Peter* 1973). Daß es zur Schaffung einer pädagogischen Selbstrolle kommen kann, ist möglich, „weil einerseits die Vagheit der Erwartungen dem Lehrer einen großen Spielraum läßt, weil aber andererseits nur ein beschränkter Teil seines pädagogischen Verhaltens der sozialen Kontrolle unterworfen ist“ (*Mollenhauer* 1971, S. 101).

Der oben genannte dritte Kritikpunkt an einer zu direkten Auffassung von beruflicher Sozialisation hängt mit dem eben diskutierten zusammen: Das Individuum wird nicht passiv geprägt, sondern setzt sich aktiv mit Anforderungen und Erwartungen auseinander. Forciert eingebracht wird diese Perspektive von der derzeit favorisierten Handlungstheorie (z. B. *Volpert* 1975,

1979). Die Organisation wirkt demnach auf das Individuum lediglich vermittelt ein über die Tätigkeit, über kognitive Prozesse (Ziele, Pläne, Handlungs-Folge-Erwartungen usw.) und affektiv-motivationale Prozesse (persönliche Interessen, Valenzen usw.). An die Stelle einer konventionellen Auffassung von beruflicher Sozialisation tritt also eine aktive Interaktion zwischen Beruf und Individuum. Sie ist nicht zu einem bestimmten Zeitpunkt beendet; der Lehrer ist nicht irgendwann „sozialisiert". Was auch bei dieser Perspektive bleibt, sind die Faktorenbündel „Person" und „Beruf", die durch das Handeln des einzelnen Individuums dialektisch verbunden, wechselseitig aufeinander bezogen und mehr oder weniger verändert werden.

Schaut man sich nun die Forschung an, die unter solchen Vorzeichen durchgeführt wurde, so fällt auf, daß sie sich fast ausschließlich mit der Frage beschäftigt, wie negative Persönlichkeitsveränderungen durch die Auseinandersetzung mit beruflichen Anforderungen zustandekommen. Es geht um „Industrielle Psychopathologie" (*Frese, Greif, Semmer* 1978), natürlich mit der Absicht, Arbeitsverhältnisse ebenso zu verbessern, wie die betroffenen Individuen zu unterstützen. Der Unterschied zur eingangs geschilderten deformation professionelle ist klar: Dort verformt ein Beruf eine Person, die so passiv gesehen wird wie bedrucktes Papier; hier unterliegt (vielleicht zeitweise) ein Individuum im Ringen mit beruflichen Anforderungen, verändert sich zum Negativen, wird auf dem Weg zur voll entwickelten Persönlichkeit gehindert oder zurückgeworfen. Im nächsten Abschnitt sollen einige Ergebnisse dieser neueren Arbeitspsychologie vorgestellt und auf ihre Bedeutung für die Arbeitssituation des Lehrers befragt werden.

3. Haben Lehrer Grund, mit ihrem Beruf zufrieden zu sein?

Die handlungstheoretisch orientierte Sozialisationsforschung mißt Wirklichkeit am Idealbild einer „entwickelten" Persönlichkeit. Als potentiell behindernde oder gar krankmachende Merkmale der Arbeit wurden vor allem herausgearbeitet Partialisierung, Kontrollverlust, Qualifikationsverlust (Unterforderung). Sie erhöhen in erheblichem Maße die Wahrscheinlichkeit für Gefühle der Entfremdung, für depressive Reaktionen und Desinteresse. Es gibt aber auch Anzeichen dafür, daß diese Arbeitsmerkmale die kognitive Leistungsfähigkeit herabsetzen und z. B. intellektuelle Fähigkeiten bzw. die Fähigkeit, Zusammenhänge herzustellen und zu planen, einschränken oder an der Ausbildung hindern. (So ist *Greif* 1978 nach einer Analyse verschiedener Untersuchungen der Ansicht, der unterschiedlich starke Altersabbau der Intelligenz hänge mit Merkmalen der Schulbildung und des Berufs zusammen.) Bei Partialisierung, Qualifikationsverlust und Kontrollverlust sieht sich ein Berufsangehöriger einer Arbeit mit folgenden Merkmalen gegenüber: Sie ist bis zum kleinsten Handgriff „vereinfacht, zerstückelt, der schöpferischen und planerischen Momente beraubt" (*Volpert* 1979, S. 35). Die Arbeit fordert nur einen kleinen Ausschnitt aus den persönlichen Kompetenzen. Arbeitsziel und Arbeitsmethode stehen außerhalb des Einflußbereiches des Arbeitenden. Damit verbunden ist oft soziale Isolation; es fehlt an Interaktionsmöglichkeiten mit Arbeitskollegen. Der Arbeitswissenschaft zufolge können diese Bedingungen die Persönlichkeit in erheblichem Maße „deformieren":

„Wenn festgestellt werden kann, daß Arbeitstätigkeiten wesentlich dafür verantwortlich sein können, daß intellektuelle und Handlungskompetenzen abgebaut werden, Soziabilität verkümmert, generalisierende Gefühle der Ohnmacht und Hilflosigkeit (mit resultierender Resignation und Apathie) entstehen, daß die Fähigkeit zu längerfristigem Planen eingeschränkt wird usw., dann wird leicht deutlich, daß dies zum Teil genau die Probleme sind, mit denen (und den Folgeproblemen) Sozialarbeiter und Psychotherapeuten, Erwachsenenbildner und Berufsschullehrer, gewerkschaftlich Engagierte und Angehörige einiger weiterer Berufsgruppen in ihrer täglichen Praxis konfrontiert werden" (*Groskurth* 1979, S. 16f.).

Drohen diese Gefahren auch beim Lehrerberuf oder gelten sie nur für Fließbandarbeiter? Gibt es auch viele Lehrer, die in der Auseinandersetzung mit den beruflichen Anforderungen Gefühle der Entfremdung, der Hilflosigkeit entwickeln, deren intellektuelle und soziale Fähigkeiten verkümmern, die mit ihrer Freizeit nichts mehr anzufangen wissen?

Zweifellos gibt es Lehrerstreß, psychischen (*Weidenmann* 1978) wie physiologischen (*Müller-Limmroth* 1980); bei Lehrern gibt es Ärger und Angst, während der Unterrichtszeit ein erhöhtes Herzfrequenzprofil und nachts Schlafstörungen. Der Vergleich mit den Arbeitsbedingungen z. B. an einer Walzstraße läßt die Tätigkeit des Lehrers im Klassenzimmer und zu Hause aber nahezu paradiesisch erscheinen. Auch von der monotonen Freizeitgestaltung vieler Arbeiter hebt sich die geradezu kulturhungrige Reise- und Erlebnislust vieler Lehrer (begünstigt durch eine nicht gerade kleinliche Urlaubsregelung) wohltuend ab. Analysiert man die Lehrertätigkeit im einzelnen, so findet man genug Elemente, die der Arbeitswissenschaft zufolge eine positive Persönlichkeitsentwicklung und -entfaltung begünstigen müßten. Der Lehrer kann seine Arbeit in hohem Maße *planen* und die Ausführung weitgehend *kontrollieren.* Diese Kontrollmacht ist so ausgeprägt, daß es Lehrer geben soll, die sich kaum oder gar nicht vorbereiten und trotzdem guten Mutes hoffen können, die gemeinsame Arbeit mit den Schülern „im Griff" zu behalten. Unterrichtsform und Unterrichtsinhalt können vom Lehrer innerhalb des recht vagen Lehrplanes variiert werden; Unterrichten ist eine *komplexe* und *abwechslungsreiche Aufgabe.* Sie hat dazu einen gesellschaftlichen Wert. Die soziale Konstellation enthält ein hohes Maß an *sozialen Kontakten,* die zudem die angenehme Eigenschaft haben, den Lehrer zu privilegieren. Er kann sich weitgehend aussuchen, mit wem er auf welche Weise Kontakt aufnehmen will. Dank der Gratifikationsmacht, über die er kraft seines Amtes verfügt, wird er auch für Schüler ein attraktiver Sozialpartner (zumindest für die leistungsorientierten) und erhält im Regelfall pro Tag eine gesunde Dosis von verbalen und nichtverbalen Streicheleinheiten. Die Fremdkontrolle von außen – durch Angehörige der Organisation bzw. durch Eltern – ist erstaunlich gering; das Klassenzimmer hat infolge eines tradierten Regelkodex Reviercharakter, die Zimmertür ist nur in den Pausen offen. Zwischen den Kollegen herrscht das *Prinzip der Nichteinmischung.* Förderlich für psychisches Wohlbefinden ist sicher auch die Möglichkeit, große Teile der Arbeitszeit außerhalb der Schule verbringen zu können. Lehrer haben im Vergleich zu anderen Berufen mehr gemeinsame Zeit mit ihren Familien. Nimmt man schließlich noch die Privilegien des *Beamtenstatus* hinzu, so erscheint es geradezu vermessen, die genannten Konzepte der „Industriellen Psychopathologie" auf diese Profession anwenden zu wollen. (Diese Konzepte haben allerdings für die Situation der Schüler eine eindrucksvolle Augenschein-Gültigkeit!)

Und in der Tat: 80% der Lehrer sind mit ihrem Beruf zufrieden. In seiner Untersuchung hat *Merz* (1979) jedoch festgestellt, daß „progressive, reformfreudige" Lehrer relativ unzufrieden sind. Er schließt, „daß in unserem derzeitigen Schulsystem ein progressiver Lehrer nicht zufrieden werden kann" (S. 305). Wenn dies zutrifft, wenn also die Bedingungen der Lehrertätigkeit Grund zu Kritik und Unzufriedenheit bieten, ist dann nicht Zufriedenheit verdächtig? Zeigt dann nicht der zufriedene Lehrer Symptome einer deformation professionelle?

4. Der reduzierte Pädagoge

Wir wollen die These scharf formulieren: *Die „Vorzüge" des Lehrerberufes können den Lehrer verkümmern lassen, dies bei subjektiver Zufriedenheit mit sich und seinem Beruf.* Darüber, was Aufgabe des Lehrers als Sozialisationsagent sein sollte, besteht weitgehend Übereinstimmung; Erziehung sollte es darum gehen, „Heranwachsende zu befähigen, ein selbstverantwortliches und glückliches Leben zu führen und ihre Einsicht und Handlungsfähigkeit zu stärken, um an der Erhaltung jener sozialen und politischen Bedingungen mitzuarbeiten, die ein selbstverantwortetes und glückliches Leben aller garantieren" (*Fend* 1980, S. 383, ähnlich auch *Schulz* 1980). Die Ziele Mündigkeit, Sach- und Sozialkompetenz sowie Lebensqualität sind der Kern des Berufsverständnises von Pädagogen, die diesen Namen verdienen. Betrachtet man die Wirklichkeit des Lehrerhandelns, der Lehrereinstellungen und der Lehrerausbildung, so zeigt sich eine – je nach Temperament des Beurteilers deprimierende oder provozierende – Entfernung zu diesem Leitbild. Pädagogisches Wollen und Tun erscheinen vielfach reduziert:

- Kurzfristige pädagogische Perspektiven dominieren über die langfristigen (man plant von Stunde zu Stunde).
- Die geplante Vermittlung beschränkt sich auf den kognitiven Bereich. Soziale Kompetenz wird außer acht gelassen oder vermittelt sich meist pädagogisch unerwünscht über den „heimlichen Lehrplan".
- Selektion, Leistungsbeurteilung und Krisenmanagement bestimmen Schulalltag und Lehrerhandeln mehr als die individuelle Förderung von Schülern. Das Kustodiale hat gegenüber dem Edukativen einen zu großen Anteil.
- Äußerungen von Schülerinteressen werden als Störungen wahrgenommen und unterdrückt.
- Routinisierung bremst die Fortbildungsbereitschaft bei Lehrern. Die verkürzte Perspektive läßt sie lediglich nach leicht einsetzbaren und rasch wirksamen Rezepten suchen (Motivationshilfen, Disziplintricks, Rationalisierungstechniken).

All diese Krisensymptome sind durch empirische Untersuchungen zu Lehrereinstellungen, Alltagstheorien von Lehrern und zum Lehrerverhalten zwar bruchstückhaft, doch so ausreichend belegt, daß man sie nicht als kulturpessimistische Schwarzmalerei abtun kann. Kommen wir zur Eingangsthese dieses Abschnittes zurück: Was haben diese Zustände mit den „Vorzügen" des Lehrerberufes zu tun? Ist die derart reduzierte Pädagogik nicht Produkt eines reduzierten Lehrplanes, eines reduzierten Schulsystems, einer reduzierten Lehrerausbildung? Ist es nicht den objektiven Arbeitsbedingungen zuzuschreiben, daß Lehrer nurmehr versuchen, die Stunde ohne viel Streß zu überstehen und Ablenkungen, Konflikte, Diskussionen möglichst auszuschalten? Diese Fragen bejahen, hieße eine deformation professionelle bejahen. Hier kommen nämlich die genannten „Vorzüge" – Kontrolle, Planungsmöglichkeit, Sanktions- und Gratifikationsmacht – ins Spiel: Hat innerhalb einer Organisation mit reduktiven Zielen und Absichten das Mitglied einen relativ großen Spielraum für antireduktionistische Aktivität, nützt diesen Spielraum aber nicht, sondern verhält sich (im Denken und Tun) reduktionskonform, so muß man auf eine pädagogisch unerwünschte berufliche Sozialisation schließen. Die von der Organisation verliehene Macht und Kontrolle im Klassenzimmer, der Schutz vor Personen, die eine nicht-reduzierte Pädagogik einklagen könnten, die Bestätigungsgesten im Kollegium, all dies sind Faktoren, die den Lehrer ganz gut mit der Tatsache leben lassen, daß er nur reduziert Lehrer ist.

Man hat bei Lehrern schon verschiedentlich Verdrängungen, Verleugnungen, irrationale Überlebensstrategien diagnostiziert (z. B. *Bernfeld* 1967 (Orig. 1925), *Adorno* 1965, *Schraml* 1968, *Wellendorf* 1973, *Brück* 1978, *Geißler* 1980). Nichts aber kann für die berufliche Identität zentraler sein als den Prozeß aufzuklären, der es ermöglicht, daß Lehrer ihren Beruf in vielerlei Hinsicht zielverschoben und oft bis auf die Substanz zurechtgestutzt ausüben und gleichzeitig mit zunehmenden Dienstjahren immer zufriedener werden. Es ist zu hoffen, daß sich die Forschung zum Lehrerberuf und die Lehrer selbst dieser Frage bald annehmen.

Literatur

Adorno, Th. W.: Tabus über den Lehrerberuf. In: Neue Sammlung (1965) 5, S. 487–496.

Bentz, W. K. u. a.: An assessment of the mental health of teachers: A comparative analysis. In: Psychology in the schools (1971) 8, S. 72–76.

Bernfeld, S.: Sisyphos oder die Grenzen der Erziehung. Frankfurt 1967 (Orig. 1925).

Brück, H.: Die Angst des Lehrers vor seinem Schüler. Zur Problematik verbliebener Kindlichkeit in der Unterrichtsarbeit des Lehrers – ein Modell. Reinbek 1978.

Combe, A.: Kritik der Lehrerrolle. München 1972.

Dreeben, R.: The School as a Workplace. In: Travers, R. M. W. (Ed.): The Second Handbook of Research on Teaching. Chicago 1973, S. 450–472.

Fend, H.: Theorie der Schule. München / Wien / Baltimore 1980.

Frese, M u. a. (Hrsg.): Industrielle Psychopathologie. Bern / Stuttgart 1978.

Fuchs, W. u. a. (Hrsg.): Lexikon zur Soziologie. Reinbek 1975.

Geißler, Kh. A. (Hrsg.): Gruppendynamik für Lehrer. Reinbek 1979.

Gerner, B.: Selbstverständnis von Lehrern. Darmstadt 1976.

Grace, G. R.: Der Lehrer im Rollenkonflikt. Düsseldorf 1973.

Greif, S.: Altersabbau intellektueller Fähigkeiten und sozialer Kompetenzen – eine Folge reduzierter Arbeitsbedingungen? In: Groskurth, P. (Hrsg.): Arbeit und Persönlichkeit. Reinbek 1979, S. 73–87.

Groskurth, P. (Hrsg.): Arbeit und Persönlichkeit. Berufliche Sozialisation in der arbeitsteiligen Gesellschaft. Reinbek 1979.

Heiland, H.: Lehrer und Schüler heute. Königstein 1979.

Koch, J.-J.: Lehrer-Studium und Beruf. Ulm 1972.

Krappmann, L.: Soziologische Dimensionen der Identität. Strukturelle Bedingungen für die Teilnahme an Interaktionsprozessen. Stuttgart 1969.

Krumm, V.: Die Prüfung der Lehrbefähigung. In: b : e (1970), 2, S. 22–26.

Merton, R. K.: Bürokratie und Persönlichkeit. In: Mayntz, R. (Hrsg.): Bürokratische Organisation. Meisenheim 1968, S. 265–277.

Merz, J.: Berufszufriedenheit bei Lehrern. Weinheim 1979.

Mollenhauer, K.: Die Rollenproblematik des Lehrerberufs und die Bildung. In: Betzen, K./Nipkow, K. E. (Hrsg.): Der Lehrer in Schule und Gesellschaft. München 1971, S. 93–112.

Mollenhauer, K.: Theorien zum Erziehungsprozeß. München 1972.

Müller-Fohrbrodt, G.: Wie sind Lehrer wirklich? Stuttgart 1973.

Müller-Limmroth, W.: Arbeitszeit-Arbeitsbelastung im Lehrerberuf. Frankfurt 1980.

Presthus, R. V.: Toward a Theory of Organizational Behavior. In: Administrative Science Quarterly (1958) 3, S. 48–72.

Peter, H.-U.: Die Schule als soziale Organisation. Weinheim 1973.

Schraml, W.: Einführung in die Tiefenpsychologie für Pädagogen und Sozialpädagogen. Stuttgart 1968.

Schuh, E.: Der Volksschullehrer. Störfaktoren im Berufsleben und ihre Rückwirkungen auf die Einstellung im Beruf. Hannover 1962.
Schulz, W.: Unterrichtsplanung. München / Wien / Baltimore 1980.
Strittmatter, P. / B. Killait: Funktionen der Lehrerbeurteilung. In: Unterrichtswissenschaft 4 (1976) 3, S. 191–198.
Volpert, W.: Handlungsstrukturanalyse als Beitrag zur Qualifikationsforschung. Köln 1974.
Volpert, W.: Der Zusammenhang zwischen Arbeit und Persönlichkeit aus handlungstheoretischer Sicht. In: Groskurth, P. (Hrsg.): Arbeit und Persönlichkeit. Reinbek 1979, S. 21–46.
Weber, M.: Wirtschaft und Gesellschaft. Tübingen 1964 (Orig. 1921).
Weidenmann, B.: Lehrerangst. München 1978.
Wellendorf, F.: Schulische Sozialisation und Identität. Zur Sozialpsychologie der Schule als Institution. Weinheim 1973.

Lutz-Rainer Reuter

Der Lehrer und sein Recht

Einige Anmerkungen zum kritischen Verhältnis von Lehrerpersönlichkeit und Schulrecht

Die Bildungskommission hat im Strukturplan die Aufgaben des Lehrers mit Erziehen, Unterrichten, Beraten, Beurteilen und Innovieren umschrieben; wenngleich von seinen tatsächlichen Funktionen (Qualifikation, Sozialisation, Selektion, Allokation, Integration, Legitimation) Zweifel an der Realitätsnähe der Aufgabenbeschreibung angebracht sein mögen, vermittelt sie doch einen weitgehend akzeptierten normativen Ansatz zur pädagogischen Rolle des Lehrers, wie er auch – materiell allerdings parteipolitisch unterschiedlich aufgefüllt – in den Formulierungen des Bildungs- und Erziehungsauftrags in den Schulgesetzen zum Ausdruck kommt.[1] Ganz in der Traditon des hierarchisch-autoritären Bürokratiemodells, dem die nichtrechtsfähige Anstalt Schule de iure, weniger allerdings de facto entspricht, formuliert zum Beispiel das Hamburger Schulverfassungsgesetz:[2]

> Die zuständige Behörde bestimmt den Lehr- und Erziehungsauftrag der Schule und ist allgemein oder im Einzelfall gegenüber den Schulen weisungsbefugt. Sie trifft die erforderlichen organisatorischen Maßnahmen.

Pädagogisch funktional abgemildert formuliert das Hessische Schulverwaltungsgesetzt[3] vom Lehrer aus, dessen pädagogische Freiheit allerdings wie in Hamburg nicht nur gegen gesetzliche, sondern auch gegen jegliche administrative Eingriffe ungeschützt bleibt; immerhin sollen solche Beschränkungen „auf das Notwendige" begrenzt bleiben:

> Die Lehrer erziehen und unterrichten im Rahmen der Gesetze, der Anordnungen der Schulaufsichtsbehörden und der Beschlüsse der Lehrerkonferenz in eigener Verantwortung; ihre pädagogische Freiheit soll nur beschränkt werden, soweit es notwendig ist.

Erste und insoweit bemerkenswerte Ansätze rechtlicher Absicherung der pädagogischen Lehrerrolle ‚nach oben' deutet das Bremische Schulverwaltungsgesetz[4] an:

> Der Schulaufsichtsbeamte hat im Rahmen der Fachaufsicht pädagogische Bewertungen sowie unterrichtliche und erzieherische Entscheidungen und Maßnahmen aufzuheben, zur erneuten Entscheidung oder Beschlußfassung zurückzuverweisen oder erforderlichenfalls selbst zu entscheiden, wenn 1. von unrichtigen Voraussetzungen oder sachfremden Erwägungen ausgegangen worden, 2. gegen geltende Bestimmungen oder gegen den Grundsatz der Gleichbehandlung aller Schüler verstoßen worden, 3. ein geordneter Unterrichtsablauf nicht mehr gewährleistet oder gegen den Grundsatz der Verhältnismäßigkeit der Mittel verstoßen oder 4. gegen das Erziehungsrecht der Eltern verstoßen worden ist.

1. Verrechtlichung versus Repädagogisierung der Schule?

Zwei in ihrer ursprünglichen parteipolitischen Verwendung eher konservativ akzentuierte Begriffe[5] bestimmen seit geraumer Zeit die bildungspolitische Diskussion. Verrechtlichung steht für ein breites, wenngleich diffuses Unbehagen am Staat und ist Ausdruck für Bürokratisierung, Undurchschaubarkeit, Reglementierung und Lebensferne. Projekte zum Abbau von Staatsaufgaben, zur Beseitigung von Erlassen, zur Verwaltungsvereinfachung und zur Reprivatisierung haben Konjunktur.[6] Als Erklärung für die Verrechtlichung des Schul- und Bildungssystems werden die Aufkündigung des bildungspolitischen Konsenses, die Instrumentalisierung der Schule zum Mittel der Gesellschaftsveränderung und die Überbetonung organisatorisch-institutioneller Fragen – als Therapie die Repädagogisierung und Erlaßfreiheit der Schule, d. h. die Wiederherstellung des Erzieherischen sowie die Sicherung der Eigenverantwortung und des pädagogischen Freiraums der Lehrer angeboten.[7] Bei oberflächlicher Betrachtung scheint weitgehend Übereinstimmung in der Kritik an der Verrechtlichung wie in der Betonung des Erziehungsauftrags und in der Forderung nach der „menschlichen Schule" zu bestehen.[8] In der Tat war das Schulsystem bis in die sechziger Jahre hinein in vergleichsweise geringem Maße *gesetzlich* normiert. Anstelle der Länderparlamente regelten allerdings die Schulverwaltungen Lehr- und Lernprozesse, innere Ordnung der Schule, Lehrerausbildung und Status der Schüler. Im Konflikt wurden offene Fragen – seltener allerdings als in den siebziger Jahren – richterrechtlich entschieden; die bildungspolitische Breitenwirkung blieb durchweg gering.[9] Alle drei Faktoren der Verrechtlichung – Parlamentarisierung (Vergesetzlichung), Bürokratisierung und Justizialisierung – sind unbeschadet einiger allerdings nicht unwesentlicher Gewichtsverschiebungen insofern kein Symptom für die Bildungsreformbemühungen der siebziger Jahre. Das generell zwiespältige Verhältnis der (bundes)-deutschen Gesellschaft zum Recht scheint eine ihrer Ursachen in der Diffusität seiner Geltungsgründe und seines Gültigkeitsanspruches und damit verbunden in Begriff und Funktion des Staates zu haben. Die Geltung rechtlicher Normen wird mit der naturrechtlichen Vorstellung sachlicher Normrichtigkeit verknüpft, wohingegen das Bewußtsein für den politischen Entstehungs- und Funktionszusammenhang der Normen und den Herrschaftscharakter des Rechts auffallend gering entwickelt scheint. Die Verkürzung politisch-staatlicher wie gesellschaftlich-individueller Handlungsspielräume auf dem Wege der Verrechtlichung durch Gesetz, Verordnung, administrative Steuerung und gerichtliche Entscheidung ist systemtypisch für den bürgerlich-demokratischen Rechts- und Sozialstaat: Recht ist Instrument bürokratisch-legalistischer Herrschaft, Handlungsform und Resultat, aber auch Handlungsbarriere der Politik.

Das Verhältnis von Lehrer und Schulrecht, von Pädagogik und Recht stellt sich konsequenterweise nur für denjenigen als grundsätzlich pathologisch dar, der die politische Funktion der Schule und des pädagogischen Prozesses bestreitet. Die rechtliche Normierung von Schulauftrag und Lehrerrolle ist Ausdruck der Prärogative des Politischen und des Legitimationsbedarfs des Staates; auf die Frage nach der Steuerungsfähigkeit und Funktion eines zu erheblichen Teilen *diffusen, diskrepanten* und *ambivalenten* Schulrechts wird noch einzugehen sein. Zweifellos ist das Schulsystem ein besonders bevorzugter Bereich politischer Systemsicherung bzw. gesellschaftlicher Reformbestrebungen mit der Folge der Produktion einer Fülle von Normen, politisch-pädagogischen Konflikten und gerichtlichen Auseinandersetzungen; schließlich ist auch durch die direkte bildungspolitisch-pädagogische wie sozio-ökonomische Betroffenheit jedes einzelnen durch die Schule eine vergleichsweise große Resonanz des „Verrechtlichungsphänomens" im Schulsystem zu beobachten.

Insofern bezeichnet der gegenwärtig eindeutig negativ besetzte Begriff über die parlamentarisch-bürokratische Verkehrsform (schul)politischer Entscheidungen hinaus die Dynamik, Intensität und kritische Qualität der stark gewachsenen Normierung von Sozialbeziehungen, die nach Ansicht vieler stärker durch Autonomie, Engagement und Eigenverantwortung gekennzeichnet sein müßten.

Angesichts und Behauptung stetiger Verrechtlichung des Bildungsprozesses, deren Umfang und Ausmaß als pädagogisch bedrohlich empfunden werden, sind im Hinblick auf die Persönlichkeit des Lehrers und seine Erziehungs- und Unterrichtstätigkeit die Entscheidungsformen und Folgen dieser Verrechtlichung näher zu beleuchten. Phänomenologisch kann es sich um eine *Ausdehnung* von schulrechtlich relevanten Normen handeln, wo bislang Regelungen gefehlt haben, um eine *Detaillierung* oder *Verdichtung*, wo bislang nur wenige (Rahmen)Vorschriften vorhanden waren, oder um eine *Veränderung*, wo bislang – über längere Zeit möglicherweise – ‚stabile' Normen bestanden haben; schließlich kann es sich um eine bloße Regelungszuständigkeitsverschiebung zwischen den Normproduzenten handeln, die primär *subjektiv* als Verrechtlichung empfunden wird. Normausdehnung, Normdetaillierung und Normwandel können sich negativ als Überreglementierung erweisen, wo Freiräume aus Gründen subjektiver Arbeitszufriedenheit oder objektiver Funktionserfüllung erforderlich sind oder zu Über- bzw. Untersteuerung führen, wenn die Normfülle über eine Normunkenntnis der Normbetroffenen bzw. wenn die Normunklarheit über eine Verunsicherung der Normadressaten zum Steuerungsverlust führen. Die latenten Sanktionierungsdrohungen des Disziplinarrechts und die pädagogischen Infragestellungen durch die von Eltern anrufbaren Gerichte scheinen Verunsicherung und Ängste noch zu verstärken.[10] Schließlich sind die Folgen für die Erfüllung des demokratischen Bildungsauftrags aufzuzeigen und von diesem normativen Ausgangspunkt zwei Folgerungen für das Schulrecht und die Lehrerausbildung anzudeuten.

2. Professionalisierung der Lehrerrolle durch das Recht

Die Lehrerrolle bezeichnet ein Bündel von Verhaltenserwartungen an die gesellschaftliche und pädagogische Funktion des Lehrers durch zahlreiche soziale Bezugsgruppen, zu denen nicht nur Schüler und Eltern, sondern auch Staat, Kirchen und ‚Wirtschaft' gehören. Im Verlauf der Herauslösung des Lehrers aus kirchlicher und kommunaler Abhängigkeit hatte gerade die Normierung der Lehrerrolle durch staatlich gesetztes Recht erhebliche Bedeutung, da sie dem Lehrer eine größere Unabhängigkeit von direkten Einwirkungen in den pädagogischen Prozeß zu versprechen schienen. Insbesondere drei Normkomplexe (Ausbildungsrecht – Beamtenrecht – Schulrecht) spiegeln die weit fortgeschrittene Professionalisierung aller Lehrämter wider.

Ausbildungsrecht: Hierzu gehören in den meisten Bundesländern neben einigen allgemeinen Ausbildungsbestimmungen in den Landesbeamtengesetzen[11], Landeslaufbahngesetzen und -verordnungen vor allem die Lehrerausbildungsgesetze (außer Berlin, Hamburg, Niedersachsen und Schleswig-Holstein; in Rheinland-Pflalz lehramtsbezogene Verordnungen), die ein schulart- bzw. schulstufenorientiertes Studium von drei bis vier Jahren und einen Vorbereitungsdienst von durchweg achtzehn Monaten vorschreiben. Daneben bestehen Verordnungen und Erlasse über Ausbildungsschulen, staatliche Studienseminare und ihre Ausbildungsinhalte sowie die zweite Staatsprüfung. Die einheitlichen Vorgaben der Lehrerausbildung legen die heute durchweg genehmigungspflichtigungen Studienordnungen der Hochschulen und staatliche Prüfungsordnungen fest. Während im Studium nur vereinzelt fakultative Lehrveranstaltungen die rechtlichen Rahmenbedingungen des Bildungssystems und der Lehrertätigkeit behandeln, sind in der zweiten Ausbildungsphase im allgemeinen schulkundliche Ausbildungsinhalte (u. a. Beamtenrecht, Schulrecht) vorgeschrieben.

Generell läßt sich festhalten, daß unbeschadet der Normausdehnung und Normverdichtung die Studien- und Prüfungsordnungen im Verlauf der letzten Dekade die inhaltlichen Fixierungen der hochschulischen Lehrerausbildung, soweit sie Auswirkungen auf Lehrerpersönlichkeit und künftige Unterrichtstätigkeit haben, noch relativ begrenzt bleiben; dies sichert nicht zuletzt auch die institutionelle Autonomie der Hochschule und die Lehr- und Lernfreiheit der Hochschullehrer und Studenten. Etwas anderes gilt für den Vorbereitungsdienst, dessen erhebliche und nicht selten zur Hochschule gegenläufige sozialisatorische Funktion durch die hierarchischen, bürokratischen und autoritären Strukturen der Schuladministration und des Beamtenstatus sowohl der Lehramtsanwärter als auch der Ausbildungsleiter gesichert wird (Initiations- und Inaugurationsriten).[12] Demgemäß bleibt die schulrechtliche Unterweisung durchweg unkritisch und adaptiv.

Beamtenrecht: Den Status und die generellen Aufgaben, Rechte und Pflichten des Lehrers bestimmen die Beamtengesetze der Länder auf der Basis des Beamtenrechtsrahmengesetzes des Bundes und der Bestimmungen des Grundgesetzes zum öffentlichen Dienst. Nachdem noch die Weimarer Reichsverfassung die Rechtsstellung der Lehrer als Staatsbeamte ausdrücklich festlegte, wurde für die Bundesrepublik der Beamtenstatus der Lehrer als selbstverständlich angesehen, wenngleich am „hoheitsrechtlichen“ Charakter der Befugnisse des Lehrpersonals (Art. 33 Abs. 4 GG) wohl Zweifel berechtigt sind.

Das Beamtenrecht ist das entscheidende Instrument zur rechtsnormativen Rollenausgrenzung des öffentlichen Dienstes; sein zentrales Merkmal ist die traditionelle Rechtsfigur des öffentlich-rechtlichen Dienst- und Treueverhältnisses, dessen System von Rechten und Pflichten weit über ein funktional präzise definiertes Arbeitsvertragsverhältnis hinausreicht und die gesamte Beamtenpersönlichkeit, nicht nur die engere Berufsrolle umfaßt. Konstitutiv für dieses Dienstverhältnis sind insbesondere Pflichten wie Neutralität, Unparteilichkeit und Gerechtigkeit, Allgemeinwohlorientierung, volle Hingabe an den Beruf und Einsatz der gesamten Person in Bekenntnis und Verhalten für die freiheitliche demokratische Grundordnung, Mäßigung und Zurückhaltung in politischen Fragen; schließlich muß sich der Lehrer innerhalb wie außerhalb des Dienstes dem für seinen Beruf erforderlichen öffentlichen Ansehen entsprechend korrekt verhalten; zahlreiche weitere Einzelpflichten bestimmen die Eingliederung des Beamten in die administrative Hierarchie (z. B. Einhaltung des Dienstweges; Verbot des Gangs in die Öffentlichkeit) und sichern über das Sanktionspotential des Disziplinarrechts seine Subordination unter den Staat. Im Verbund mit den beamtentypischen Rechten (Alimentations- und Fürsorgeanspruch) konstituiert das Dienst- und Treuverhältnis den wesentlichen Teil der öffentlich-staatlichen Rolle des Lehrers.[13]

Schulrecht: Das Recht des schulischen Tätigkeitsfeldes beschreibt vor allem den pädagogischen Funktionsbereich des Lehrers und führt zu einer partiellen Modifizierung des allgemeinen Beamtenstatus. Von den Rechtsquellen und geregelten Gegenständen her gesehen ist das Schulrecht außerordentlich heterogen und unübersichtlich, hochgradig detailliert und unscharf zugleich; zum Schulrecht gehören die Schulkapitel der Landesverfassungen, die Schulgesetze[14] und eine unübersehbare Fülle von Verwaltungsvorschriften, Erlassen und Weisungen,[15] die den pädagogischen Prozeß und sein schulisches Umfeld steuern sollen.[16]

Im Bereich des *Beamtenrechts* ist der Prozeß der Vergesetzlichung schon vor längerer Zeit weitgehend abgeschlossen; der Grad der Detaillierung vor allem auf gesetzlicher Ebene ist begrenzt. Ein Großteil beamtengesetzlicher Rechte und Pflichten ist relativ konkret gefaßt, während gerade bei den grundlegenden Pflichten (allgemeine Verhaltenspflichten, Treuepflicht) erhebliche Unsicherheiten und Konflikte fortbestehen, so daß hier der Justiz ein hoher Rang bei der Ausdifferenzierung der Pflichten und Sanktionierung von Dienstpflichtverletzungen zugewachsen ist.

Ausbildungsrecht einerseits und *Schulrecht* andererseits sind demgegenüber während der siebziger Jahre einem außerordentlich intensiven Verrechtlichungsprozeß (Normwandel, Normausdehnung und Normdetaillierung) ausgesetzt gewesen: Die Geltungsdauer der Normen ist auffallend gering geworden (z. B. Nds. Schulgesetz), der quantitative und qualitative Regelungszuwachs ist gestiegen, während die Gestaltungsautonomie der Hochschulen bei der Lehrerausbildung weiter verkürzt wurde; der Umfang bürokratisch-normativer Steuerung scheint trotz der Betonung der parlamentarischen Prärogative nicht wesentlich geringer geworden zu sein, wenn auch in einigen insbesondere grundrechtlich bedeutsamen Bereichen Fortschritte im Sinne von Normklarheit und Rechtsstaatlichkeit (z. B. Schülerordnungsrecht) festzustellen sind. Das Ausmaß der Justizialisierung der Schule ist erheblich: eine Fülle schulpolitisch-schulrechtlicher Fragen von den Curricula und der Leistungsbewertung über die christliche Ausrichtung der Schule, die Schulorganisation und die Elternmitbestimmung bis zur Lehrerausbildung und -einstellung war allein zwischen 1975 und 1980 Gegenstand schulgerichtlicher Auseinandersetzung – bemerkenswert ist der Grundtenor: schulpolitische Offenheit des Grundgesetzes und weitgehende Gestaltungsfreiheit des Staates, aber auch hoher Rang des Elternrechts und besondere Legitimationsanforderungen an Reformen.[18]

3. Diskrepanzen in der Lehrerrolle

Lehrer sind verschiedenen Diskrepanzen im Hinblick auf ihre Berufsrolle ausgesetzt: Dies gilt für die widersprüchlichen Funktionen der Schule, für die Diskrepanzen in den schul- und beamtenrechtlichen Verhaltensanforderungen wie für die diskrepanten Rollenerwartungen von Eltern, Schülern, Kollegen und Vorgesetzten und schließlich für die Dissonanzen zwischen eigenen Einstellungen, Rollenerwartungen und Vealtensweisen.[19]

Im Rahmen seines *pädagogischen Erziehungs- und Bildungsauftrages* hat der Lehrer die intellektuelle, affektive und soziale Entwicklung des Schülers zu fördern und dort, wo Lern- oder Verhaltensdefizite sichtbar werden, besondere Unterstützungen anzubieten; sein pädagogischer Auftrag umfaßt Unterricht und Erziehung, Unterstützung und Beratung, Förderung und Leistungsbeurteilung im Hinblick auf den individuellen Entwicklungsprozeß. Lernziele sind Selbst- und Mitbestimmung, individuelle und politische Mündigkeit, Selbstverantwortung und Solidarität. Die pädagogische Beziehung des Lehrers zum Schüler ist individualistisch, persönlich und konkret, u. U. engagiert und affektiv geprägt. Als Inhaber der maßgeblichen professionalisierten Position im Sozialsystem Schule übt er ein öffentliches Amt, einen *dienstlich-staatlichen Auftrag* aus; Sozialisation und Reproduktion sind zentrale Funktionen dieses Auftrags. Reproduktion umschließt die Vermittlung von Fähigkeiten und Einstellungen, die zur Ausübung eines Berufs und zur Übernahme sozialer Rollen benötigt werden (Qualifiktion), die vergleichende Leistungsbewertung, Prüfung und Auswahl bzw. die Zuweisung von beruflichen und sozialen Positionen (Selektion und Allokation) und schließlich die gesellschaftliche Integration und Akzeptanz der politisch-gesellschaftlichen Ordnung. Pädagogischer und politischer Auftrag sind ineinander verknüpft und überlagern sich; die eindeutige Dominanz des letzteren sollte allerdings nicht zur Überschätzung der Bedeutung des Bildungssystems bei der Zuweisung von sozialen Positionen heute verleiten.

Diese Diskrepanz findet sich im Lehrer-, Beamten-, Schul- und Verfassungsrecht wieder: Von Verfassungs wegen hat der Lehrer die Aufgabe, den Schüler zu Gemeinschaftsgesinnung, zur Achtung vor der Würde des Menschen, zum Willen zu sozialer Gerechtigkeit und politischer Verantwortung, zu Sachlichkeit und Duldsamkeit gegenüber anderen Meinungen, zur friedlichen Zusammenarbeit mit anderen Menschen und Völkern zu erziehen. Weiterhin umfaßt der schulische Erziehungs- und Bildungsauftrag die Vermittlung der für das Berufsleben erforderlichen Kenntnisse und Fähigkeiten, die Befähigung zu eigenem Denken, zur kulturellen Teilhabe und zum Mut, das für richtig Erkannte zu bekennen und zu tun.[20] Vor allem die neuere Schulgesetzgebung hat diese allgemeinen Erziehungsziele konkretisiert; so sollen Schule bzw. Lehrer durch Erziehung und Unterricht:

1. den Schüler auf Arbeit und Beruf, öffentliches Leben, Familie und Freizeit vorbereiten,
2. dem Schüler helfen, sich selbständig zu orientieren, an Werte zu binden und entsprechend zu handeln,
3. den Schüler befähigen, Leistungen zu erbringen und in einer sich verändernden Welt ständig zu lernen,
4. den Schüler darauf vorbereiten, politische und soziale Verantwortung zu übernehmen und im Sinne der freiheitlich-demokratischen Grundordnung an der Gestaltung der Gesellschaft mitzuwirken,
5. dem Schüler helfen, Beziehungen zu anderen Menschen nach den Grundsätzen der Gerechtigkeit, der Solidarität und der Toleranz zu gestalten,
6. den Schüler in die Lage versetzen, Konflikte zu erkennen und sich mit Konfliktsituationen sachbezogen auseinanderzusetzen.[21]

Ein allgemeiner Lernzielkatalog[22] operationalisiert die Lernziele fächerübergreifend und umreißt auf diese Weise relativ konkret das sachliche Substrat der pädagogischen Aufgabe des Lehrers, die ihm de iure auch Schulgesetze und Dienstanweisungen zugestehen. Dieser emanzipatorische, d. h. der Hinführung des Schülers zu individueller, gesellschaftlicher und politischer Mündigkeit verpflichtete pädagogische Auftrag findet vom Schüler her seine rechtliche Abstützung durch verfassungsrechtliche Bildungsgrundrechte; die korporativen Konferenzrechte stellen die pädgogische Verantwortung auf eine kollegiale Basis und verpflichten die Lehrerschaft als Ganze zum Zusammenwirken bei der Erfüllung der pädagogischen Aufgabe.

Demgegenüber sichern Beamtenrecht, Dienstanweisungen und Erlasse, aber auch Lehrpläne und Prüfungsrecht die bürokratische, autoritäre und hierarchische Organisation der Schule. Durch seinen Beamtenstatus ist der Lehrer weisungsgebunden, bei rechtlichen Bedenken kann er zwar die Entscheidung der jeweils höheren Schulaufsichtsebene anrufen, ist er allerdings von der Verpflichtung zur Beachtung und Ausführung der Anweisung nicht befreit. Der Lehrer ist in der Ausübung seiner Grundrechte, insbesondere der Meinungs- und Koalitionsfreiheit, beschränkt. Trotz des Kollegialitätsprinzips ist der Schulleiter sein Vorgesetzter, dem er auch im Hinblick auf seine pädagogische Tätigkeit Gehorsam schuldet. Der Beamtenstatus verpflichtet den Lehrer grundsätzlich zur Verschwiegenheit, so daß er pädagogische Probleme seiner Schule nicht in der Öffentlichkeit diskutieren darf. Die öffentliche, beamtengesetzlich normierte und disziplinarrechtlich verfestigte Rolle des Lehrers steht in direktem Widerspruch zu seiner pädagogischen, zumindest dem Grunde nach sowie in den Zielsetzungen schulrechtlich normierten Rolle; letztere fordert Engagement, Initiative und Verantwortungsbereitschaft im offenen pädagogischen Prozeß, erstere definiert Lehrertätigkeit als Normsubsumtion und Weisungsvollzug, fordert Neutralität und Subordination. Die also auch in der Form des Rechts sichtbare Rollendiskrepanz wird allerdings de iure „aufgehoben": Die den emanzipatorischen Bildungszielsetzungen und Schülergrundrechten korrespondierenden Rechtsgarantien pädagogischer Freiheit und Verantwortung werden in Schulgesetzen und Dienstanweisungen auf den Beamtenstatus zurückgeholt, nicht etwa wird der letztere auf den pädagogischen Auftrag hin modifiziert – nur die *methodische* Freiheit wird gewährleistet, und dies, sofern die anerkannten pädagogischen Standards beachtet werden[23] und nicht entsprechende Vorgaben in den Lehrplänen enthalten sind.[24]

Die diskrepante rechtliche Rolle spiegelt sich in diskrepanten Rollenerwartungen von Eltern und Schülern, Schulleiter und Kollegen, Schulaufsicht und anderen gesellschaftlichen Gruppen. Gleichermaßen werden pädagogischer Einsatz, unbürokratisches Verhalten, Zivilcourage, persönliche Autorität, Verantwortungsbereitschaft und außerunterrichtliche Aktivität erwartet wie Normbeachtung und Lehrplanerfüllung, Pflichtbewußtsein und Weisungsvollzug und nicht zuletzt die Gewährleistung von Ruhe, Ordnung und Gesittung, kurz Disziplin seiner Klasse; innerunterrichtliches Handeln, erzieherische Maßnahmen, häusliche Aufgaben, fachliche Leistungsbewertungen, Prüfungs- und Versetzungsentscheidungen und schließlich persönliche (politische) Ansichten wie außerschulische Lebens- und Verhaltensweisen sind – scheinbar selbstverständlich – stets administrativ und großenteils auch gerichtlich überprüfbar, anfechtbar und aufhebbar. So befindet sich der Lehrer letztlich in einer kritischen Diskrepanz seiner eigenen Rollenvorstellungen; seine vielfältigen pädagogisch-fachlichen Berufsmotivationen reiben sich an den institutions-, funktions- und statusrechtlichen Begrenzungen, deren Latenz, d. h. im heutigen Schultagalltag kaum sichtbare Geltung, gleichwohl nicht selten Immobilismus, Verunsicherung und Ängste hervorzurufen scheint.

4. Ursachen und Folgen der Verrechtlichung des Schulsystems

Die Entwicklungsprozesse im Schulsystem und der Entwicklungsstand des Schulrechts dürften nicht ohne Auswirkung auf das aktuelle Verhältnis von Lehrerpersönlichkeit und Schulrecht sein. Die unterbliebene Modernisierung des westdeutschen Schulsystems zwischen 1945 und 1950 ist ursächlich für den Reformdruck zu Beginn der sechziger Jahre und die sich in relativ kurzer Zeit in mehreren Schüben über die Form des Rechts vollziehenden Veränderungen.[25] Da allerdings die normativ-administrative Überlagerung des pädagogischen Prozesses auch in den fünfziger Jahren nicht unbekannt war, dürften weitere Ursachen die objektive und subjektive Seite der Verrechtlichung bestimmen:

Inhaltlich abgelehnte Veränderungen; den Betroffenen administrativ aufgestülpte, unerprobte und praxisferne Regelungen; Verschärfung der Statuszuweisungsfunktion der Schule bei gestiegener Bildungsaspiration breiter Schichten, Numerus clausus in den Universitäten und Lehrstellenmangel; Lehrerarbeitslosigkeit, Teilzeitbeschäftigung, Numerus clausus in den Studienseminaren und Arbeitsüberlastung; Folgen veränderten Schülerfreizeitverhaltens für Lernen und Disziplin in der Schule; Kritik am bürokratisch-legalistischen und autoritären Charakter der Schule.

Diese Faktoren haben der Justiz die Tür in das Schulsystem weit geöffnet und ihr zugleich eine höchst ambivalente Rolle im Verrechtlichungsprozeß zugewiesen, wobei sich zumindest drei Ursachen-Folgen-Komplexe unterscheiden lassen: Legitimitätszweifel an der Reformpolitik; Kritik an uneingelösten Bildungsansprüchen und ausgebliebenen Reformen; Kritik an der Diskrepanz zwischen pädagogischer Funktion und bürokratisch-legalistischer Form der Schule.

(1) Änderungen des bestehenden Schulsystems (z. B. Orientierungsstufe, Curriculumreform) tangieren das normative Selbstverständnis wie die Sozialisation, den Status und gesellschaftlichen Einfluß vor allem mittlerer und höherer Sozialschichten; wenn auch gewisse Unterschiede im Gewicht von Statusängsten und „bloßen" Wertdissensen in den Konflikten z. B. um die Gesamtschule einerseits und die Gemeinschaftsschule oder Sexualkunde andererseits sichtbar wurden, Verfassungen und Gerichte wurden zu offenbar schlagkräftigen Instrumenten breitester Reformverhinderungsbemühungen. Mit Ausnahme jenes alten Beispiels aus den fünfziger Jahren, als die Hamburger Schulverwaltung über eine dreistufige Begabungstypologie die positive Schulwegentscheidung der Schule zuweisen wollte, ist allerdings im Gegensatz zur Hochschulpolitik keine schulpolitische Reform aus *materiellen* Gründen aufgehoben worden.

Ansätze reformbegrenzender verfassungskonformer Auslegung und etwas häufiger gerichtliche Randbemerkungen mit schulpolitischen Gestaltungsvorschlägen bzw. Grenzziehungen finden sich allerdings z. B. im Förderstufen- und im Sexualkundeurteil. Bedeutung im Prozeß der Verrechtlichung durch Vergesetzlichung entfalten nur jene Entscheidungen, durch die gegen materielle Änderungen klagende Eltern formell Recht bekamen. So waren es Gerichte, die die gesetzliche Absicherung wichtiger schulstruktureller Reformen wie Orientierungsstufe, Gesamtschule oder gymnasialer Oberstufe und schulinhaltlicher Fragen wie Bildungsauftrag oder Sexualkunde, Gesellschaftslehre und Etik verursachten sowie wenigstens die nachträgliche Legitimation zahlreicher Rechtsverordnungen und Erlasse durch gesetzliche Ermächtigungen erzwangen. In der diffusen Perzeption durch den Rechtsunkundigen wurden diese Entscheidungen allerdings Beleg für die These einer breiten Überlagerung des pädagogischen Prozesses durch das Recht; eine Einschätzung, die im Hinblick auf die normproduktiven Folgewirkungen mancher Urteile allerdings nicht ganz falsch ist.

(2) Die Kritik an der Nichteinlösung „individueller Ansprüche auf Schulreformen", die sich wie die allerdings erfolgreicheren reformabwehrenden Positionen verfassungsrechtlich zu legitimieren versuchten,beschränkte sich weitgehend auf die Literatur zwischen 1965 und 1975; das Recht auf Bildung als Teilhabeanspruch gewann allerdings im ersten Nc-Urteil entscheidungsmittragende Bedeutung. Erfolgreiche Klagen angesichts der ungleichen staatlichen Leistungsverteilung beim Hochschulzugang führten durch richterliche Anregungen (Leistungs- bzw. Notenprinzip, ZVS, Normenbücher, Tests) zur Umkehrung von politischer Initiative und gerichtlicher Kontrolle, zu immer neuen staatsvertraglichen und gesetzlichen Regelungen, zu neuen Judikaten und zu pädagogischen und bildungspolitisch katastrophalen Rückwirkungen auf die Schule und ihre jüngsten Reformen (z. B. gymnasiale Oberstufe). Die Probleme bundesstaatlicher Aufgabenverteilung und das Unvermögen bzw. die mangelnde Bereitschaft zur politisch klaren Entscheidung mit der Folge weiterer administrativer Regelungen und justizieller Eingriffe waren für diesen Teilbereich, vielleicht für das Bildungssystem insgesamt, ursächlich für die negative Verrechtlichungskritik.

(3) Die Kritik an der autoritären, rechtsstaatlich defizitären Struktur der Beziehungen zwischen Schulbürokratie, Schule, Schülern und Eltern weitete schon vor Beginn der Schulreformpolitik den Rechtsschutz gegen Nichtversetzungen, Prüfungen und Sanktionen aus – allerdings um den pädagogisch nicht geringen Preis, daß Schulverwaltungen weitere Verordnungen und Richtlinien erließen, Lehrer sich im Kern ihrer pädagogischen Rolle getroffen sahen und sich um eine justizfeste Absicherung ihrer Entscheidungen bemühten und damit die pädagogische Seite der Lern- und Erziehungsprozesse weiter verkürzt wurde. Anders sind die inzwischen zahlreichen Fälle zu beurteilen, in denen erst Gerichte die Ausübung der Grundrechte (insbesondere Meinungsfreiheit) der Schüler in der Schule – vom Schulzweck her ausdrücklich legitimiert – zur Geltung gebracht, rechtsfreie Räume demokratisch-rechtsstaatlich ausgefüllt und grundrechtsbegrenzende Erlasse außer Kraft gesetzt haben.

Zweifellos liegen auch im Schulsystem Verrechtlichungsursachen im Ausbau des Sozialstaats und in der Demokratisierung; Bespiele sind einerseits detaillierte Regelungen der Lernmittelfreiheit, der Schülerunfallversicherung, des Schülertransports, der Ausbildungsförderung in den oberen Klassen oder Bestimmungen zur Vermeidung einer dienst-, straf- und haftungsrechtlichen Inanspruchnahme von Lehrern bei Aufsichtspflichtverletzungen. Die Kompliziertheit mancher Regelungen gefährdet tendenziell die Inanspruchnahme von Leistungen und – für die pädagogische Aufgabe der Schule bedeutungsvoller – verleitet die Lehrer zur formalen Entscheidungsabsicherung und zur Inaktivität im nichtunterrichtlichen Bereich. Andererseits erfordern Änderungen der autoritären Organisation der Schulleitung zugunsten gruppenpartizipatorischer Strukturen zusätzliche Normen für Konferenz-, Geschäfts-, Wahlordnungen etc., wobei eine bemerkenswerte Diskrepanz zwischen der geringen Mitbestimmungsqualität, dem erheblichen Zuwachs an Normen und dem hohen Detaillierungsgrad besteht.

Das Ergebnis der Verrechtlichungsprozesse im Schulsystem kann kaum befriedigen: Die Vergesetzlichung oder Parlamentarisierung hat zwar in erheblichem Maße Normwandel, Normausdehnung und Normverdichtung hervorgebracht, ohne daß der Gegenstandsbereich legalistischer Vorgaben und das Verhältnis zur bürokratischen Normierung angemessen geklärt wären; die Transformation der freiheitlichen und demokratischen Elemente der Verfassung ins Schulsystem ist noch nicht abgeschlossen; eine extensive bürokratische Reglementierung der Schule ist weiterhin möglich, weil die parlamentarisch-gesetzliche Definition und Sicherung der pädagogischen Freiheit des Lehrers und der (Teil)Autonomie der Schule ausstehen. Das Schulrecht zeichnet sich weiterhin durch eine Heterogenität der Normschichten, durch extreme Detaillierung und zugleich Vagheit gerade zentraler Normen, durch Unberechenbarkeit und Unübersichtlichkeit aus.

Entscheidend scheint mir allerdings das Defizit an theoretischer Fundierung eines eigenständigen Schulrechts zu sein; Schulrecht ist bis heute immer noch ein bloßer Appendix des allgemeinen Verwaltungs- und Beamtenrechts[26], das allenfalls um einige „schulspezifische' Regelungen und Kategorien erweitert wurde, obwohl die gesetzlichen Tatbestände, verwaltungsdogmatischen Hilfsbegriffe und Verfahrensformen für den Funktionsbereich Schule unzulänglich sind. Die fragwürdige verwaltungsrechtliche Qualifikation der Schule als grundrechtstangierende Eingriffsverwaltung ist ein typisches Beispiel hierfür. Das Schulrecht bedürfte einer pädagogisch orientierten, von der Idee der Grundrechtsbefähigung ausgehenden Grundlegung, die es von den bürokratisch-administrativen Kategorien des Verwaltungsrechts befreite und den Ansatz für ein öffentliches Lehrerstatus- und Funktionsrecht lieferte, das von der zweifelhaften Fiktion Abschied nähme, Lehrer übten „hoheitsrechtliche Befugnisse" im Sinne von Art. 33 Abs. 4 GG aus.

5. Thesen zur Funktion des Schulrechts für die Lehrertätigkeit

Eine selbstkritische Vorbemerkung über den methodischen Zugang zum Thema erscheint angebracht; zweifellos ist es problematisch, von *dem* Lehrer und seinem Verhalten zu sprechen, ohne im Hinblick auf persönlichkeits- und statusstrukturelle Unterschiede zu differenzieren. Möglicherweise stellen sich Schulrechtsprobleme für den Gymnasiallehrer anders als für den Gesamtschullehrer oder für den Grundschullehrer, wenngleich die Rechtskenntnis kaum unterschiedlich entwickelt zu sein scheint und die Normunzulänglichkeit nicht schulartabhängig variiert. Plausibel dürfte allerdings sein, daß das Schulrecht für den Lehramtsanwärter und den angestellten Lehrer von anderer Bedeutung sein kann als für den beamteten Kollegen. Doch – wie das Beamtenrecht die Rolle des beamteten Lehrers stabilisiert, so erhöht es auch im Vergleich zum angestellten Kollegen das Sanktionspotential. Der Beitrag stützt sich auf kritische Norm- und Urteilstextanalysen, greift auf eigene Primärerfahrungen und Verhaltensbeobachtungen zurück und bezieht sich auf empirische Analysen, in denen vereinzelt auch Aspekte des Schul- und Lehrerrechts erfaßt sind und die Belege für die Unbehagen, Unsicherheit und Ängste produzierende Rolle des Rechts zu liefern scheinen. Insgesamt aber ist die empirische Analyse der Beziehungen von Lehrereinstellungen und -verhaltensweisen zum Berufsrecht unzulänglich; inwieweit sich überhaupt die (mögliche) Verhaltensvariable Recht dabei isolieren läßt, ist durchaus fraglich. Nicht weniger plausibel ist allerdings die Möglichkeit der Verhaltensbestimmung, so daß nicht nur normkritische Aussagen, sondern zumindest auch verhaltenstypische Hypothesen zum Verhältnis von Lehrer und Recht möglich sind.

(1) In seinen lehrerverhaltensrelevanten Teilen zeichnen sich Schul- und Beamtenrecht sowohl durch hohe Normoffenheit (z. B. vage Tatbestandsformulierung bei der Verpflichtung zu berufsansehenkorrektem Verhalten) als auch durch extreme Normverdichtung (z. B. kaum einlösbare Aufsichtspflichten) und durch erhebliche Normwidersprüchlichkeit aus (z. B. Befähigung des Schülers zur Kritikfähigkeit und politische Entmündigung der Lehrerpersönlichkeit). Die Parallelität von Normoffenheit, Normverdichtung und Normdiffusität beläßt den Lehrer in einer eigentümlichen Schwebelage von normativer Bindung und pädagogischer Freiheit – die Verrechtlichung seiner Berufsrolle erweist sich in ihren Wirkungen als hochgradig ambivalent.

(2) Obwohl der Lehrer verpflichtet ist, alle berufseinschlägigen Gesetze, Erlasse etc. zu beachten, scheint seine Normkenntnis im Durchschnitt äußerst gering zu sein. In einigen Bundesländern ist sein pädagogischer Auftrag im Grundsatz rechtlich gesichert, in anderen allenfalls rudimentär, so daß allenfalls von einem pädagogischen Ermessen, wenn nicht von einer viel beschworenen Leerformel zu sprechen wäre. Die Anwesenheit schulaufsichtlicher oder auch nur vom vorgesetzten Schulleiter ausgehender Kontrolle, Kritik und fachlicher Weisung ist demgegenüber meist außerordentlich gering und unabhängig von der eher bürokratisch-autoritären (z. B. Bremen) Rechtslage zur pädagogischen Freiheit. Normierung und faktische Normdurchsetzung fallen ähnlich weit auseinander wie Normkenntnis und faktische Regelbeachtung. Denn trotz der Abwesenheit des Rechts im Studium und nur geringer Präsenz in der Referendarausbildung scheinen einige wesentliche normative Verhaltensweisen durch eine „heimliche Dienstanweisung“ internalisiert zu werden; die Menge der übrigen Normen scheint im Regelfall des Schulalltags relativ folgenlos aufgrund von Unkenntnis oder Mißachtung auch unanwendbar bleiben zu können.

Im übrigen bezeichnet die pädagogische Freiheit des Lehrers als „empirische“ Kategorie durchweg einen weiten erzieherischen und fachlichen Handlungsbereich; Engagement und Kontrollpotential der Eltern scheinen zwar schulartabhängig zu variieren, doch ist im Regelfall der Lehrer auch hier angesichts der begrenzten Steuerungskapazität der Richtlinien in der Lage, sich mit pädagogisch-fachlichen Argumenten über kritische Fragen der wenigen normkundigen Eltern hinwegzusetzen. Im Bereich der erzieherischen Lehrerrolle ist weniger ihre ausdrückliche Begrenzung durch die Eltern als der Wunsch nach extensiverer Wahrnehmung typisch.

(3) Generell läßt sich sagen, daß verhaltensrelevante Normen, die mit Sanktionsdrohungen ausgestattet sind, Ängste hervorrufen können, die üblicherweise durch Normanpassung kompensiert werden. In ihrer Tatbestandsstruk-

tur vage, überspannte oder widersprüchliche bzw. in ihren Sanktionsdrohungen verdeckte oder zweideutige Verhaltensnormen lassen in nur sehr begrenztem Maße Verhaltenssicherheit durch Normanpassung zu, da die Voraussetzungen möglicher Sanktionierung kaum antizipierbar sind. Daraus möglicherweise entstehende Verhaltensunsicherheiten und Ängste setzen allerdings im Verbund mit anderen Persönlichkeitsvariablen die Kenntnis wenn nicht der Gesamtheit der Schulrechtsnormen, so doch wenigstens der erörterten Problematik des Schulrechts voraus. So scheint die nicht erlebte Verhaltensverunsicherung bei einer sicherlich nicht geringen Zahl von Lehrern Folge eben ihrer oft erwähnten Schulrechtsunkenntnis *und* einer im Sinne der herkömmlichen hierarchisch-bürokratischen Schulverwaltungsstrukturen erfolgreichen Sozialisation zwischen dem Beginn der Referendarausbildung und der endgültigen Verbeamtung zu sein. So spricht einiges für die These, daß die Diffusität des Schul- und Beamtenrechts einerseits und seine bei dem Betroffenen wenig verbreitete Kenntnis andererseits die empirisch wiederholt beobachtete Tendenz eines Wandels von ursprünglich (Studium) eher kooperativ-emanzipativen Verhaltensdispositionen zu eher autoritär-adaptiven Verhaltensweisen während der Lehrertätigkeit unterstützen.

(4) Bei dem Versuch einer (fraglos stark vereinfachenden) Verhaltenstypisierung müßte zunächst zwischen tendenzieller Unkenntnis schulrechtlicher Normen (Regelfall) und tendenzieller Normkenntnis (Ausnahmefall) differenziert werden. Für den Regelfall lassen sich zumindest drei Verhaltenstypen unterscheiden:

Der pädagogisch durchschnittlich qualifizierte und engagierte Lehrer ist durch Internalisierung der „heimlichen Dienstanweisung", d. h. durch Adaption der wichtigsten Verhaltensstandards der verwalteten und verrechtlichen Schule (z. B. Klassendisziplin) weitgehend gegen Rechtskonflikte und Sanktionen gefeit; mangelnde Normkenntnisse produzieren bei ihm keine Verhaltensunsicherheiten und Ängste; im Fall von Normauskunftsbedarf nimmt er normative Argumente des Schulleiters und offiziöse Schulrechtsauslegungen[27] weitgehend unkritisch entgegen.

Der von seiner Persönlichkeitsstruktur her zu Unsicherheit, Ängstlichkeit und autoritärem Verhalten neigende Lehrer tendiert zur Überanpassung; er empfindet schulrechtliche Normen als berufsexistenzielles Risiko und antizipiert daher überall normative Vorgaben. Seine Konfliktvermeidungsstrategie geht hinter die ‚normalen' Verhaltensstandards zurück, d. h. er schöpft auch normativ zugesicherte Verhaltensmöglichkeiten nicht aus.

Der verstärkt pädagogisch und fachlich engagierte Lehrer, zu dessen Verhaltensdispositionen Einsatz-, Kritik- und ggf. auch Konfliktbereitschaft gehören, ist bei entsprechender Übereinstimmung, zumindest Duldung durch Schulleiter, Kollegen und Eltern Innovationen in Unterricht und Erziehung zu realisieren in der Lage, geht aber je nach Ausmaß seiner Normabweichungen ein u. U. hohes und ausschließlich persönlich zu tragendes Risiko ein.

Für den Ausnahmefall hinreichend detaillierter Normkenntnis lassen sich auch zumindest drei Verhaltenstypen bilden:

Der verhaltensunsichere Lehrer sieht überall Rechtsprobleme und zeichnet sich durch kleinliche, bürokratische und überkorrekte Normeinhaltung zu Lasten seiner pädagogischen Aufgabe aus.

Der pädagogisch durchschnittlich engagierte Lehrer ist in der Lage, seinen pädagogischen Auftrag und seine eigenen pädagogischen Absichten weitgehend konfliktfrei zu realisieren; seine Rechtskenntnisse stabilisieren seine Position und ermöglichen im Rahmen der zugelassenen Norminterpretationen relativ breite, ggf. innovatorische Aktivitäten.

Der pädagogisch bzw. politisch besonders engagierte Lehrer greift u. U. auch zur direkten Verletzung von Verordnungen, Richtlinien und Erlassen im Bewußtsein des disziplinaren Risikos, das er durch formal korrektes Verhalten (z. B. Klassendisziplin) möglichst gering zu halten sucht.

6. Verrechtlichungs- und Ausbildungsdefizit – zwei Vorschläge

Bei aller Kritik am gegenwärtigen Schul- und Beamtenrecht darf nicht übersehen werden, daß es dem Lehrer kein geringes Maß an Unabhängigkeit und Schutz gegenüber inner- und außerschulischen Interventionsversuchen gewährleistet; der Preis normativer Determination seiner beruflichen Rolle wie seiner privaten Existenz ist freilich nicht gering. In zwei Richtungen wären Konsequenzen denkbar. Die negativen Auswirkungen der Verrechtlichung durch Überreglementierung und Entpädagogisierung wären durch eine Verrechtlichung im Sinne der pädagogischen Funktionserweiterung aufzuheben. Durch eine Herabstufung von Kompetenzen, durch die Vorgabe von Rahmennormen und Mindeststandards, durch die Erweiterung der institutionellen und individuellen Handlungsspielräume insbesondere in curricularen und didaktischen Fragen und durch die Rücknahme der schulaufsichtlichen Kompetenzen auf Rechtsaufsicht und Fachberatung scheint eine Rekonstruktion der pädagogischen Funktion erreichbar. Innerhalb des Lehrerstudiums wäre die Distanz gegenüber einer kritischen Analyse der sozio-politischen, ökonomischen *und* juristischen Rahmenbedingungen des Berufsfeldes Schule zu überwinden; als integraler Bestandteil dieses Sachzusammenhangs müßten Normbestand, Problematik und Funktionen des Schul- und Beamtenrechts ausführlich reflektiert werden.

Abkürzungen

Br. SBl.	Bremisches Schulblatt
BVerfGE	Bundesverfassungsgerichtsentscheidungen
BVerwGE	Bundesverwaltungsgerichtsentscheidungen
DVBl.	Deutsches Verwaltungsblatt
GBl.	Gesetzesblatt
GVBl.	Gesetz- und Verordnungsblatt
GV NW	Gesetz- und Verordnungsblatt Nordrhein-Westfalen
i. d. F.	in der Fassung
i. V. m.	in Verbindung mit
MBl. Schul.	Ministerialblatt Schulwesen
OVG	Oberverwaltungsgericht
Rspr.	Rechtsprechung
VBl.	Verordnungsblatt
VOBl.	Verordnungsblatt

Anmerkungen

1 Ausführlich Lutz-Rainer Reuter: Normative Grundlagen des politischen Unterrichts. Leverkusen 1979, insb. S. 41 ff.

2 § 2 Abs. 1 Hamburgisches Schulverfassungsgesetz v. 12. 4. 1973 (GVBl. S. 91), zuletzt geändert am 4. 10. 1979 (GVBl. S. 281).

3 § 52 Abs. 2 Hessisches Schulverwaltungsgesetz i. d. F. 4. 4. 1978 (GVBl. S. 232).

4 § 9 Bremisches Schulverwaltungsgesetz v. 24. 7. 1978 (GBl. S. 167), zuletzt geändert am 18. 6. 1879 (GBl. S. 253).

5 Exemplarisch Bay. KM Hans Maier in zahlreichen Beiträgen, z. B. FAZ v. 22. 1, 1977.

6 Z. B. Niedersachsen, Nordrhein-Westfalen, Rheinland-Pfalz, Baden-Württemberg und Bayern – exemplarisch: Dokumentation der Bay. Kommission zum Abbau von Staatsaufgaben (KAV–X/43–1) v. 10. 12. 1979 und Rundschreiben des KM (941–02 120/30(1)) v. 8. 2. 1980.

7 Vgl. z. B. Nds. KM Remmers, Vortrag zur Eröffnung des 7. Kongresses der DGfE am 17. 3. 1980 in Göttingen über die „erlaßfreie Schule" – die Verringerung des „bürokratischen Lernens" und der „pädagogisch tödlichen Regelungsflut" sei „*die* bildungspolitische Aufgabe der 80er Jahre"; MS abgedruckt in Pressemitteilung Nr. 39/80 v. 17. 3. 1980.

8 Z. B. neuere Parteiprogramme zur Bildungspolitik – vgl. Lutz-Rainer-Reuter: Bildungspolitik im Parteienvergleich. In: Aus Politik und Zeitgeschichte B 35/1980 und ders.: Bildungspolitik, Parteien- und Verbändeprogrammatik in Dokumentation und Analyse. Opladen 1980.

9 Wichtigste Ausnahme aus den 50er Jahren ist der Streit um die positive Auslese der Hamburger Schulbehörde – OVG Hamburg in DVBl. 1953, S. 506 ff. und BVerwGE 5, S. 153 ff.; bis heute ist die Unzulässigkeit der positiven Auslese durch die Schule in der herrschenden Rechtsprechung und juristischen Meinung nahezu unbestritten.

10 Zur Analyse der Verrechtlichung allg. Rüdiger Voigt (Hrsg.): Verrechtlichung. Kronberg i. T. 1980.

11 Z. T. auch in den Landesverfassungen, z. B. Art. 36 LVerf. Rh-Pf. v. 18. 5. 1947 (VOBl. S. 209), zuletzt geändert am 31. 10. 1974 (GVBl. S. 463), oder Art. 15 LVerf. NRW v. 28. 6. 1950 (GV NW S. 127), zuletzt geändert am 19. 12. 1978 (GV NW S. 632).

12 Vgl. mit näheren empirischen Nachweisen z. B. Gisela Müller-Fahrbrodt u. a.: Der Praxisschock bei jungen Lehrern. Stuttgart 1978 oder Rüdiger Hinsch: Einstellungswandel und Praxisschock bei jungen Lehrern. Weinheim/Basel 1979.

13 Vgl. Ingo von Münch: Öffentlicher Dienst. In: ders. (Hrsg.): Besonderes Verwaltungsrecht. 2. Aufl. Bad Homburg 1979.

14 Z. B. allg. SchulG, SchulordnungsG, SchulpflichtG, PrivatschulG, SchulverwaltungsG, MitbestimmungsG.

15 Z. B. Dienstanweisung für Lehrer in Hamburg v. 14. 2. 1969 (MBl. Schul. S. 27) oder in Bremen v. 15. 3. 1977 (Br. SBl. 645/3).

16 Hans Heckel/Paul Seipp: Schulrechtskunde. 5. Aufl. Neuwied 1976.

17 Zu nicht geringem Teil sind sie Produkt der Rechtsprechung und Verwaltungsrechtsdogmatik.

18 Näher mit ausführlichen Belegen Andreas Laaser: Die Verrechtlichung des Schulwesens. In: Projektgruppe Bildungsbericht (Hrsg.): Bildung in der Bundesrepublik Deutschland. Daten und Analysen. Band 2. Reinbek bei Hamburg 1980, S. 1343 ff.; Lutz-Rainer Reuter: Bildung zwischen Politik und Recht. In: Voigt a.a.O. (Anm. 10).; Günter Frankenberg: Schulrecht und pädagogische Arbeit. Diss. phil. 1978.

19 Vgl. z. B. Klaus Hurrelmann: Erziehungssystem und Gesellschaft. Reinbek bei Hamburg 1975, S. 150 ff. und Müller-Fohrbrodt u. a. a.a.O. (Anm. 12), insb. S. 55 ff. u. 63 ff.

20 So z. B. Bremische Landesverfassung v. 21. 10. 1947 (GBl. S. 251), zuletzt geändert am 8. 9. 1970 (GBl. S. 93).

21 § 2 Hamburgisches Schulgesetz v. 17. 10. 1977 (GVBl. S. 297), zuletzt geändert am 4. 10. 1979 (GVBl. S. 281).

22 Allgemeine Lernziele. Grundlagen für die Lehrplanarbeit. Hamburger Dokumente 4. 76, hrsg. von der Schulbehörde am 21. 11. 1976; vgl. ausführlich Reuter a.a.O. (Anm. 1), S. 52–56.

23 § 3 Lehrerdienstanweisung Bremen a.a.O. (Anm. 15).

24 § 9 Lehrerdienstanweisung Hamburg a.a.O. (Anm. 15).

25 Vgl. z. B. die Veränderungen des Nds. Schulgesetzes: völlige Neufassung 1974 (SPD), Revision 1975 (SPD/FDP), Änderungen 1976 und 1979 (CDU/FDP, nur CDU), weitgehende Neufassung 1980 (CDU).

26 Typisch Thomas Oppermann: Bildung. In: v. Münch a.a.O. (Anm. 13).

27 Die fragwürdige Tradition offiziöser Interpretation von Schulgesetzen u. ä. durch die Kultusverwaltung bzw. durch scheinbar individuell verantwortlich zeichnende Ministerialbeamte ist bis heute ungebrochen – vgl. z. B. die Textausgabe zum Schleswig-Holsteinischen Schulgesetz v. 1978, zur Bay. Allgemeinen Schulordnung v. 1973 oder das Handbuch des bremischen Schulrechts. 4. Ausgabe Bremen 1980.

Literatur

Dietze, L.: Von der Schulanstalt zur Lehrerschule. (Demokratisierung und Mitwirkung im Bildungswesen Schwedens und der Bundesrepublik Deutschland, Band 3). Braunschweig 1976.

Führ, C.: Das Bildungswesen in der Bundesrepublik Deutschland. Ein Überblick. Weinheim/Basel 1979.

Hamburger Lehrerkollektiv: Jahrbuch für Junglehrer 1975. Perspektiven für die Berufspraxis. Reinbek bei Hamburg 1974.

Hantke, D.: Meinungsfreiheit des Lehrers. München 1973.

Heckel, H./Seipp, P.: Schulrechtskunde. Neuwied [5]1976.

Hinsch, R.: Einstellungswandel und Praxisschock bei jungen Lehrern. Weinheim/Basel 1979.

Hurrelmann, K.: Erziehungssystem und Gesellschaft. Reinbek bei Hamburg 1975.

Ipfling, H.-J. (Hrsg.): Verunsicherte Lehrer? Ein Stand zwischen Anspruch und Wirklichkeit. München 1974.

Max-Planck-Institut für Bildungsforschung, Projektgruppe Bildungsbericht: Bildung in der Bundesrepublik Deutschland. Daten und Analysen. (2 Bände) Reinbek bei Hamburg 1980.

Müller-Fohrbrodt, G./Cloetta, B./Dann, H.-D.: Der Praxisschock bei jungen Lehrern. Formen – Ursachen – Folgerungen. Stuttgart 1978.

Münch, I. von (Hrsg.): Besonderes Verwaltungsrecht. Bad Hamburg [2]1979.

Nevermann, K./Richter, I. (Hrsg.): Rechte der Lehrer – Rechte der Schüler – Rechte der Eltern. München/Zürich 1977.

Nevermann, K./Richter, J.: Verfassung und Verwaltung der Schule. Stuttgart 1979.

Perschel, W.: Lehrer und Richter – Thesen zum Verhältnis von Pädagogik und Justiz. In: Recht der Jugend und des Bildungswesens 1972, S. 112ff.

Rheinland-Pfalz Kultusministerium, Kommission „Anwalt des Kindes": Selbstverständnis und Handlungsspielraum des Lehrers. (Empfehlung 8). Mainz 1980.

Reuter, L.-R.: Normative Grundlagen des politischen Unterrichts. Leverkusen 1979.

Reuter, L.-R.: Bildung zwischen Politik und Recht. In: Voigt, Rüdiger (Hrsg.): Verrechtlichung. Kronberg i. T. 1980.

Richter, I.: Bildungsverfassungsrecht. Studien zum Verfassungswandel im Bildungswesen. Stuttgart 1973.

Stock, M.: Pädagogische Freiheit und politischer Auftrag der Schule. Rechtsfragen emanzipatorischer Schulverfassung. Heidelberg 1971.

Gerd-Bodo Reinert/Sabine Heyder

Aspekte der Psychohygiene im Schulalltag oder: Seelische Gesundheit läßt sich nicht beim Hausmeister deponieren!

Über das „Innenleben" von Lehrern und die Ambivalenzen von Persönlichkeitsfaktoren

Vorbemerkung

Der Beitrag dokumentiert und kommentiert u. a. eingeblendete Minimalauszüge eines Kollegengesprächs zum Thema Psychohygiene. Der Inhalt der Diskussion konzentriert sich vor allem auf sechs Akzentuierungen:

Ideale des Lehrerberufs, Erwartungen an das Berufsbild und praktische Erfahrungen in der Berufswirklichkeit, Lehrerpersönlichkeit und Rollenzwang, Sozialagent versus Autorität, Abbau von Ängsten und Unsicherheiten, die Schule als „Streßfabrik".

Anzumerken wäre, daß sich überwiegend jüngere Hauptschullehrer zusammengefunden hatten und drei der zehn Gesprächspartner sich noch in der zweiten Phase der Lehrerausbildung befanden.

Diese Zusammensetzung der „jungen" Runde ergab sich zwangsläufig aus folgenden Gründen: Die älteren Kollegen artikulierten Unbehagen, zum Teil fühlten sie sich zu dieser Problematisierung nicht kompetent genug. Dem Gespräch lag eine entspannte Atmosphäre zugrunde, da die Teilnehmer auch private Kontakte pflegen. Das gute Klima schlug sich auch in der Offenheit und Ehrlichkeit der Äußerungen nieder, zumal die Kollegen sich helfen wollten und noch nicht durch jahrelange Enttäuschungsrituale abgestumpft waren.

Mit welchen Zwängen muß ein Lehrer leben können?

„Zufriedenheit und Wohlbefinden können nur zustande kommen, wenn auch Minderheiten von Lehrern geduldet werden, wenn gegenseitig ein Mindestmaß an Solidarität besteht, wenn auch professionelle Erfolgserlebnisse möglich sind und wenn insgesamt das Gefühl vorherrscht, eine lohnende Arbeit mit einem akzeptablen Aufwand auszuüben. Die Bedeutung der physischen und psychischen Belastbarkeit kann nicht genug betont werden. Sie bildet auch die legitime Grenze für eine als antiautoritäres laissez-faire mißverstandene Liberalität." (Fend 1977, S. 221)

Für den Lehrer erweist sich in der Praxis besonders der Bereich als konfliktreich, in dem *zwei Rollenperspektiven* aufeinandertreffen, die oft nur schwer miteinander vereinbar sind: die subjektive (individuelle) Persönlichkeit muß (so vor allem im Bereich der Lehrer-Schüler-Interaktion) in Einklang gebracht werden mit der objektiven Persönlichkeit, der Lehrerrolle, die vielseitig normativen Zwängen unterliegt.

„Wenn ich schließlich in der Schule *so* anders sein soll als in meinem Privatleben, das bereitet mir unheimliche Probleme."

Das Unwohlsein, als Lehrer Rollenzwängen unterliegen zu müssen, hat vor allem zwei Ursachen: Zum einen sind es die rigiden Forderungen und Erwartungen, die unmittelbar durch Behörden, Schulleiter, Kollegen und Eltern wirksam werden:

„Es ist ja auch so: Wenn du mit den Schülern nicht zurechtkommst, dann bist du in den Augen anderer ein schlechter Lehrer."

Zum anderen, und dies ist weitaus tragender, sind es die Hoffnungen und (komplexen) Ansprüche, die von seiten der Schüler unmittelbar an den Lehrer herangetragen werden:

- „Ein Lehrer sollte nicht immer nur Lehrer sein, sondern sollte zu den Schülern auch etwas persönlicher sein. Vor allem muß ein Lehrer zu den Schülern offen und wirklich ehrlich sein, denn es hat keinen Zweck, einem Schüler eine verfälschte Meinung vorzuspielen." (Kl. 8)

- „Er sollte viel Verständnis für die Schüler haben, aber sich nicht zu sehr ins Privatleben der Schüler einmischen. Er sollte den Schüler auch darin nicht bevormunden. Der Lehrer sollte bei den Schülern Respekt haben, sich durchsetzen können. Er sollte seinen Unterricht nicht nur nach Büchern machen, nicht nur streng nach Plan, sondern freier gestalten." (Kl. 9)
- „Er sollte mehr oder weniger auch einmal die Stelle der Eltern übernehmen können und für die Probleme der Schüler da sein, wenn sie ihn um Rat bitten." (Kl. 9)

Welche unterschiedlichen Erwartungen stellen Schüler an ihren Lehrer?

Vorstellungen und Sichtweisen der Schüler im Blick auf ihren Lehrer stimmen zum großen Teil überein, werden aber andererseits von jedem Schüler ganz *individuell* wahrgenommen und entsprechend definiert. Lehrer sollen gerecht, aufgeschlossen, tolerant, humorvoll, eine Autorität sein. *Gerechtigkeit* kann aber in einer bestimmten Situation für den Schüler Ungerechtigkeit bedeuten, *Humor* wird von einigen möglicherweise als Zynismus empfunden, *Autorität* erscheint dem einen als gewünschtes Durchsetzungsvermögen, dem anderen als erzwungener Machtbeweis. Ähnlich mehrdeutig decordierbar sind viele andere Persönlichkeitsfaktoren und Verhaltensweisen, die sich Schüler vom Lehrer wünschen, so beispielsweise *Toleranz, Einfühlungsvermögen, persönliche Zuwendung, kameradschaftlichen Unterrichtsstil* – um nur wenige zu nennen.

Probleme der Zusammenarbeit erwachsen vor allem daraus, daß der Lehrer – als von seiner Biographie geprägte Persönlichkeit – mit einer Vielzahl anderer Individuen interagieren muß, vor allem mit Schülern, die ihrerseits aufgrund persönlicher Vorerfahrungen unterschiedlich auf den Habitus und Verhalten reagieren – und deren Erwünschtes oft nur schwer oder gar nicht antizipierbar ist.

„Es ist ja so: Ich habe bestimmte Vorstellungen von Kindern. Wenn ich dann in die Schule gehe, denke ich auch, da sitzen Menschen, die sind so wie ich – die wollen niemanden verletzen, die wollen nicht wehtun. Ich versuche zwar, die häusliche Situation zu berücksichtigen, aber ich kann mir nicht vorstellen, daß man so roh und gefühllos sein kann, wie viele Schüler mir schon begegnet sind."

Erwartet wird aber, daß ein Lehrer das Gleichheitsprinzip im Unterricht realisieren kann. Praktisch wird also von ihm ein ambivalentes Verhalten gefordert: einerseits soll er jedem Schüler individuell gerecht werden, andererseits jedoch neutral sein im Hinblick auf die ganze Klasse. Beides schließt sich oftmals aus, wobei entweder individuell-emotionales Verhalten unterdrückt oder gegen die „Rollenerwartung" gehandelt wird. Erschwerend wirkt sich dabei aus, daß die Schule als Handlungsort und -rahmen bestimmte Kriterien setzt, die den Lehrer manchmal zwingen, seine Individualität hinter seiner Berufsrolle zu verstecken und Handlungsweisen zu intendieren, die ihm widerstreben oder die er besser unterdrückt hätte.

„Als Lehrer sind wir eben die Vertreter einer Zwangsinstitution für die Schüler. Darum wird es oft schwer sein, ein persönliches Verhältnis zu den Schülern in der Schule aufzubauen (. . .)“.

Welche Diskrepanzen zwischen Individual- und Berufsrolle lassen sich aufweisen?

Die Feststellung des zitierten Kollegen mag zwar nicht für alle Lehrer und Schüler zutreffen, kennzeichnet aber den Kern mancher Konfliktsituation. Während sich der Lehrer der Rollendiskrepanz bewußt ist, können Schüler nur schwer differenzieren – sei es aus Mangel an Einfühlungsvermögen und/oder -bereitschaft, oder weil sie den Lehrer im Unterricht tatsächlich nur als „Organisator“ erleben, der sie unter Leistungsdruck setzt, Noten verteilt und letztlich einzig für schulische Dinge ansprechbar ist. Daß nicht nur sie selbst, sondern auch der Lehrer häufiger Schule als Zwang begreift, daß er als Vertreter einer Institution oft realisieren muß, was an Forderungen von übergeordneten Stellen vorgeschrieben wird, können Schüler nur zu selten nachvollziehen. Stellvertretend für das ganze Schulsystem richten sich Aggressionen auf den Lehrer als unmittelbarem Vertreter der Lern- und Zuchtfabrik.

- „Man kann nicht in jede Klasse reinkommen und locker und normal sein.“
- „Man muß sich laufend umstellen. In der einen Klasse kann man Mensch sein, in der anderen muß man den Lehrer raushängen.“

Das wichtigste für den Lehrer ist die entkrampfte Schüler-Beziehung

Dieses Bewußtsein basiert auf praktischen Erfahrungen, die vermutlich jeder Lehrer bestätigen kann. Es kann dafür, je nach Klassensituation, völlig unterschiedliche Ursachen geben. Ob eine Klasse den Lehrer als Persönlichkeit annimmt, wird im wesentlichen davon abhängen, ob die dominierende Schülergruppe den Lehrer akzeptiert oder ablehnt.

Welches Fach der Lehrer zu unterrichten hat, spielt in diesem Zusammenhang eine untergeordnete, aber nicht zu vernachlässigende Rolle. Sport oder Werken sind schon allein deshalb beliebter, weil sie mehr *Handlungs- und Bewegungsräume* bieten, zumal die Notengebung nicht so stringente Auswirkungen auf die Gesamtbeurteilung hat.

Spricht der Lehrer als Persönlichkeit die Klasse an, wird diese Schwächen und Fehler eher tolerieren. Die persönliche Beziehung zwischen Lehrer und Schülern stützt als *emotionale Grundlage* seine Position oder stellt sie in Frage. Eine solche Beziehung kann aber nur dann aufgebaut werden, wenn der Lehrer über einen pädagogischen Freiraum verfügen kann, der Zeit und Möglichkeiten bietet, in persönlichen Gesprächen Zugang zueinander zu finden. Dem entgegen wirken Zeitdruck aufgrund überfüllter Stoffpläne, der ständige Klassenwechsel aufgrund des Fachlehrersystems oder fehlende Möglichkeiten außerunterrichtlichen Schullebens.

- „Als Klassenlehrer nimmt man für Schüler schon menschliche Züge an, aber als Fachlehrer ist es schwer. Wenn man vor allem nur eine Stunde pro Woche in der Klasse unterrichtet, entwickelt sich schwer ein persönliches Verhältnis."
- „Im Landheim hatte ich wirklich das Gefühl, Lehrer und Schüler sind eins. Sobald ich dann wieder in der Schule war, hatte ich das Gefühl einer größeren Distanz. Ich gehörte nicht mehr *unmittelbar* dazu."

Auch die zuständige Aufsichtspflicht wirkt in dieser Hinsicht als Zwang, da sie den Lehrer zu Disziplinierungsmaßnahmen zwingt, die ein gelöstes Miteinander wesentlich einschränken.

„Die pädagogische Atmosphäre wird von Lehrer und Schülern gestaltet. Sie steht und fällt mit der Basis des Vertrauens und des Gefühls gegenseitigen Angenommenseins." (Barlage 1976, S. 115)

Im allgemeinen wird diese Feststellung eher dann betont, wenn es darum geht, die Abhängigkeit des Schülers vom Lehrer darzustellen. Genauso bedeutungsvoll ist das Bedürfnis nach dem Gefühl des Angenommenseins jedoch aus der Lehrerperspektive. Da der Lehrerberuf im wesentlichen auf dem Umgang mit Menschen beruht – was von vielen Lehrern auch als Grund genannt wird, warum sie gerade diesen Beruf gewählt haben –, ist die Gestaltung der zwischenmenschlichen Beziehung, vielleicht sogar die wichtigste Grundlage für berufliche *und* persönliche Zufriedenheit, da sie unmittelbar das persönliche Identitätsbewußtsein berührt und damit gleichzeitig auch Hauptursache für Enttäuschungen und Mißerfolgserlebnisse ist.

Bei einer Umfrage im Kollegium stand als Kriterium für ein befriedigendes Erfolgserlebnis ein *„nachweisbarer Lernerfolg"* weit hinter dem Gefühl, ein *persönliches, partnerschaftlich-freundschaftliches Lehrer-Schüler-Verhältnis* zu ermöglichen.

Können Ambivalenzen von Persönlichkeitsfaktoren auch als Konfliktursache gesehen werden?

In Konflikte gerät der Lehrer zumeist, wenn die Schulsituation ein Verhalten von ihm fordert, das er aufgrund seiner individuellen Persönlichkeitsmerkmale nicht leisten kann, wenn die Schüler Verhaltensweisen von ihm erwarten, die seiner Mentalität nicht entsprechen.

„Was mir auch so schwer gefallen ist zu begreifen: Daß man sich oftmals so verhalten muß, weil die das von einem erwarten, obwohl das eigentlich der Mentalität gar nicht entspricht."

Ein *kontaktfreudiger* Lehrer wird es allgemein leichter haben als ein *introvertierter;* ein *temperamentvoller* Lehrer wird die Klasse eher für ein bestimmtes Fach oder Thema begeistern können, als ein *Phlegmatiker*; ein *selbstbewußter*, innerlich *ausgeglichener* Lehrer wird einen größeren Toleranzspielraum entwickeln als ein unsicherer und in sich *instabiler*. Alle genannten Faktoren zeitigen so individuelle Merkmalsphänomene, daß sie kaum bewußt zu steuern oder zu verändern sind. Je nach dem Grad ihrer Ausgeprägtheit können sie für den Kollegen hinderlich sein – was ihn vor das Problem stellt, sich auf Kosten seines *Selbst* möglicherweise anpassen zu müssen.

Der ruhige, eher introvertierte Lehrer sieht sich in die Rolle des „Entertainers" gegdrängt; der eher tolerante Lehrer wird zum „Dompteur", da Ruhe und Ordnung nach wie vor als Grundpunzipien eines akzeptablen Unterrichtsverlaufs gelten; der sensible Lehrer muß seine Sensibilität zurückstellen, um sich nicht selbst in Auseinandersetzungen mit Schülern oder Kollegen zu „verschleißen"; der eher spontan reagierende Lehrer muß affektives Handeln vermeiden, um die von ihm erwartete Besonnenheit auch in solchen Situationen zu beweisen, die im Hinblick auf die eigene Psychohygiene eher ein Freilassen von Emotionen erfordern würden.

Zwangsläufig auftretende Aggressionen wie auch persönliche Zuwendung gegenüber einzelnen Schülern sind stets auf einem „quasi neutralen" Niveau zu halten, um der menschlichen, aber auch der Erzieherrolle zu entsprechen. Gerade diese erwartete emotionale (psychohygienische) Beherrschung wird oft als Rollenzwang empfunden. Die Diskrepanz zwischen Privatbereich und Beruf, wie sie in der ersten zitierten Äußerung festgestellt wurde, ergibt sich hauptsächlich auch daher, daß private Kontakte auf freiwilliger Basis hergestellt werden, während sie sich in der Schule zwangsläufig ergeben. Lehrende und Lernende müssen im allgemeinen für die Dauer eines Schuljahres miteinander leben, auch wenn sie keinen emotionalen Konsens finden.

Für den Schüler ist eine solche Situation dann leichter zu ertragen, wenn er sich als Mitglied der Klassengruppe – in einer in dieser Hinsicht größtenteils solidarischen Gemeinschaft – fühlen kann. Der Lehrer wird sich in solchen Konfliktfällen seiner isolierten Position gegenüber der Klasse noch deutlicher bewußt.

Enttäuschung (weil die Schüler als Gruppe oft kaum Verständnis für persönliche Probleme des Lehrers aufbringen), *Unsicherheit* (weil der Lehrer im Bewußtsein seines „So-Seins" keine Möglichkeit sieht, sich anders zu verhalten, oder weil er sich selbst ganz anders sieht als die Schüler, was sich seinem Bewußtsein entzieht), *Angst* (weil er sich einer Situation ausgeliefert fühlt, die er nicht bewältigen zu können glaubt), *Depressionen* (aufgrund des Gefühls, persönlich zu versagen und in dieser Situation keinen Rückhalt innerhalb des Kollegiums und der Klasse zu finden – was ein Infragestellen oder auch eine Entwertung der Ich-Identität bedeuten könnte) können sich bis zum totalen psychischen wie physischen Zusammenbruch steigern, sofern sie langfristig nicht abzubauen sind, obwohl die Education sentimentale (Herzens-, Gefühlserziehung) vielleicht sein Wunsch gewesen ist.

Lehrerautorität und Durchsetzungsvermögen – vermeidbare Persönlichkeitsfaktoren?

Die Autorität des Lehrers ist eine unvermeidbare Voraussetzung für ein Gelingen von Unterricht und zugleich Grundlage einer intakten Lehrer-Schüler-Interaktion. Fend sieht sie auch unter dem Gesichtspunkt der „Ökonomie der Kräfte“ (vgl. Glänzel 1967, S. 240ff.).

Richtig verstandene Autorität, die auf gegenseitiger Solidarität, Anerkennung und Achtung basiert, schafft mit Sicherheit die Voraussetzungen für ein (zufriedenstellendes) Arbeitsklima. Sie hilft dem Lehrer auch, den psychischen und physischen Druck zu mindern, ohne ihn allerdings völlig zu beseitigen. Probleme tauchen hierbei zunächst zu Beginn der Lehrerkarriere auf, wenn man Autorität nicht einfach als *„persönliche Ausstrahlungskraft“* besitzt, sondern sie sich erst im Bildungsprozeß erwerben muß. In der Schulpraxis wird Autorität leider allzu oft mißverstanden als „Durchsetzungsvermögen“ in der Gestalt eines Machtkampfes zwischen Lehrer und Schülern.

„Aber in der Klasse war dies ein ständiger Seiltanz – wer gewinnt jetzt: die Schüler oder ich! Und ich hab mir tausenderlei Tricks überlegt und angewendet, um bei den Schülern einigermaßen Verständnis zu wecken.“

Wenn ein Lehrer eine neue Klasse betritt, treffen eine Vielzahl von Erwartungshaltungen aufeinander: der Lehrer erhofft eine „nette“ Klasse, die Schüler erwarten im besten Fall einen „vernünftigen“ Lehrer. Die Erwartungen der Schüler sind dabei vielseitig, zum Teil sehr unterschiedlich gewichtet, und es ist besonders schwer, fast allen Hoffnungen zu entsprechen.

Und hier ergibt sich die Ambivalenz: Der Lehrer *soll* sich durchsetzen können – *ohne* autoritären Druck auszuüben – und ein entkrampftes, gefühlsbetontes bis herzliches Unterrichtsklima schaffen. Er erhofft sich eine Gruppe von Schülern, die ihn in seinem Beruf als *Menschen* akzeptieren und zu (partnerschaftlicher) Zusammenarbeit bereit sind. Beide Erwartungshaltungen sind, zumindest zu Beginn, kaum in Übereinstimmung zu bringen.

In der Praxis stellt sich folgendes Ritual dar: Die Klasse sitzt zu Unterrichtsbeginn nicht oder sehr unruhig auf den Plätzen; der Unterricht kann erst nach längerer Wartezeit beginnen; Bitten oder Ermahnungen haben nur eine kurzfristige Wirkung; der Lehrer greift zwangsläufig zu repressiven Sanktionsmaßnahmen, die er eigentlich nicht beabsichtigt hatte – und gewöhnlich ablehnt; die Atmosphäre ist gespannt.

„Dann komm ich in die Klasse, da schlagen die Schüler sich schon wieder, rennen herum und werfen alles durcheinander. So komme ich herein und fange an zu schimpfen, und es geht trotzdem alles so weiter.“

Dieses Schülerverhalten kann recht unterschiedliche *Ursachen* haben:

Die Klasse reagiert den Druck, den der vorhergehende Lehrer ausgeübt hat, beim nachfolgenden (Fach-)Lehrer ab; das anstehende Fach bereitet vielen Schülern keinen Spaß (aufgrund vorausgegangener Erfahrungen oder wegen Desinteresse am Thema); Konflikte, die einzelne Schüler untereinander haben, werden nicht endgültig bereinigt und münden in die nächste Stunde ein, wobei sich der Unruheherd in Form einer Kettenreaktion auf alle Umsitzenden ausbreitet; der Lehrer hat durch andere Klassen bereits das Image „mit dem läßt sich alles machen" (Schüler haben manchmal einfach Lust, den Lehrer zu ärgern, um sich in dieser Weise abzureagieren) *oder „der ist besonders streng"* (Schüler versuchen, ihre Grenzen abzustecken).

Als persönliche Enttäuschung erlebt der Lehrer die Situation dann, wenn das eigene Entgegenkommen, die Bereitschaft zu geduldiger Toleranz, der Verzicht auf Restriktionen und Durchsetzungsdruck, von den Schülern als Schwäche ausgelegt und ausgenutzt wird.

- „Man steht vor der Klasse, hat wirklich den besten Willen, von manchen Schülern weiß man dies auch, und dann Unterricht, und es läuft nichts."
- „Was mich auch so deprimiert und enttäuscht hat, daß man mit viel Verständnis reinkommt und dies gerne umsetzen möchte, und die Schüler sprechen überhaupt nicht darauf an."

Kann ein Lehrer sich nur schwer oder gar nicht durchsetzen, wird er die Situation als ganz *persönliches Versagen* empfinden oder als *Angriff gegen seine eigene Persönlichkeit.*

„Wieso werde ich nicht wie ein Mensch behandelt, wieso ist ein Lehrer ein Untermensch?"

Auf Dauer wird die eigene Belastbarkeit herabgesetzt, die Frustrationstoleranz verringert, und es treten verschiedene Formen psychischer und physischer Störungen auf, wie etwa *Unsicherheit, Schweißausbrüche, Aggressionen, nervliche Überbelastung in Form von Migräne oder Magenbeschwerden, Nervenzusammenbruch, Alkoholismus, Depressionen.*

Welche Abwehrmechanismen entwickelt der Lehrer, um zu überleben?

Beim Versuch, sich in Konfliktsituationen dennoch zu behaupten, greift der Lehrer aufgrund eigener Hilflosigkeit oft auf Maßnahmen zurück, die den sich anbahnenden oder ganz offen zur Schau gestellten Konflikt zwischen ihm und der Klasse (oder einzelnen Schülern) gerade *nicht* lösen helfen, sondern eher verschärfen. Er wird leicht „ungerecht", indem er mangels greifbarer *einzelner Unruhestifter* die *ganze Klasse* bestraft, worauf diese erst recht aggressiv reagiert.

„Man hat gar nicht gezielt einen Schüler herausgreifen können, weil es sich immer um die ganze Klasse drehte. Jeder meinte immer, der andere war es. Wenn man nur einen einzigen aufgeschrieben hat, dann war man noch ungerecht dazu."

Der Lehrer entwickelt Vermeidungsstrategien, indem er beispielsweise durch überwiegend motorische Beschäftigung der Schüler – in Form von Schreibarbeiten – deren „Handlungsspielraum" einzuengen versucht (was die latent schwelenden Konflikte nicht löst) oder indem er Diskussionen grundsätzlich mit dem Hinweis auf die untergeordnete Schüler-Position entflieht und sie gar nicht erst zu Worte kommen läßt. Er setzt Abwehrmechanismen ein in Form verbaler, manchmal zynischer bis beleidigender Äußerungen gegenüber einzelnen Schülern oder der ganzen Klasse; in der Art von Strafmaßnahmen, die von der Strafarbeit über das „Vor-die-Tür-Stellen" bis hin zu Handgreiflichkeiten reichen; in Gestalt von Wutausbrüchen, die manchmal die Schüler gerade zum Spott reizen, weil sie den Lehrer lächerlich finden; in der Weise einer (unbewußten) Demonstration der eigenen Schwäche durch einen Tränenausbruch (was, wie aus dem Gespräch hervorging, in den seltensten Fällen den einzelnen Schüler persönlich berührt, solange er sich als Mitglied der „Peer-group" nicht verantwortlich fühlt); oder er projiziert die angestauten Aggressionen auf die nächste Klasse, in der er unterrichten muß.

- „Ich habe es dann so gemacht und gesagt: Den Stoff habe ich mir für heute vorgenommen. Klappt es, machen wir es mündlich, klappt es nicht, dasselbe schriftlich."
- „Die Schüler reagieren zwar nicht auf Noten, aber auf „Zusammenstauchen" höchstpersönlich."
- „Dem A. hab ich einmal einen Klaps gegeben. Das war allerdings noch in der 7. Klasse."
- „Wenn da immer wieder einer redet, dann schreie ich oder werfe die Kreide an die Wand."
- „Gerade in der Stunde, in der B. dauernd gewippt hat, und ich mit ihm ohne Erfolg immer wieder geredet habe, da sind mir die Tränen gekommen. Da bin ich rausgerannt und plötzlich waren sie mucksmäuschenstill."

Wenn der Lehrer sich dem Druck gar nicht entziehen kann, wird er versuchen, ihm zumindest zeitweise auszuweichen, um neue Kraftreserven aufzubauen. Entweder wird er um die Versetzung in eine andere Klasse bitten, den Rektor als „höhere Instanz" und quasi als Druckmittel in Anspruch nehmen oder sich bewußt oder unbewußt in eine Krankheit flüchten, die als legale Erklärung seines Fernbleibens gilt – zumal er davon ausgehen kann, daß er durch Vertretungskollegen ersetzbar ist.

Lassen sich Lehrerängste vermeiden?

„Eine invariante Kernannahme der Angstforschung scheint vor allem die Auffassung zu sein, daß Angst an eine bestimmte *Situation* gebunden ist, in der sich ein Lebewesen befindet. Typisch für diese Situation sind drei interdependente Merkmale: Bedrohung, Ungewißheit, Hilflosigkeit." (Weidenmann 1978, S. 19)

Angstgefühle erlebt der Lehrer innerhalb einer formalen oder tatsächlichen

Isolation, indem er sich als einzelner einer Gruppe von Schülern gegenübersieht.

Verhaltensweisen, die dem einzelnen Schüler gegenüber angemessen wären, können nicht auf die ganze Gruppe übertragen werden. Hinzu kommt, daß vorhandene Gruppenmechanismen nicht als gegeben vorausgesetzt werden können, sondern erst im Augenblick des unmittelbaren Kontaktes erfahren werden und meist situativ analysierbar sind.

- „Da steht eine Gruppe einem gegenüber, deren Mechanismen man erst sehr viel später durchschaut. Jede Gruppe ist anders zusammengesetzt. Es kommt immer darauf an, wer darin dominant ist (. . .). Da ist auch die Angst: Man weiß nicht, was jetzt geschehen wird."
- „Der K. hat dagesessen und gelauert, und ich habe genau gewußt, ich *muß* jetzt irgendwie reagieren. Diesen Zwang empfand ich als schlimm."

Angst mißt sich an den Realisierungschancen, die die Anforderungsstruktur und die Persönlichkeit des Lehrers zulassen.

„Graduelle Unerfüllbarkeit bedeutet *Bedrohung* der Verwirklichung der Individualitätsform, objektive Unbestimmtheit der Anforderungsstruktur ist faktische *Ungewißheit,* und je geringer der Spielraum für persönliche Einflußnahme ist, desto mehr Hilflosigkeit muß objektiv postuliert werden." (Weidenmann 1978, S. 75)

Ungewißheit in Form von Unsicherheit empfindet der junge Lehrer oft schon, bevor er die Schule überhaupt betritt. Zugrunde liegt dabei das diskrepante Verhältnis zwischen Theorie- und Praxis-Wissen. Positive Erfahrungen werden diese anfängliche Unsicherheit bald überbrücken helfen.

Unsicherheit, die ein Lehrer nicht zeigen sollte, um nicht schon von Anfang an seine Autorität in Frage zu stellen, wird er vermutlich im ersten Umgang mit der Klasse empfinden. Er weiß zwar, was er als „Vermittler von Wissen" zu erfüllen hat, aber er weiß nicht, wie die Klasse oder der einzelne Schüler auf ihn (als Person) reagieren oder wie er sich selbst verhalten wird.

Im besten Fall wird er – je nach Grad seiner Frustrationstoleranz – Mißerfolge verkraften; durch *kommunikative Kompetenz* seine Erwartungen und Bedürfnisse den Schülern artikulieren; durch Rollendistanz möglicherweise vorhandene eigene normative Einstellungen in Frage stellen und der veränderten Situation anpassen können; aufgrund seines Empathie-Vermögens die Vorstellungen und Erwartungen seiner Interaktionspartner erfassen und sich entsprechend darauf einstellen müssen; durch Ambiguitätstoleranz widersprüchliche Erwartungen und Bedürfnisse bei Konfliktlösungsversuchen berücksichtigen und tolerieren können. Wäre der Lehrer zu allem diesem fähig, hätte das Problem der Angst im Lehrerberuf weniger Evidenz.

In der Praxis ist dies ein langsamer naturwüchsiger Prozeß. Auch nach mehrjähriger Berufserfahrung stellt sich immer wieder Unsicherheit (= Angst) ein, wenn man schlechte Erfahrungen mit einem Schüler oder einer Klasse gemacht hat und man sich dieser Situation täglich neu stellen muß.

„(. . .) Also, ich muß zugeben, da habe ich immer Angst gehabt – vor allem auch am Wochenende, wenn ich gewußt habe: Montag in der 3. Stunde, da kommt die Klasse vom Turnen zurück. Nach vier Wochen war überhaupt kein Unterricht mehr möglich. Ich hatte richtige Angstzustände, weil ich gewußt habe, was ich auch vorbereite, das machen die Schüler teilweise überhaupt nicht."

Unsicherheit, Ungewußheit und Hilflosigkeit korrelieren oft miteinander. Wenn der Lehrer merkt, daß weder gutgemeinte Appelle an das Verständnis der Schüler noch massive Drohungen eine Wirkung zeigen, wird er aus dem Gefühl der eigenen Ohnmacht so manches Mal Maßnahmen ergreifen, die er eigentlich *ablehnt* (in den schon genannten Formen repressiven Drucks als Verteidigungsstrategie der eigenen Position und Persönlichkeit). Gelingt es ihm dennoch, ein gutes Verhältnis zur Klasse herzustellen, wird er den Druck in demselben Maße vermindern, wie er das eigene Selbstbewußtsein aufbauen kann und Erfolge erlebt. (Schlechterenfalls wird er unter der eigenen Situation leiden und sich diesem Leidensdruck durch die schon genannten Mechanismen zu entziehen versuchen.) Als Bedrohung wird der Lehrer die Situation dann empfinden, wenn er sich ganz persönlich angegriffen fühlt oder provoziert wird und die nötige Rollendistanz nicht aufrechterhalten oder herstellen kann.

- „Ich hatte das Gefühl, L. hat es nicht auf mich als Lehrer abgesehen, sondern auf mich als Person."
- „Meine neue Klasse hat mir gleich gesagt: Eine haben wir schon auf den Friedhof gebracht, eine ins Irrenhaus, mal sehen, was wir mit Ihnen machen."

Neben Unsicherheit und Hilflosigkeit ist diese Form der Angst diejenige mit den tiefgreifendsten und nachhaltigsten Auswirkungen auf die Psyche des Lehrers. In dem Ausmaß, wie er seine Ich-Identität durch Schüleraggressivität entwertet oder verworfen fühlt, wird er *neurotische* Verhaltensstörungen entwickeln, die bis zur Berufsunfähigkeit führen können, zumal auch körperliche Funktionsstörungen bewirkt werden (man berücksichtige hier auch körperliche Angriffe von Schülern, Beschädigung von Eigentum oder beispielsweise anonyme Anrufe, die konkrete Drohungen enthalten).

Welche Bewältigungsmöglichkeiten von Angst bieten sich an?

Je nach Ursache und Ausmaß der Angst bieten sich individuelle Möglichkeiten der Bewältigung an, so z. B.: Hilfe und Unterstützung in der eigenen Familie, das Gespräch im Lehrerkollegium, beim Rektor, Schulrat, bei den Schülereltern (als primäre Erziehungsinstanz mit größerer Handlungsbreite), bei nahestehenden Personen (d. h. im Freundeskreis) oder die Konsultation eines Therapeuten. Möglicherweise wäre der Lehrer auch der Unterstützung jener Schüler sicher, die eine gewisse Solidarität mit ihm erkennen lassen.

Aus einer Umfrage in verschiedenen Kollegien ging hervor, daß Unterstützung und Rückhalt von seiten des Schulleiters und Schulrats als wichtigste Faktoren empfunden werden. Auch Kollegen, die mit der Situation vertraut sind, eigene Erfahrungen und Lösungsmöglichkeiten einbringen können und dem einzelnen das Gefühl geben, mit seinen Problemen nicht allein dazustehen, den Hilfesuchenden von dem Selbstvorwurf eigener „Unfähigkeit" entlasten können, sind wichtige Gesprächspartner.

„Bei uns an der Schule ist es ausgesprochen positiv, daß jeder mal kommt und sagt, jetzt habe ich wieder solche Schwierigkeiten. Jeder gibt das auch zu."

Das Gespräch bietet *eine* Möglichkeit, eine gewisse Distanz zur eigenen Problematik zu gewinnen, ein sachliches – anstelle eines affektiven – Problemlösungsverhalten zu erschließen, und befreit den Lehrer aus dem Gefühl der Isolation (wie er sie im Klassenzimmer erfahren mag), indem kooperative Hilfe angeboten wird.

„Da sind Kollegen, denen geht es genauso. Wenn man anschließend nach Hause geht, fühlt man sich schon viel wohler."

Probleme im Beruf werden zwangsläufig ins Privatleben übertragen (angestaute Emotionen, die sich während der Unterrichtszeit angesammelt haben).

- „Wenn ich angespannt bin, dann werde ich zu Hause aggressiv."
- „Wenn ich nach Hause kam, und mein Mann wollte mir etwas erzählen, habe ich gesagt: ‚Laß mich bitte in Ruhe, ich kann dir sowieso nicht zuhören, ich muß mich erst abreagieren.
- „Wenn mein Privatleben nicht so positiv wäre, würde ich wirklich durchdrehen."

Welche Möglichkeiten des „Schulstresses" begegnen dem Lehrer täglich?

Wenn vom Streß in der Schule gesprochen wird, so knüpft sich daran vorwiegend die Vorstellung von Schülern, die die Schule „krank mache". Dabei trifft dies in mindestens gleichem Maße auch auf die Lehrer zu, die zwar – zumindest nach der 2. Dienstprüfung – nicht mehr unter Notendruck zu leiden haben, dafür aber anderweitig erheblichen Belastungen ausgesetzt sind.

Wenn in Verbindung mit dem Lehrerberuf Pauschalurteile gefällt werden, die den Lehrer als „Faulenzer der Nation" mit einem „Halbtagsjob" und im Verhältnis zum Verdienst unangemessen großer Freizeit (vor allem in Form von Ferien) etikettieren, so sei als Entgegnung u. a. der Ausspruch einer Kollegin gesetzt.

„Es ist tatsächlich wahr, daß man eigentlich nur in den Ferien richtig leben kann, das geht so von Ferien zu Ferien."

Die bereits angesprochenen Bereiche „Rollenzwang" und „Lehrerangst" erfassen einen besonders schwerwiegenden Teil von Streßsituationen. In unmittelbarem Zusammenhang dazu wäre beispielsweise auch das *Gefühl* des Lehrers zu nennen, ständig im Mittelpunkt des Schülerinteresses zu stehen, jeden Tag etwas „darstellen" zu müssen (Lehrer als Dramaturg und Schauspieler), ohne sich Nachlässigkeiten erlauben zu können. Kleidung und Aussehen sind in den Augen der Schüler oft Bewertungskriterien, die ihr Lehrerbild wesentlich mitbeeinflussen. Die Offenheit der Schüler ist zwar einerseits positiv zu werten, andererseits können entsprechende Schüleräußerungen ausgesprochen peinlich bis verletzend sein.

„Zu einer Freundin, sie ist auch Lehrerin, hat mal ein Schüler gesagt: ‚Mensch, ham Sie ‚nen fetten Arsch!‘ (...) Sie konnte sich nicht mehr an die Tafel herumdrehen und etwas anschreiben, ohne zu denken, was die Schüler wohl jetzt wieder über ihr Hinterteil denken.“

Während Schüler auch im Unterricht ein manchmal kaum wiederzugebendes Vokabular gegenseitiger Beschimpfungen ungehemmt benutzen, muß der Lehrer sich (auch im Zorn) ständig beherrschen. Denn: zum einen hat er als Vorbild dazustehen, zum anderen muß er damit rechnen, daß seine Äußerungen, manchmal recht verzerrt, an die Schülereltern gelangen. Auch der Zwang zu andauernder Selbstbehrrschung und Konsequenz kann eine Art des Stresses sein. Selbstbeherrschung wird in Form von Geduld jeden Tag vom Lehrer gefordert. Er soll mehrmals die gleichen Fragen beantworten, geduldig ermahnen, erklären, die besonderen Gefühlslagen einzelner Schüler ertragen, deren Ursachen oft nicht durchschaubar, sondern nur in aggressivem oder lustlosem Verhalten erfahrbar sind. Demgegenüber darf er *eigene* Probleme oder Stimmungen nicht in den Unterricht hineintragen, ohne sich der Gefahr auszusetzen, als Gegenreaktion der Schüler noch zusätzlich mit Disziplinschwierigkeiten innerhalb der Klasse konfrontiert zu werden.

– „Die Schüler sagen ja nicht: ‚Wir haben uns auch schlecht verhalten‘, sondern: ‚Der Lehrer taugt doch nichts‘.“

Ein Lehrer befindet sich während des Vormittags nur allzu oft in einem Zustand dauernder psychischer und physischer Anspannung, die durch Fakten wie z. B. ständigen Klassen- und Zimmerwechsel, dauerndes Umschalten auf ein anderes Fachgebiet (und Schwierigkeitsgrad bei der Vermittlung), hektische kleine Pausen noch verstärkt wird. Ebenso setzt die Erfüllung des Stoffplans den Lehrer unter Druck. Die geforderte Stoffülle ist meist nicht in der offiziell dafür vorgesehenen Zeit zu bewältigen, es sei denn, der Lehrer vernachlässigt das individuelle Lerntempo seiner Schüler oder gesetzte Unterrichtsziele. Belastend wirkt hier die Verantwortung für die Hinführung zur Wirtschaft- und Arbeitswelt, für den Übergang zu weiterführenden Schulen und für die (allgemeine) Lebenstüchtigkeit.

Erträglich werden die Anforderungen für den Lehrer nur dann, wenn er über eine belastbare und ausgeglichene seelische Konstitution (Psychohygiene) verfügt oder diese durch Regenerationsphasen im schulischen und außerschulischen Sektor ständig wieder aufbauen kann.

Das Gefühl emotionaler Geborgenheit – privat wie im Kollegium –, berufliche Erfolgserlebnisse sowie eine zeitweise Distanz zur Schule – auch in Form von Ferien – sind Grundvoraussetzungen für die Psychohygiene im Lehrerberuf.

Literatur

Asperger, H.: Psychische Hygiene des Erziehers. In: Brezinka, W. (Hrsg.): Erziehung als Beruf. Wien 1955, S. 61–74.
Barlage, H.: Lernziel Nr. 1: Emotionalität. In: Ipfling, H.-J. (Hrsg.): Die emotionale Dimension in Unterricht und Erziehung. München [3]1976, S. 113–120.
Baumgärtner, A. M.: Wie sich Schüler heute ihre Lehrer wünschen. München 1969.
Bollnow, O. F.: Die pädagogische Atmosphäre. Heidelberg 1964.
Brück, H.: Die Angst des Lehrers vor seinem Schüler. Reinbek 1978.
Bruck, G.: Die Schule im Urteil ihrer Lehrer. Wiesbaden 1969.
Combe, A.: Kritik der Lehrerrolle. München 1971.
Combe, A.: Zur Arbeitssituation des Lehrers. München 1975.
Dix, U.: Schulalltag. Bensheim 1979.
Ermer, R. G.: Hauptschultagebuch oder: der Versuch in der Schule zu leben. Weinheim 1975.
Fend, H.: Schulklima: Soziale Einflußprozesse in der Schule. Weinheim 1977.
Furck, C.-L. (Hrsg.): Zur Theorie der Schule. Weinheim 1972.
Glänzel, H.: Lehren als Beruf. Hannover 1967.
Graumann, C. F./Hofer, M.: Lehrerpersönlichkeit und Lehrerverhalten. In: Weinert, F. E. u. a.: Pädagogische Psychologie, Bd. 1. Frankfurt/M. 1974, S. 521–545.
Gröschel, H.: Forderungen und Wünsche an die Lehrerpersönlichkeit. In: Gröschel, H. (Hrsg.): Die Bedeutung der Lehrerpersönlichkeit. In: Gröschel, H. (Hrsg.): Die Bedeutung der Lehrerpersönlichkeit für Erziehung und Unterricht. München 1980, S. 105–114.
Gröschel, H. (Hrsg.): Die Bedeutung der Lehrerpersönlichkeit für Erziehung und Unterricht. München 1980.
Gudjons, H./Reinert, G.-B. (Hrsg.): Schulleben. Königstein 1980.
Hänsel, D.: Die Anpassung des Lehrers. Weinheim 1975.
Härle, H.: Psychologische und soziologische Modelle der Lehrerpersönlichkeit und ihre pädagogische Valenz. In: Schnitzer, A. (Hrsg.): Schwerpunkt: Lehrerpersönlichkeit. München 1980.
Heiland, H.: Lehrer und Schüler heute. Königstein 1979.
Heinze, T.: Schülertaktiken. München 1980.
Hinsch, R./Jürgens, B./Steinhorst, H.: Der Lehrer in Erziehung und Unterricht. Hannover 1980.
Hofer, M.: Die Schülerpersönlichkeit im Urteil des Lehrers. Weinheim 1969.
Ipfling, H.-J. (Hrsg.): Verunsicherte Lehrer? München 1974.
Keilhacker, M.: Der ideale Lehrer nach Auffassung der Schüler. Freiburg 1932.
Koller, G.: Schule als Arbeitsfeld des Lehrers. In: Gröschel, H. (Hrsg.): Die Bedeutung der Lehrerpersönlichkeit für Erziehung und Unterricht. München 1980, S. 79–93.
Lange-Garritsen, H.: Strukturkonflikte des Lehrerberufes. Düsseldorf 1972.
Löw, M.: Was den Menschen zum Lehrer macht. Heidelberg 1979.
Merz, J.: Berufszufriedenheit von Lehrern. Weinheim 1979.
Müller-Fohrbrodt, G.: Wie sind Lehrer wirklich? Stuttgart 1973.
Müller-Fohrbrodt, G./Cloetta, B./Dann, H.-D.: Der Praxisschock bei jungen Lehrern. Stuttgart 1978.
Muth, J.: Pädagogischer Takt. Heidelberg 1962.
Nissen, E./Specht, F. (Hrsg.): Psychische Gesundheit und Schule. Neuwied 1976.

Ockel, H. H.: Zur Prophylaxe psychogener Störungen im Tätigkeitsbereich des Lehrers. In: Schule und Psychologie 15 (1968), S. 257–263.

Ostertag, E.: Die Persönlichkeit als Prozeß. Wien 1979.

Pause, G.: Merkmale der Lehrerpersönlichkeit. In: Ingenkamp, K./Parey, E. (Hrsg.): Handbuch der Unterrichtsforschung, Teil II. Weinheim 1970. S. 1353–1526.

Petzelt, A.: Über das Verhältnis zwischen Lehrer und Schüler. In: Vierteljahresschrift für wissenschaftliche Pädagogik 34 (1958), S. 168–190.

Reinert, G.-B./Zinnecker, J. (Hrsg.): Schüler im Schulbetrieb. Reinbek 1978.

Reinhardt, S.: Zum Professionalisierungsprozeß des Lehrers. Überlegungen zur Lehrer-Schüler-Interaktion und ihrer Sozialisation. Frankfurt/M. 1972.

Reinhardt, S.: Die Konfliktstruktur der Lehrerrolle. In: Zeitschrift für Pädagogik 24 (1978), S. 515–531.

Rosemann, H.: Kinder im Schulstreß. Die Krankheit, die Schule heißt. Berlin 1976.

Roth, H./Blumenthal, A. (Hrsg.): Freiheit und Zwang der Lehrerrolle. Hannover 1975.

Scherer, H.: „... wie ein Hund, der Beißhemmung hat". Warum Schüler Lehrer manchmal zur Weißglut bringen möchten. In: päd. extra 8 (1980), 9, S. 33–34.

Speichert, H.: Er war immer ein guter Lehrer, bis er plötzlich mal explodierte. In: Päd. extra 8 (1980), 9, S. 35–36.

Weidenmann, B.: Lehrerangst. München 1978.

Wellendorf, I.: Schulische Sozialisation und Identität. Weinheim 1973.

Wimmer, W.: Standhalten und nicht flüchten. In: päd. extra 8 (1980) 10, S. 41–44.

Gerold Scholz

„Ein Stück Auflehnung gegen das Bestehende“

Dossier zur Lehrerausbildung und Lehrerpersönlichkeit

Das Wort „Persönlichkeit“ ist mir suspekt, weil ich es immer in Verbindung lese mit der Verleihung von Orden an Personen, die andere für sich haben arbeiten lassen. Auf der anderen Seite habe ich Menschen kennengelernt, die für mich eine Persönlichkeit waren: ein Landstreicher, ein alter Arbeiter, ein alter Lehrer, ein Politiker.

Vor Jahren traf ich zusammen mit einem Journalisten der BBC in London. Er war auf der systematischen Suche nach Persönlichkeiten und spielte mir einige seiner Tonbänder vor. Am besten erinnere ich mich an einen Fischer, der weder lesen noch schreiben konnte und der seinen Kurs durch Lieder und

Reime im Kopf hatte. Was uns verloren gegangen ist, wurde den Hörern der BBC nahegebracht: als konkrete Utopie.

Ich versuche mit diesem Aufsatz das Gleiche. Ich beschreibe den Prozeß des Werdens einer Lehrerpersönlichkeit. Es ist die Lehrerbiographie von Friedemann Sturm in dem Roman „Junglehrer Sturm“ von Margarete Fischer aus dem Jahre 1934.[1]

Zweimal Zulassungsvoraussetzungen

Sechs Jahre nach der Prüfung erhält Friedemann seine erste Stelle zugewiesen. Solange war er arbeitslos gewesen bzw. hatte sich irgendwie durchgeschlagen. Er kommt an eine Volksschule in einem proletarischen Viertel in Berlin. Geschildert wird das Gespräch mit dem Rektor.

„Hinter seinem Diplomatenschreibtisch erhob sich ein Mann mit kahlem Kopf, das Gesicht eher einem Schauspieler als einem Schulmann ähnlich. ‚Sie wünschen?‘ ‚Ich bin von der Schuldeputation an Sie verwiesen worden, Herr Rektor. Mein Name ist Sturm.‘ ‚Aha. Der Vertreter für Herrn Müller. Nehmen Sie Platz, Herr Sturm. Einen Augenblick.‘ (. . .) ‚So, das wäre gemacht. Und nun zu Ihnen. Herr Sturm, also . . . Sie werden IVb von Herrn Müller übernehmen, der ja nun –‘ Rektor Hermann schien über ein kleines „endlich“ zu stolpern, ‚zu Ostern pensioniert worden ist. Die Klasse ist ein wenig verwildert. Der alte Herr war lange leidend.‘ Er musterte nicht ganz unbedenklich das etwas schmale Aussehen des jungen Mannes. ‚An welcher Schule waren Sie zuletzt besbäftigt?‘

‚Leider an keiner.‘

‚Hm.‘ Rektor Hermann prüfte mit aneinandergelegten Fingern die Rasierglätte seiner Wangen. ‚Aber Sie haben doch Liebe zu Ihrem Beruf?‘ fragte er mit der sanften Eindringlichkeit eines Seelsorgers.

‚Ja – noch immer.‘

‚Nun also.‘ Und damit ging er zu dem großen Stundenplan, der an der Wand hing.“

„Merkblatt für die Bewerbung zur pädagogischen Ausbildung für die Lehrämter im Lande Hessen.[2]

5. Einstellungsverfahren

5.1. Auswahl nach Eignung und Leistung

Sofern die Zahl der fristgerecht und vollständig eingegangenen Anträge auf Zulassung zum Vorbereitungsdienst für ein Lehramt von Bewerbern die Zahl der zur Verfügung stehenden Ausbildungsplätze übersteigt, sind 50 v. H. der Ausbildungsstellen nach Eignung und Leistung der Bewerber – 15 v. H. der Ausbildungstellen für Fälle besonderer Härte – 35 v. H. der Ausbildungsstellen nach der Dauer der Zeit seit der ersten Antragstellung auf Zulassung zum Vorbereitungsdienst bei der zuständigen Behörde zu stellen.

Die Auswahl nach Eignung und Leistung erfolgt aufgrund des Prüfungsergebnisses der Ersten Staatsprüfung.

Dabei sind das Gesamtergebnis zweifach und bei dem Lehramt – an Grundschulen die Durchschnittsnote für die Didaktik der Grundstufeninhalte der zwei Fächer und die Note für das Wahlfach (. . .) je einfach zu zählen. Die durch Addition vorstehend genannter Noten errechnete Gesamtzahl ist durch 4 zu dividieren."[3]

Ich könnte dieses Merkblatt akzeptieren, wenn es nicht lügen würde, wenn dort unter 5. 1 zu lesen wäre: Auswahl nach der Note im Hochschulexamen und dahinter in Klammern stände: es tut uns leid, lieber Bewerber, wir müssen auswählen und ein anderes Verfahren ist uns nicht eingefallen. Aber zu behaupten, die Note messe die Leistung oder gar die Eignung für den Lehrerberuf, ist eigentlich eine Unverschämtheit, denn jeder weiß, daß dies nicht stimmt. Hier wird ein winziger Ausschnitt der Person für die ganze Person genommen.

Friedemann wird nicht nach seinen Noten gefragt. Ob er geeignet ist oder nicht, wird sich im Beruf zeigen. Nur nach einer Voraussetzung wird er gefragt: ob er gerne Lehrer wird – nämlich mit seiner ganzen Person. Für solche Fragen ist auf dem computergerechten Bewerbungsbogen des hessischen Kultusministers kein Platz vorgesehen.

Die erste Schulstunde

„Er tritt in die Klasse. Unruhe. Er wartet. Ein Federkasten fällt mit Gepolter, worauf vier Struwelköpfe freudig die Gelegenheit benutzen, unter den Tisch zu tauchen mit Geräusch. ‚Liegen lassen!' Aber schon taucht Fritzchen Lange triumphierend damit auf. ‚Siehste, icke!' ‚Na, wir wollen mal einen Augenblick warten. Wer kann sich ganz schnell in Ordnung bringen?' Die alte Formel. ‚Ich!' Die Mehrzahl der Klasse sitzt mit gefalteten Händen, so sind sie vom Vorgänger dressiert. ‚Fein!' sagt Friedemann erleichtert und inkonsequent und will mit der Frühlingsstimmung beginnen. Aber ‚Aua' tönt es unmelodisch in seinen Lenz. ‚Wenn der mir auch immer mit'n Stiebel ins Bein haut!' Der Nachbar dagegen beeilt sich, zu trompeten: ‚Herr Lehrer, der Studzak stößt einen immer mit'n Absatz.' Worauf die Umliegenden, das heißt die halbe Klasse, in diesem Rechtsstreit Partei nehmen, ob der Studzak mit dem Stiefel stößt oder der Wimmel mit dem Absatz haut. ‚Na, das wird aber doch zu bunt! Wollt ihr mal Ruhe halten! Ihr verdammtes Kroppzeug!' Friedemann fühlt es gefährlich in sich aufsteigen, er möchte mit der Faust aufs Katheder schlagen, er möchte unter die Kinder springen und die Störenfriede kräftig zurechtstauchen. Wie? Diese veraltete Methode? Am Ende der Stock? Wäre doch des Teufels, wenn er nicht ohne Gewalt fertig würde!"

Friedemann Sturm hat die gleichen Probleme wie die Mehrzahl der Junglehrer heute. Überhaupt: in dem Buch wird keine idealisierte Schule geschildert. Die dort anzutreffenden Probleme sind groß und unterscheiden sich wenig von den heutigen.

Heute würde man vielleicht sagen: Wie komme ich mit den Kindern aus ohne zu strafen, ohne Klassenbucheinträge, ohne Nachsitzen? Damals wie heute steckt darin ein Stück Auflehnung gegen das Bestehende. Nur die Chancen dies zu erreichen haben sich verschlechtert.

Was zu verstehen ist

1. Die Kinder

Friedemann fühlt sich in seiner ersten Schulstunde angegriffen. Wenn es gefährlich in ihm aufsteigt, so aus Angst um seine Autorität. Eine Tür weiter unterrichtet Herr Schulze, der Angst hat, seine Klasse zu betreten, die vielfältigen Demütigungen fürchtet und am Ende an Herzversagen stirbt.

Friedemann versteht das Verhalten der Kinder als Angriff auf einen Teil davon. Und er ringt mit sich, mit seiner Aggressivität, mit seiner Angst, mit der Angst des Friedemann Sturm und nicht mit der des Lehrers, der institutionelle Regeln zu vertreten hat. Um zu verstehen, was ich meine, stelle man sich einen sozialintegrativ ausgebildeten Lehrer vor, der in der oben geschilderten Situation sagen würde: „Studzack, ich kann ja verstehen, daß du gerne mit dem Absatz stoßen möchtest".

Friedemanns Lösung seines Disziplinproblemes entspricht der pädagogischen Literatur – ist aber etwa in Prüfungsstunden zur Zeit nicht zur Anwendung zu empfehlen. Er pfeift auf das im Lehrplan vorgeschriebene Gedicht über den Frühling. Weil ein Käfer in der Klasse herumschwirrend die Kinder interessiert, geht er mit ihnen und dem Käfer auf den Hof.

Er folgt einfach den Motiven der Kinder. Motivation ist hier nicht das versteckte Tonbandgerät in der pädagogischen Trickkiste, sondern der Versuch, die Neugierrichtung der Kinder zu verstehen und zu verstärken.

Ein Kollege sagt zu Friedemann: „Wenn du Disziplin hast, kannst du alles mit ihnen machen." Friedemann antwortet: „Umgekehrt: Wenn du alles mit ihnen machen kannst, hast du Disziplin."

Friedemann lernt im Laufe seiner Lehrerausbildung nichts über Methodenwechsel, motivierenden Einstieg, nichts über psychologische Tricks; er diskutiert auch nicht über einen abstrakten Interessenbegriff proletarischer Kinder. Aber er lernt zu verstehen, was die Lebensinteressen proletarischer Kinder sind, deren Väter arbeitslos sind und deren Familien hungern.

Bevor wir weiter verfolgen, wie der Versuch, diese Kinder zu verstehen, nicht als Teil der Profession des Lehrers gesehen wird, sondern als Verstehen der eigenen Lebensgeschichte im Verhältnis zur Lebensgeschichte der Kinder – müssen wir einen Einschub machen.

Entscheidend scheint mir: Friedemann bekommt Gelegenheit zu diesem Auseinandersetzungsprozeß. Er wird ihm nicht abgenommen, aber auch nicht abgeschnitten. Versuchen wir, die erste Schulstunde unter heutigen Verhältnissen ablaufen zu lassen.

Die Störungen wären fast die gleichen. Aber in der letzten Reihe sitzt der Klassenlehrer – der Referendar darf am Anfang nicht eigenverantwortlich unterrichten. Die Handlungen des Referendars dürften in dieser Situation wesentlich nicht von den Kindern bestimmt werden, sondern von dem Gedanken an den Klassenlehrer, vor dem man nicht versagen will. Seine Gegenwart würde wohl auch verhindern, daß unser Referendar seine stundenlang vorbereitet und sauber schriftlich fixierte Unterrichtsvorbereitung einfach in die Schublade steckte und mit den Kindern auf den Hof ginge. Der Referendar wird auf Professionsnormen reduziert; seine Person muß er aus dem Spiel lassen.

Und noch eins. Friedemanns Stundenplan liest sich für einen modernen Lehrer wie die Eintrittskarte zu einer Folterkammer:

„‚Herr Sturm, Sie übernehmen in Ihrer Klasse Deutsch, Religion, Rechnen, Erdkunde, Naturkunde, Gesang. In der zweiten Geschichte, Zeichnen, Rechnen, Physik –‘ War noch kein Halten? ‚In der ersten Chemie, Naturkunde und bei den Knaben nebenan –“‘

Aber was ist einfacher: sich in 9 Fächern auszukennen und mit 80 Kindern oder in zwei Fächern mit 200 Kindern? Die Einführung des Fachlehrersystems ohne eine gleichzeitige Durchführung des team teaching zerstört für Schüler und für Lehrer Ansätze einer Schule als Lebensraum.

Sicher. Friedemann wird in die Schule geworfen wie ein Nichtschwimmer ins Wasser: schwimm oder geh unter. Aber das stufenweise Konzept der Referendarsausbildung mit „Einführungsphase, Intensivphase und Vorbereitungsphase auf die Zweite Staatsprüfung“ (Hessen) unterscheidet sich von diesem Stoß ins Wasser nur scheinbar. Denn die Möglichkeit, im theoretischen Teil der Ausbildung, beim Studienseminar, für den täglichen Unterricht eine Hilfe zu geben, wird fast nicht genutzt. Die Seminare haben einen eigenen offenen und heimlichen Lehrplan, der so viel oder so wenig mit der Schulpraxis zu tun hat wie die Ausbildung an der Hochschule. In ihrem Unterricht, in ihren Konflikten mit den Schülern und mit sich selbst werden die Referendare allein gelassen. Im Konflikt zwischen den durch die Schüler gesetzten Ansprüchen und denen des Seminarleiters wird der Referendar tun müssen, was der Seminarleiter von ihm erwartet.

„Friedemann drängt es, in den Niederschriften seiner Kinder weiter ihren Lebenskreis zu suchen. Da fällt ein Blatt ihm in die Hände. ‚Ein komisches Erlebnis.‘

Gestern war Zahltag. Da kam mein Vater erst um 12 nach Hause. Wir hatten schon geschlafen, aber meine Mutter sprang aus Bette und sagte: Jetzt kommst du an, du Schwein. Da wollte er sie hauen, aber mein Vater haute immer vorbei, denn er war ganz betrunken, da haute er in die Waschschüssel. Da mußte ich lachen. Aber meine Mutter nahm einen Besen, das sah noch komischer aus. Meine kleine Schwester stieß mich und sagte: Lach doch nich! Da mußte ich noch mehr lachen.

Friedemann saß und vergaß nach weiteren Offenbarungen zu suchen.“

Die Brutalität seiner Kinder verletzt Friedemann, und er fürchtet sich vor ihr. Der Aufsatz konfrontiert ihn mit seiner Klassenlage und mit der seiner Schüler. Die Schüler verstehen heißt: diese (notwendige) Brutalität zu verstehen. Friedemann sucht eine Kollegin auf, hospitiert in ihrem Unterricht und begegnet der Brutalität aufs Neue: die Kinder applaudieren, als im Geschichtsunterricht die Enthauptung Ludwigs XVI. zur Sprache kommt.

Er fragt die (erfahrene) Kollegin:

„Wie wollen Sie dies Kind beeinflussen?“ „Beeinflussen! Ein Kind wie dies ist eigentlich nicht zu beeinflussen. Es ist durch seine Umgebung hartgeschlagen, schon im Keim, durch Generationen. Es gibt natürliche Grausamkeit auch in anderen Kreisen, vielleicht stärker und roher – der Proletarier ist im Grunde gutherzig – aber dieses ist durch die Luft um sie her überreizt. Wir können sie zum Schweigen bringen, aber wir können sie nicht ändern, wenn wir nicht die Verhältnisse ändern. Und wie können wir die Verhältnisse ändern, ohne eben diese Grausamkeit aufzuziehn! – Ich glaube, dann nehmen wir ihnen mehr als wir geben.“

Mit diesem Statement wäre die Kollegin Friedemanns heute ein Kandidat für einen Berufsverbotsfall (Verherrlichung von Gewalt). Die Frage nach dem Ziel von Erziehung impliziert die Frage nach der eigenen politischen Position.

Zum Zeitpunkt des oben wiedergegebenen Gesprächs ist Friedemann politisch unentschlossen; er versucht das politische Moment seiner Arbeit und seiner Person abzudrängen. Andererseits drängt die Frage nach dem Ziel von Erziehung auf eine Antwort. So ist der Prozeß des Lehrerwerdens auch ein Prozeß der Politisierung. In dem Roman wird dies konkretisiert an dem erfolgreichen Bemühen Friedemanns, mitsamt seinen „neumodischen“ Ideen, seinem Anrennen gegen festgefahrene Traditionen von den proletarischen Eltern seiner Schüler akzeptiert zu werden.

Die Konfrontation mit Kindern, der Versuch, ihre Lebensrealität zu verstehen, wird zur Konfrontation mit der eigenen Person, zur Notwendigkeit, sich selbst zu verstehen und das heißt auch: zu verändern. Es ist die Konfrontation mit den eigenen offenen und vor allem heimlichen Wünschen und Ängsten.

Was zu verstehen ist

2. *Mich selbst*

Als Friedemann in die Schule kommt, hat er eine Liebesgeschichte mit einer Frau hinter sich, deren Typ häufiger in der Literatur der zwanziger Jahre auftaucht. Sie lebt nur für die Gegenwart, geht schnell mit ihm ins Bett und trennt sich für eine Schauspielerkarriere ebenso schnell von ihm. Friedemann liebte sie ihres Leichtsinns und ihres Abenteuertums wegen und trennte sich deswegen von ihr.

Dieser verdrängte Teil seines Wesens wird in der Beziehung zu seiner Schülerinnen, zu Lotte, wieder wach:

„Fast schreckhaft fühlte er diese seltsame Empfindung in sich. Ferne Fäden rührten an Anka und kamen mit geheim schmerzlichem Gefühl zurück zu diesem Kinde, das in der Tragik seines Erbteils, der Sinnenschwere, die in seinem Mund, in seinem Körper lag, nicht ohne Wirkung auf ihn blieb."

Es gibt zwischen dem jungen Lehrer und dem vierzehnjährigen Mädchen eine für beide Seiten spürbare, aber unausgesprochene erotische Situation. Das Mädchen bleibt mit immer neuen und persönlichen Fragen allein mit ihm im Klassenraum, bis Friedemann sie aus der Tür schiebt.

Auch dies eine Situation, die zu den Standardthemen im Seminar gehört. „Lassen Sie es nie soweit kommen", wird der Seminarleiter sagen, „Sie wissen nie, was Kinder daraus machen."

Und Lotte machte daraus, wovor die Referendare bewahrt werden sollen. Sie behauptete, Friedemann habe sie (unsittlich) berührt. Ich kürze die Geschichte ab.

Das Mädchen bleibt bei seiner Behauptung, aber die Familie nimmt den Antrag auf ein Gerichtsverfahren zurück und zieht fort. Friedemann stellt in einer Elternversammlung die Vertrauensfrage und wird bestätigt.

Er weiß, daß er im Sinne der Anklage, der Tat nach, unschuldig ist; aber er weiß auch, daß er gedacht hat, gewünscht hat, was ihm vorgeworfen wird.

Hier wird in dem Roman eine Grenze thematisiert, die in unserer aufgeklärten Zeit vollständig tabuisiert ist.

Der Versuch, das Vertrauen der Schüler zu gewinnen, ihre Liebe, ihnen Vertrauen zu geben, sie zu lieben, ist nicht zu trennen, von dem erotischen Moment dieser pädagogischen Haltung. Es gibt keine rein pädagogische Liebe. Insofern ist der Lehrer, und damit ist auch die Lehrerin gemeint, immer gefährdet. Dieser Vorfall mit Lotte zwingt Friedemann, sich mit sich, konkret mit seiner vergangenen Liebe zu Anka und mit seiner jetzigen zu seiner Kollegin Ju Harding auseinanderzusetzen.

Dieser Vorfall ist ein notwendiger Bestandteil seiner Sozialisation zur Lehrerpersönlichkeit. Der Vorfall mit Lotte ist der Beginn einer langen Auseinandersetzung über die Beziehung Friedemanns zu seiner Geliebten, Ju

Harding, und zu seinen Schülern und der Beziehung Ju Hardings zu ihm und ihren Schülern. Was er aufgrund der Beschuldigung durch das Mädchen am meisten fürchtet ist:

„Wie war es möglich, in Zukunft mehr als bloßer Stundengeber zu sein! Wie war es möglich, aus dieser unnatürlichen Sphäre der Verstecktheiten herauszukommen! Wie war es möglich, diese Luft von schwülen Zischeleien zu reinigen! Nein. Es war nicht möglich, ohne Vertrauen unter ihnen zu arbeiten.“

Da pädagogische Bücher immer dazu neigen, dem Leser Vorschriften zu machen, ihn moralisch an die Kandare zu nehmen, möchte ich hier eine sozusagen editorische Bemerkung machen. Es geht im folgenden Teil um die Verbindung von Leben und Arbeiten. Man könnte daraus die Moral ablesen: der Lehrer müsse mit Haut und Haaren Lehrer sein oder er sei für seinen Beruf ungeeignet. Ich meine dies nicht. Aber ich weiß, daß sich für jeden Lehrer dies als Problem stellt. Es läßt sich ein Lehrer denken, der sich selbst als Stundengeber versteht; aber ganz wird er nicht auf das Vertrauen der Schüler verzichten können. Und dies Vertrauen kann er nur erringen, wenn er sich nicht auf den Stundengeber reduziert. Das Problem benennen heißt nicht, Vorschriften zu machen.

Was zu verstehen ist

3. Die Balance

Das Problem der Vierecksbeziehung zwischen Ju und Friedemann und ihren beiden Schulklassen taucht zunächst oberflächlich auf mit der Frage, ob die Schüler denn nun weiter wie bisher in Jus Bude rumsitzen dürfen, auch wenn Friedemann bei ihr ist. Zwischen Ju und Friedemann gibt es eine Konkurrenz um die Zuwendung der Kinder und auch eine Art Eifersucht auf die Kinder. Als Eltern aus Jus Klasse mit ihren Kindern aus wirtschaftlichen Gründen Selbstmord machen, wird sie körperlich krank.

Diese Art Mitleid geht Friedemann zu weit, denn hier tritt die Schule zwischen ihre Beziehung.

Mitleid, das klingt wie ein altertümliches Wort. Beim ersten Lesen des Romans habe ich dieses den Roman durchziehende Motiv als Stilbruch empfunden. Aber wenn du eine Beziehung zu jemandem hast, ihn verstehst, dann nimmst du an seinem Leid auch teil. Das ist gefährlich für einen Lehrer, denn es bedeutet, an dem Schicksal vieler Menschen teilzunehmen, ohne es sehr weit beeinflussen zu können.

„Ein Lehrer, der eine Beziehung zu mir hätte“, sagte mir einmal eine Schülerin, „der könnte mich – glaub ich – nicht mehr sitzen lassen.“

Mehrfach macht Ju Friedemann auf die Gefahren des Mitleids aufmerksam, und mitzuleiden ohne daran zugrunde zu gehen, ist im Roman die letzte große Aufgabe, die Friedemann zu bewältigen hat und an der er fast scheitert.

„Ich muß dir sagen, du, es ist fast lächerlich zu sagen, wie es mit mir steht: ich brauche nur in der Bahn einen Menschen mit einem Verband und leidendem Gesicht zu sehn – schon liebe ich ihn, und wenn er häßlich ist wie die Nacht. Und wenn ich ehrlich bekennen will – dem Manne gegenüber ist das am stärksten, dem Manne und dem Kinde natürlich."

Im Roman wird das Motiv des Mit-leidens und Mit-liebens behandelt in der Geschichte eines Freundes von Friedemann, der als Lehrer an seine Schule kommt und an der Wirklichkeit zerbricht: er ist Alkoholiker. Friedemanns Hilfe für seinen Freund ist oberflächlich, weil „vernünftig" und letztendlich schreibt er seinen Freund ab.

Ju holt ihn in ihre Wohnung, weil sie nicht zusehen kann, wie man einen Menschen abgleiten läßt. Friedemann mißversteht den Unterschied zwischen Liebe und Mitliebe, und es kommt zunächst zum Bruch zwischen Ju und Friedemann und erst am Schluß zur Versöhnung. Friedemann muß lernen, daß er keine ausschließenden Besitzansprüche an seine Geliebte stellen kann. Was hier in der Beziehung zu dem Freund galt, gilt in ihrer Beziehung zu ihren Schülern. Das macht der Schluß des Romans deutlich, wo die Autorin eine Kollegin von Ju und Friedemann sagen läßt:

„Ihr werdet zusammen mit den Kindern sein – draußen – einen weiten Tag – und werdet über ihnen alles vergessen, was zwischen euch ist. Wenn ihr etwas gutzumachen habt – fürs Ganze werdet ihr leben. Kinder, was vermag eure Arbeit aus der Gemeinschaft zwischen euch zu nehmen, und der größeren Gemeinschaft zu geben!"

Wird hier nicht, werden Sie sagen, eine Gemeinschaftsideologie gefeiert, die sich längst die Hacken schief gelaufen hat. Ich kann Ihnen da kaum widersprechen. Es ist und es war vielleicht nie so einfach, wie es die Reformpädagogik unterstellt, dem Leben und dem Erziehen einen Sinn zu geben. Aber andererseits: wenn Sie Lehrer sind, sind sie es nicht auch geworden aus der Hoffnung heraus, lieben zu können und geliebt zu werden – neben den vielen Ferien?

Aus allen Berichten, Tagebüchern und Gesprächen mit Lehrern, die ich kenne, spricht die Erfahrung der Veränderung der eigenen Person im Verlauf des Lehrerwerdens. Verändert hat sich das Verhältnis zu einem selbst. Man ist hart geworden, gewissermaßen zu sich und seinen Hoffnungen und Wünschen auf Distanz gegangen. Die Person, das Menschliche ist verlorengegangen. Diejenigen, die sich das eingestehen, suchen nach einer Möglichkeit, Mensch zu bleiben in einer unmenschlichen Einrichtung.

Stellvertretend für viele möchte ich Wolfgang Wimmer zitieren:[4]

„Unsere Kinder und Jugendlichen an der Hauptschule sind nicht nur durch ihre soziale Lage benachteiligt, ihr Bewußtsein wird auch täglich zerstört durch die Macht des Konsums. Früher kamen sie vielleicht aus christlichen oder sozialistischen Elternhäusern. Heute haben sie in diesem Sinne keine Herkunft mehr. Sie wissen nicht, woher sie

kommen und wohin es geht, es sagt ihnen auch niemand. Bestimmte Weisen der Weltdeutung und Orientierung sind verlorengegangen. Das wäre vielleicht nicht schlimm, aber das Wissen, daß Welt und Leben etwas Zu-Deutendes und Bedeutendes sind, ist verlorengegangen. Statt dessen geht es um Güter, die zusehends sinnloser werden. Schließlich wird auch das Leben sinnlos, wenn es um sinnlose Güter geht. Vor einiger Zeit habe ich in einer Klasse Dias aus den Slums von Lima gezeichnet, und darunter waren schreckliche Bilder. Sie haben keinen Eindruck gemacht, die Schüler haben sich bloß weiter angeödet und angemotzt. Ich hatte zwei Arten von Verwahrlosung vor mir, die auf der Leinwand und die im Klassenzimmer und ich wußte nicht, welche größer war. Zugleich hatte ich die Empfindung, daß beide miteinander zusammenhingen und daß man sie nur miteinander aufheben kann. Am liebsten wäre ich weit weggegangen."

Die Verwahrlosung in Lima und die Verwahrlosung in Deutschland hat seit den dreißiger Jahren zugenommen. Wenn man sie nur miteinander aufheben kann, dann ist das auch eine Aufgabe an den Lehrer: als politischer, der Gemeinschaft verpflichteter Mensch, als mitleidender und mitliebender.

Wenn Wolfgang Wimmer fragt: „Wie muß eine Gesellschaft sein, in der Kinder und Jugendliche es als selbstverständlich ansehen, ihre Begabungen und Fähigkeiten zu entfalten?", dann ist eine Antwort sicher. Eine technokratisch-kapitalistische Gesellschaft kann dies nicht leisten. Und eine Lehrerausbildung, die den Lehrer lehrt, seine Schüler auf eben diese Gesellschaft vorzubereiten, zerstört die Persönlichkeit des Lehrers und die der Schüler.

Ich habe in diesem Aufsatz darauf verzichtet, die vielfältigen Formen der Persönlichkeitszertrümmerung, denen der Mensch in unserer heutigen Lehrerausbildung unterworfen ist, zu schildern, und versucht, eine aus der Vergangenheit stammende konkrete Utopie zu zeigen. Ich habe auf die Analyse dieser Zerstörung verzichtet, weil ich denke, daß Sie diese selbst feststellen können. Wenn ich zum Schluß noch einmal aus dem Roman „Junglehrer Sturm" zitiere, dann, um eine Situation zu zeigen, in der Kinder lernen wollen, um ein Stückchen Lehrerpersönlichkeit vorzustellen, und nicht zuletzt, um ein wenig von dem ungeheuren Anspruch der letzten Zeilen zurückzunehmen:

„Da ist Hermann Lehrke. ‚Wissen Sie was, Herr Sturm, morgen nachmittag fahre ich mit meinen Eltern auf dem ‚Wintermärchen' übern Müggelsee. Da in der Kajüte ist meist kein Mensch, da hab' ich dufte Zeit, die Verhältniswörter zu üben.'

‚Hermann Lehrke, das tust du doch nicht.'

‚Bestimmt, Herr Sturm, ich tu' es.'

‚Das tust du nicht, Hermann Lehrke.'

‚Das tu ich.'

‚Wirklich? Weißt du, was du dann bist!'

Hermann Lehrke kommt lobbegierig näher.

‚Wenn du mit dem ‚Wintermärchen' übern Müggelsee fährst und in der Kajüte sitzt und die Verhältniswörter übst, dann bist du – komm näher, ich will dir's ins Ohr sagen – ein ganz großer Schafskopf!'"

Anmerkungen

1 Margarete Fischer: Junglehrer Sturm. Berlin 1934.
2 Stand Juni 1979. Dieses Merkblatt wird mit den Bewerbungsunterlagen verteilt.
3 Die drei Punkte stehen für eine umfangreiche Aufzählung des jeweils verschiedenen Gewichtungsverfahrens für die einzelnen Schularten und Schulstufen.
4 Wimmer, W.: Standhalten und nicht flüchten. In: päd. extra 10 (1980), S. 41–44.

Herbert Gudjons

Berufsbezogene Selbsterfahrung als Möglichkeit zur Entwicklung der Lehrerpersönlichkeit

I. Persona: non grata? – Oder: Warum „Persönliches“ beim Lehrer nicht unerwünscht bleiben darf

„Ich weiß nicht, was uns stärker in Anspruch nahm und bedeutsamer für uns wurde, die Beschäftigung mit den uns vorgetragenen Wissenschaften oder die mit den Persönlichkeiten unserer Lehrer“,[1] schrieb Sigmund Freud im Rückblick auf seine Zeit als Schüler am Gymnasium. Manchem Ex-Schüler werden eigene spontane Assoziationen und Einfälle zum Stichwort „Schulzeit“ diese langfristigen Wirkungen bestätigen, die von den Persönlichkeiten seiner Lehrer ausgingen. Vieles vom „Stoff" ist längst verblaßt, aber die Lehrer stehen noch lebendig vor uns und rufen Gefühle hervor.– Neben dieser subjektiven Erfahrungsebene zeigt auch die Erziehungswissenschaft zunehmend Interesse an Wirkungen von Person-Beziehungen in der Schule. Nicht nur Fragen der Inhalte und Vermittlungsformen, der Bedingungen und Ziele schulischen Lernens („was denn wie, wo und wozu vermittelt werden soll"), sondern die handelnden Personen („wer sich wem und wie vermittelt") werden über ihre Funktion als Rollenträger hinaus ernstgenommen: „Die Frage nach der Person des Lehrers und des Schülers, die Frage danach, was sie miteinander oder gegeneinander als Personen machen, entscheidet aber letztendlich darüber, was sie aneinander bewirken."[2]

Für den Lehrer bedeutet dieses Ernstnehmen der Person-Wirkungen ein *Bewußtwerden* vor allem über die eigene Person. Und eben dazu läßt der alltägliche Handlungszwang kaum Gelegenheit – „Nabelschau" und „Innerlichkeit" kann sich keiner leisten, der nahezu die Hälfte des Tages hochkonzentriert, angespannt und permanent reaktionsbereit mit 30 und mehr Individualitäten umzugehen hat. Psychohygiene, Selbstreflexion und Persönlichkeitsentwicklung degenerieren zum zufälligen Luxus. Eigene Ängste, Verhaltensschwierigkeiten, Enttäuschungen werden mit erhöhtem Einsatz für die fachliche und didaktische Planung des Unterrichtes beantwortet. Ein guter Lehrer ist eben ein starker – tüchtiger – erfolgreicher – beherrschter – sicherer – überlegener Lehrer, einer mit seelischen Problemen aber eher ein Sonderfall, überfordert, schwach, nicht durchsetzungsfähig, therapiebedürftig . . .

Das „Kind im Lehrer" und die Folgen

Gegenüber einer solchen Vereinseitigung der „Erwachsenheit" im Verständnis der Lehrerrolle hat unlängst H. Brück die Bedeutung verbliebener „Kindlichkeit" für die Persönlichkeit des Lehrers herausgearbeitet. Die nicht bearbeiteten Vernarbungen eigener Kindheitserfahrungen, die sich als das Unerwachsene, Unerzogene, Affektive, Chaotische, aber auch als das Kreative, Ungehemmte, Undisziplinierte, das Liebende und Hassende gleichsam querstellen zur geforderten „Erwachsenheit" des Lehrers, sind für Brück Quellen unbewußter Ängste. Diese Ängste aber führen zu unangemessenen Reaktionen gegenüber Schülern, Interaktionen dienen unbewußt primär der Absicherung des seelischen Gleichgewichtes des Lehrers; ein versteckter Teufelskreis permanenter Zufügung von Zugefügtem bestimmt den Umgang des Lehrers (und des „Kindes in ihm") mit den Kindern vor ihm. Die hohen Ansprüche an die Erwachsenheit des Lehrers geraten in einen massiven Konflikt mit der in der Kindheit erfahrenen beschädigten, begrenzten, kleinlichen, eingezwängten Ausstattung für die Realität. Diese Kollision wird aber – weil stark angsterzeugend – eher verleugnet als aufgearbeitet, ja die unreflektierte Aussperrung dieser Anteile persönlicher Art aus dem Handlungszusammenhang Lehrer – Schüler verhindert, daß ihre Folgen bearbeitet, sie selbst kultiviert und „erzogen" werden. Persona? Non grata . . .

Auch wenn man Brücks streckenweise düsterer Interpretation von Kindheit und ihren traumatisierenden Auswirkungen auf die Beziehung zwischen Lehrer und Schüler nicht folgt, bleibt doch als notwendige Konsequenz die Aufgabe, jene Anteile der eigenen Person und ihre Wirkungen auf aktuelles erzieherisches Handeln aufzuspüren. C. G. Jung hat dies zugespitzt in der Formulierung: „Deshalb sollte der Pädagog gut acht haben auf seinen eigenen seelischen Zustand, damit er sehen kann, woher es kommt, wenn mit den ihm anvertrauten Kindern irgendetwas schief geht."[3] Gerade die Berufsrolle des Lehrers, die die pädagogische Beziehung zum Schüler professionalisiert, zeigt die sachliche und die moralische Notwendigkeit dieser (selbst-)kritischen Reflexion des „eigenen seelischen Zustandes" und seiner Auswirkungen auf den praktizierten Erziehungsstil. So könnte manche Wirkung des institutionellen Einander-Ausgeliefertseins transparenter werden, etwa die ritualisierte Pedanterie als unbewußte Befriedigung unterdrückter aggressiver Impulse des Lehrers, das strenge Tabuisieren erotischer Kontakte bei Schülern als Folge einer Bedrohung eigener Trieb- und Verhaltenskontrolle, aber auch ein „antiautoritäres" Großzügigsein als geheimer Wunsch, geliebt werden zu wollen oder sich zu schützen vor abgrenzenden Trennungserlebnissen, die Reaktivierung eigener Autoritätsauseinandersetzungen im Verhältnis zu Vorgesetzten u. v. a. – Gerade bei Berufsanfängern, Referendaren und Studenten drückt das Bemühen um schülerorientierten, nicht-autoritären Unterricht oft die Sehnsucht aus, von den Schülern geliebt zu werden, das Sich-akzeptiert-Fühlen ist eines der großen, meist unbewußt bleibenden strategischen Ziele des noch rollenunsicheres Lehrers.

Erziehung der Erzieher

Der Erzieher kommt also um die Wirkung seiner Person nicht herum. Dies gilt auch, wenn man der tiefenpsychologischen Interpretation eher skeptisch gegenübersteht. Die Geschichte der Erziehung belegt diese Einsicht immer wieder; so schrieb z. B. Ch. G. Salzmann 1806 in seinem „Ameisenbüchlein": „Von allen Untugenden seiner Schüler muß der Erzieher den Grund in sich selber suchen". – Auch die sozialpädagogische Tradition von Pestalozzi bis Makarenko hält die Erziehung der Erzieher für eine conditio sine qua non für den pädagogischen Umgang der Generationen. W. Lauff hat angesichts der Defizite moderner Lehrerbildung darauf hingewiesen, wie sehr Makarenko unter der „Nicht-Erzogenheit" der Erzieher seines Kollektivs litt: „Später gelangte ich zu der festen Überzeugung, daß es besser ist, gar keinen Erzieher zu haben, als einen, der selbst nicht erzogen ist."[4] –

Nun wird allerdings das, was im Erzieher „erzogen“ werden muß, und die Frage, wie dies geschehen soll, sehr unterschiedlich zu beantworten sein. Für C. G. Jung ist es z. B. die Bewußtmachung und Integration des „Schattens“: des gleichsam spiegelbildlich zum Ich-Aufbau wachsenden Teils der Persönlichkeit. Dieser enthält die teils verdrängten, teils nicht gelebten psychischen Züge, die aus moralischen, erzieherischen oder sozialen Gründen vom „Mitleben“ ausgeschlossen wurden und daher der Abspaltung anheimfielen. Unkontrolliert führen sie aber ein sehr wirksames „Eigenleben“, sie können – je bösartiger und destruktiver desto stärker – den Anschluß an das Bewußtsein verlieren und in ihrer Existenz vom „reifen“ Erwachsenen schließlich negiert werden.[5]

Allerdings darf die Aufarbeitung der lebensgeschichtlichen Bedingungen und Entwicklungsprozesse der Lehrerperson nicht dazu führen, in dieser Analyse den Lehrer zum Sündenbock für alle möglichen Fehlentwicklungen oder Verhaltensschwierigkeiten der Schüler zu machen. Zur Bewältigung des gesamten Interaktionsfeldes „Schule“ würde die Couch des Analytikers ohnehin nur einen sehr begrenzten Zugang vermitteln. Unbewußte und bewußte Handlungsstrategien des Lehrers sind immer auch psychischer Niederschlag der *äußeren Bedingungen* seines Berufsfeldes und seiner berufsspezifischen Rolle und Funktion als *Lehrer.* Wollte man etwa Beziehungsschwierigkeiten in der Schule ausschließlich als Resultat biographischer Psychodynamik bearbeiten, so würde man sie einseitig als individuell-persönliche Unzulänglichkeiten dem einzelnen Lehrer anlasten. Für die Bearbeitung von Ängsten zum Beispiel – so hat B. Weidenmann gezeigt[6] – ist eine hilfreiche Analyse nur im Kontext der Funktionen des Erziehungssystems (z. B. Qualifikations-, Selektions-, Integrationsfunktion) sowie der widersprüchlichen Anforderungsstrukturen des Berufsfeldes möglich (z. B. extensive Zielformulierungen bei minimalen praktischen Annäherungschancen).

Für eine selbsterfahrungsorientierte Gruppenarbeit im Rahmen der Lehrerfortbildung hat dieses zur Folge, daß sie Handlungsprobleme des Lehrers immer auch im Zusammenhang mit der Institution Schule und nie allein bezogen auf das Selbstkonzept des einzelnen Lehrers reflektieren muß. Natürlich soll ein Lehrer durch die Selbsterfahrung in einer Gruppe und durch permanente Reflexion seiner pädagogischen Tätigkeit seine persönlichen Eigenheiten, seine Stärken, Schwächen, Wünsche, Ängste usw. genauer kennenlernen. Aber er muß darüber hinaus individuelle Eigenschaften von den an seine Rolle gerichteten Erwartungen unterscheiden können. Eine Klasse, die den Unterricht einer neuen Lehrerin sabotiert, die Vorschläge der Lehrerin ablehnt und mit Disziplinlosigkeit beantwortet, nimmt die „Neue“ zunächst primär als Rollenträgerin und damit auch als institutionalisierte Autorität wahr.[7] Diese Wahrnehmung ist an Vorerfahrungen der Schüler gebunden, sie drückt eine Beziehungsdefinition aus, deren latent konflikthafter Charakter mit der bisherigen Sozialisation durch die Institution Schule zusammenhängt.

Wenn nun die Lehrerin dieses Schülerverhalten nur als persönliche Kränkung und Bedrohung erlebt und ausschließlich auf dem Hintergrund ihrer persönlichkeitsspezifischen Defizite deutet („Ich kann mich eben nicht durchsetzen"), so werden damit die komplexen Bedingungsebenen in der Entstehung von Konflikten, Störungen undä Schwierigkeiten bedenklich reduziert. Neben den gesellschaftlichen Bedingungen im weitesten Sinn auf der einen Seite und den je individuellen biographisch angeeigneten kommunikativen Kompetenzen (oder Defiziten) auf der andern zielt die Bearbeitung von Handlungsproblemen des Lehrers in einer berufsbezogenen Selbsterfahrungsgruppe vor allem auf das Erkennen von Kommunikationssystemen. Das können Muster der Interaktion zwischen Lehrer und Schüler sein, die sich als Elemente eines Interaktionskreises verstehen lassen, in dem das Verhalten des einen Mitgliedes zwangsläufig das Verhalten der andern beeinflußt und umgekehrt; das können aber auch solche Muster sein, die sich bisweilen über die Köpfe der Beteiligten hinweg als Rituale verselbständigen und die Prozeßhaftigkeit der Kommunikation zum Klischee erstarren lassen.[8]

Folgerichtig müßte das methodische Konzept einer Lehrerberatung deshalb abzielen auf eine Integration dieser verschiedenen Ebenen: Behandlung des gesamten Kommunikationssystems (z. B. Training mit Schülern und Lehrer), Veränderung der zugrundeliegenden institutionellen Bedingungen (z. B. durch Sozioanalyse, Institutions- oder Systemberatung), die Bewußtmachung biographisch-genetischer Persönlichkeitsfaktoren (z. B. durch psychoanalytische Selbsterfahrung oder Transaktionsanalyse) sowie eine Analyse des komplexen Wirkungszusammenhanges dieser verschiedenen Ebenen. Ein solches Super- oder Metakonzept wird in der Praxis aber kaum möglich sein. Auch die im folgenden dargestellte Konzeption einer Lehrergruppenarbeit, die in mehrjährigere Praxis entwickelt wurde, sollte deshalb nur als *ein* Element praxisnaher Lehrerfortbildung verstanden werden.[9]

II. Konzeption und Praxis einer berufsbezogenen Selbsterfahrungsgruppe

Lehrertrainings sind nicht neu. Die Vielfalt ihrer Ziele und Verfahren hat u. a. R. Brunner ausführlich beschrieben.[10] Von klassischen gruppendynamischen Settings unterscheidet sich unsere Konzeption[11] durch die im Mittelpunkt seiner Sitzung stehende Berufsthematik, den „Fall" aus der Alltagspraxis also, der das gruppendynamische „Hier-und-jetzt-Prinzip" überschreitet. Es geht nicht um allgemeine Selbsterfahrung, sondern um die Bearbeitung von persönlichen Erlebnissen und Erfahrungen aus dem *beruflichen* Feld, allerdings mit dem Ziel der Verbesserung der eigenen interaktionellen Kompetenz. Angestrebt wird aber nicht (wie z. B. im Skill-Trainung) das Einüben abgegrenzter

Verhaltensfertigkeiten, sondern eher, daß die Gruppenteilnehmer sensibler werden für das, was bewußt und unbewußt in der Psyche des Gegenüber im schulischen Alltag vorgeht. Sie sollen verstärkt auch eigene Reaktionen, Gefühle, Impulse wahrnehmen, ihren Hintergründen auf die Spur kommen und dabei zunehmend sowohl persönlich-biographische wie institutionelle und gesellschaftliche Komponenten mitreflektieren. Durch diesen unmittelbaren Zuschnitt der Selbsterfahrung auf Aspekte der Lehrertätigkeit und der Berufsrolle wird das in gruppendynamischen Selbsterfahrungskursen immer noch ungelöste Transferproblem der Erfahrungen in den Alltag minimiert.

Die berufsbezogene Selbsterfahrungsgruppe ähnelt eher den Supervisionsverfahren in Therapie und Sozialarbeit, sie orientiert sich stark an der Methodik der Balint-Gruppe, ohne deren psychoanalytische Metatheorie zum Verständnis der Dynamik menschlichen Verhaltens und zur Begründung von Interventionen als die einzige zu übernehmen.[12] Problematisch an der Balint-Gruppe erscheint vor allem ihre Abhängigkeit von einem ausgebildeten Psychoanalytiker, der in der Regel für selbstorganisierte Lehrergruppen nicht zur Verfügung stehen dürfte. Auch die Dominanz der Arbeitshypothese des Supervisors für die Interpretation des Geschehens und die Abhängigkeit seiner Interventionen von diesem anspruchsvollen theoretischen Konstrukt verstärken die Leiterabhängigkeit der Gruppe und schränken die Übertragung dieser Methodik auf Selbsthilfe-Gruppen ein.

Die Gruppe, an deren Beispiel ich einiges über die praktische Arbeit berichten möchte, besteht aus etwa 12 Lehrern verschiedener Schularten, trifft sich seit etwa zwei Jahren einmal in der Woche zu einer etwa zweistündigen Sitzung, um über persönliche Schulerfahrungen im Interaktions- und Beziehungsbereich zu sprechen. Um dabei nicht im allgemeinen Wehklagen stekkenzubleiben, ist eine gewisse Strukturierung der Gruppenarbeit nötig. Während am Anfang der Gruppenarbeit ein „Leitfaden" noch mehr oder weniger als strenges Schema einer Abfolge bestimmter Schritte gehandhabt wurde, ist er später eher (als eine Orientierung im Hinterkopf) in den lebendigen Interaktionsprozeß der Gruppe eingebettet werden. In der Praxis folgt nach einer kurzen Phase des „Klönens" über Alltägliches am Anfang jeder Sitzung:

1. Eine Situations- oder Fallschilderung durch einen Teilnehmer

Ohne daß die Gruppe unterbricht, erzählt zum Beispiel Reinhardt B. von einer Szene, die er vorgestern erlebt hat. Er berichtet unmittelbar, assoziativ, unter Verzicht auf jede Vorbereitung: Er kommt in die Klasse zum Deutschunterricht und wird laufend mit Störungen konfrontiert.

R. schildert, was in ihm vorgeht, wenn Schüler ungeniert die Füße auf den Tisch legen, essen, Karten spielen und ihm auf seine vorsichtige Bitte um Disziplin vorhalten, daß nur er so pingelig sei, während andere Lehrer sich nicht daran stoßen würden. Seine Ängste, als Außenseiter zu gelten, als reaktionär in seinem scheinliberalen Kollegium angesehen zu werden usw., kommen zur Sprache. Der Berichtende erzählt, was ihm einfällt: unstrukturiert, spontan, weniger „objektive" Ereignisse, vielmehr die eigene emotionale Beteiligung und die subjektive Erlebnisweise. – Lücken, Widersprüche oder Unklarheiten sind dabei zugelassen, ja werden wichtig, weil sie nicht selten unbewußte Anteile am Erlebnis enthalten, die dem Berichtenden unangenehm sind, die er nicht wahrnnimmt, verdrängt, „vergißt".

Oft beobachtet haben wir auch, daß zwischen Inhalt einer Berichtszene und unserer aktuellen Gruppensituation ein unbewußter Zusammenhang besteht, so zum Beispiel als eine Kollegin von ihrer Trauer und Angst berichtete, innerlich Abschied nehmen zu müssen von einer Klasse, an der sie außerordentlich hing (und umgekehrt auch die Kinder an ihr), weil sie sich versetzen lassen wollte; die Gruppe traf sich zu ihrer vorletzten Sitzung und sollte beendet werden ... –

Die Teilnehmer haben während des Erzählens nicht nur mit-denkend zugehört, sondern sich auch unbewußt emotional in die Szene hineinversetzt. Sie haben sich mit den in der Szene Beteiligten auf die eine oder andere Weise positiv oder negativ identifiziert, haben mit eigenen Gefühlen subjektiv reagiert. Kern dieses Geschehens ist ein Stück „Wiederaufführung" der ursprünglichen Szene in der Gegenwart der Supervisionsgruppe, gebrochen durch die Wahrnehmung im Hier-und-Jetzt und durch die Subjektivität und Selektivität der beteiligten Gruppenmitglieder, ihren Problemhorizont, ihre Interpretationen, Gedanken und Gefühle. Dieses „Wiederholungsspiel" wird also auf einer metakommunikativen Ebene (im Unterschied zur „Originalaufführung" der Szene in der Schule) mit Hilfe der reflektorischen (– widerspiegelnden) Fähigkeiten der Gruppenmitglieder begleitet.[13] Was die Szenenschilderung bei den einzelnen emotional ausgelöst hat, wird nun zusammengetragen:

2. *Emotionale Reaktionen aus der Gruppe*

Einerseits stehen diese jetzt geäußerten Rückmeldungen im Zusammenhang mit der jeweils subjektiven Innenwelt jedes Teilnehmers, andererseits sind sie gebunden an die affektive Beteiligung (bewußt oder unbewußt) am Fall und den dort agierenden Personen. Zu Reinhard B. äußern Gruppenmitglieder u. a.: „Während deiner Erzählung habe ich mich stark auf der Seite des Schülers erlebt. Ich hatte richtig Lust, dich fertigzumachen, jedenfalls dich herauszufordern zur Auseinandersetzung". Oder: „Ich wurde ungeheuer wütend auf die Störer, ich hätte sie am liebsten rausgeworfen." – „Je mehr Verständnis du gezeigt hast, desto mehr wuchs mein Verlangen, dich zu provozieren."

Auch wenn der Berichtende nicht spontan mit allen Äußerungen etwas anfangen kann, liegt in ihnen doch die Chance, Einsichten zu gewinnen über Anteile des eigenen Fühlens und Handelns, die bisher nicht zureichend wahrgenommen und reflektiert wurden, aber auch Aufschluß zu gewinnen über mögliche Gefühle, Strategien, Absichten *anderer* an der Szene beteiligter Personen, denen man bisher blind gegenüberstand. Reinhardt B. fällt zum Beispiel erst jetzt auf, daß seine Angst in der Situation die Wahrnehmung möglicher *Schüler*intentionen in Richtung „Stell'“ dich zur Auseinandersetzung“ oder „Nicht immer so scheinfreundlich alles akzeptieren“ usw. verhindert hat. Seine Ängste vor den „fortschrittlichen“ Kollegen blockierten eine Initiative zur Auseinandersetzung oder Konfrontation mit den Schülern. (Er zieht daraus später die praktische Konsequenz, daß er das Schüler- und Lehrerverhalten gemeinsam mit anderen öffentlich im Kollegium zur Sprache bringt.) –

Bei diesem Bemühen um die affektive, jetzt aber metakommunikative „Wiederbelebung“ der ursprünglichen Szene durch die Gruppenarbeit sind Identifizierung und Distanz gleichermaßen wichtige „Beteiligungsformen“, um nicht in ein allgemeines und nutzloses Bemitleiden abzugleiten. – Notwendig ist in dieser „Runde“, daß der Berichtende offen ist für die Rückmeldungen, sich nicht rechtfertigt, verteidigt, entschuldigt oder zur vermeintlich „sachlichen“ Gegenargumentation verleiten läßt.

3. Wahrnehmungen und Beobachtungen der Gruppe

Im Gegensatz zur persönlichen, mehr emotionalen Reaktion des vorhergehenden Schrittes wird nun von den Mitgliedern beschreibend wiedergegeben, was sie am Berichtenden während der Falldarstellung wahrgenommen und beobachtet haben. Jetzt ist auch einleuchtend, warum die Fallschilderung spontan erfolgen soll: Eine Fülle wichtigen Materials ergibt sich aus Rückmeldungen über das *Wie* des Berichtens, über Akzentuierungen, Auslassungen, Unklarheiten, Widersprüche, Tonfall, Sprechtempo usw., aber auch unbewußt mit dem Körper ausgedrückte Signale (z. B. Diskrapanzen zwischen Inhalt und Ausdrucksweise: lächelnd über Wut reden, mit nervös spielenden Fingern die eigene Gelassenheit schildern). Die Falldarstellung soll nicht *bewertet* werden, vielen Teilnehmern fällt es sehr schwer, zu unterscheiden zwischen Beobachtung und Beurteilung. Diese Arbeitsphase hilft dem Berichtenden, die subjektive Brechung des erlebten Geschehens durch seine perspektivische Wahrnehmung besser zu begreifen und sich selbst darin genauer wahrzunehmen.

4. Bilder, Phantasien, Eindrücke von Beziehungen

Stärker als alle mühsamen sprachlichen Umschreibungen treffen oft Metaphern, Vergleiche usw. die Problematik einer Situation. Ein Beispiel: Als ein Kollege von seinen anstrengenden, aber erfolglosen Aktivitäten erzählte, auf jede Unmutsäußerung von Schülern partnerschaftlich, geduldig, verständnisvoll einzugehen und lieber auf Unterricht zu verzichten, um auch die kleinsten Konflikte erst zu bearbeiten, platzte eine Teilnehmerin mit einem Bildvergleich dazwischen: „Ich sehe dich da immer vor einer Wand mit lauter Löchern stehen, aus denen Wasser herausspritzt. Du läufst von einem zum andern, immer wenn du eines gestopft hast, ist schon wieder ein neues da, du zappelst dich ab, aber du schaffst es nicht." – Der Kollege äußert darauf spontan, daß er sich genau so empfindet. Bei allen freundschaftlichen Disziplininierungsversuchen (und als solche erkennt er die Absicht seiner Interventionen) ist das die Schwierigkeit: keinen Mut zur Durchsetzung eigener Ansprüche zu haben, statt dessen sich für andere zu verzehren ohne das Gefühl, damit Erfolg zu haben. –

Die leitende Frage dieser Arbeitsphase lautet: Welches „Bild" der Szene, der beteiligten Personen und ihrer Beziehungen hat der Berichtende vermittelt? Auch Phantasien der Gruppe sollen geäußert werden, weil sie oft – gleichsam stellvertretend – etwas von dem wiedergeben, was der Berichtende selbst auch diffus empfindet, aber entweder nicht genau wahrnimmt oder sich nicht bewußt eingesteht (z. B. Rachephantasien, die grundlegenden normativen Orientierungen der Lehrerrolle widersprechen).

Oft wird deutlich, wie die Gruppe viel stärker als der Erzähler auch Ängste wahrnimmt und zuläßt, die als höchstes Berufstrauma gefürchtet werden: massive Bedrohung der eigenen Autorität als Lehrer (eine lächerliche Figur abzugeben, nicht ernstgenommen zu werden, als Schwächling dazustehen), aber auch erdrückende Hilflosigkeit gegenüber Anforderungen und persönlichen Möglichkeiten (große Klassen; Lernen im Gleichschritt, dabei aber jedem einzelnen gerecht zu werden; den Dompteur spielen müssen und doch die Schüler zur Mündigkeit erziehen wollen), bis hin zu der immer wieder bohrenden Frage: Was habe ich als Lehrer wirklich erreicht, habe ich versagt, hätte ich mehr tun können?

5. *Interpretationen, Theorien, politisch-gesellschaftliche Aspekte*

Es ist wichtig zu lernen, individuelle Probleme nicht ausschließlich als persönliches Versagen zu verstehen. Ohne den persönlichen Anteil wegzurationalisieren, ist es doch erforderlich, zum Beispiel angstauslösende Aggressionen von Schülern nicht mehr nur auf die eigene Person zu beziehen, sondern sie z.B. als Ausdruck des Widerstandes gegen Zwänge der Schule zu begreifen. Gerade für den Lehrerberuf bedarf es der sozialwissenschaftlichen Analyse angstinduzierender Arbeitsbedingungen und struktureller Widersprüche des Berufsfeldes, gesellschaftlicher Zusammenhänge und politischer Konsequenzen.

Ein spezifischer Vorteil der Gruppenarbeit zeigt sich darin, daß mehr oder weniger *alle* Teilnehmer sich mit den meisten der geschilderten Probleme identifizieren. So berichten die Gruppenmitglieder immer wieder am Ende einer Sitzung, daß sie vom Gruppengeschehen profitiert hätten, auch wenn sie selbst nicht mit einem Fall „dran" waren.

Sehr genau zu prüfen ist allerdings, ob theoretische Interpretationen und verallgemeinernde Erklärungen eher als „Widerstand" gegenüber der Arbeit am Problem zu deuten sind oder ob sie persönliche Anteile im Rahmen eines umfassenderen Kontextes besser verständlich machen: Es kann deshalb nötig sein, daß der Akzent zunächst auf ein vertiefendes Durcharbeiten der individuellen Problematik des Berichtenden gelegt werden muß, bevor sich die Gruppe zu schnell von einem persönlichen Problem wegbewegt und theoretische Gelehrsamkeit demonstriert.

6. *Lösungsmöglichkeiten*

Erst gegen Ende geht es um praktikable Lösungen für ein Problem. Zu schnell gegebene Ratschläge und Handlungsanweisungen decken oft nur zu, verhindern einen Blick hinter die Kulissen. Die Aspekte der bisherigen Arbeitsabschnitte fließen hier zusammen, denn Lösungsschritte schließen sowohl Veränderungen im persönlichen Verhalten als auch auf die Institution bezogenes, möglicherweise politisches Handeln ein. Eine Kollegin z. B., die gegen ihren Willen durch dienstliche Anweisungen des Schulleiters zur Weitergabe eines umstrittenen Rundschreibens gezwungen werden sollte, suchte sich zunächst Verbündete im Kollegium, schaltete den Personalrat, dann die Gewerkschaft ein: zweifellos eine politisch orientierte Strategie. Aber ist damit das Zittern in den Knien bei der Auseinandersetzung mit dem Vorgesetzten verschwunden? Ist damit die Schlaflosigkeit bereitende Angst vor dem Versagen im Konfliktgespräch beseitigt? – Der Selbstanspruch der Gruppe zielt auf Lösungen, welche Hilfen zur Bewältigung des ganz persönlichen Anteiles, aber auch Möglichkeiten auf strategischer Ebene und theoriegeleitete Einsichten von Zusammenhängen enthalten.

Im eben genannten Fall hat das antizipierende Durchspielen erwarteter Situationen mit Gruppenfeedback und das Erproben von angemessenem Verhalten geholfen (Rollenspiel). Für andere Teilnehmer ist das gemeinsame Suchen und Diskutieren praktischer, unmittelbar am nächsten Morgen realisierbarer „Überlebenshilfen" nötig. Wieder andere entdecken Zusammenhänge in ihrer Persönlichkeitsstruktur – mit der Konsequenz einer langfristigen Notwendigkeit zur Änderung von Einstellungen, Prägungen, Attitüden. Ganz sicher können in der Regel keine Rezepte vermittelt werden. Aber auch wenn sich am Ende einer Sitzung keine perfekte oder überhaupt keine Lösung abzeichnete, ist doch der Eindruck lebendig, daß es sich gelohnt hat, mit seinen Schwierigkeiten nicht mehr nur allein zu bleiben. Die emotionale Solidarität der Gruppe, das Sich-Einfühlen in die Probleme des andern, das Aussprechen und Zulassen der ganz persönlichen Ängste und Erfahrungen, das Erleben kollegialer Solidarität geben dieser berufsorientierten Selbsterfah-

rung in der Gruppe eine hohe psychohygienische Qualität. Diese Bedingungen bieten zugleich aber auch eine Möglichkeit, die berufliche Sozialisation im Zusammenhang mit der Persönlichkeitsentwicklung in die „eigene Regie" zu nehmen. Damit wird der Ausblendung des Persönlichen aus pädagogischen Handlungszusammenhängen und einer weiteren Entfremdung des Lernens in der Schule entgegengearbeitet.
Persona? Grata!

Anmerkungen

1 S. Freud: Psychologie des Gymnasiasten, zitiert nach Pfeiffle, H.: Bemerkungen zum Lehrplan im gruppendynamischen Konzept schulischen Lernens. In: Gruppendynamik, H. 6. (1974), S. 391.
2 Brück, H.: Die Angst des Lehrers vor seinem Schüler. Reinbek bei Hamburg 1978, S. 10.
3 Jung, C. G.: Psychologie und Erziehung. Zürich 1946, S. 101.
4 Lauff, W.: Erziehung der Erzieher – eine Notwendigkeit. In: betrifft: erziehung H. 11 (1980), S. 23.
5 Pouplier, M.: Die Schattenprojektion in der wechselseitigen Beziehung zwischen Schüler und Lehrer. In: Pflüger P. M. (Hrsg.): Tiefenpsychologie und Pädagogik. Stuttgart 1977, S. 76–87.
6 Weidenmann, B.: Lehrerangst. München 1978 – Vgl. ferner Westermanns Pädagogische Beiträge, H. 1 (1980) zum Thema: „Lehrerangst".
7 Vgl. dazu Christoph, K.: Zur Begründung und Durchführung von gruppendynamischen Selbsterfahrungsseminaren in der Lehrerfortbildung. In: Geißler, K. (Hrsg.): Gruppendynamik für Lehrer. Reinbek bei Hamburg, 1979, S. 123ff.
8 Brunner, E. J./Rauschenbach, T./Steinhilber, H.: Gestörte Kommunikation in der Schule. München 1978, S. 42f.
9 An dieser Entwicklung ist meine Kollegin Karin Ginhold maßgeblich beteiligt. Vgl. auch: Gimmler, K./Ginhold, K.: Leben im Kollegium. In: Gudjons, H./Reinert, G.-B. (Hrsg.): Schulleben. Königstein 1980, S. 81ff.
10 Vgl. Brunner, R. in diesem Band und Brunner, R.: Lehrertraining. München 1976. Vgl. auch Signer, R.: Verhaltenstraining für Lehrer. Weinheim 1977.
11 Ausführlichere Darstellungen dieser Konzeption und weitere Praxisbeispiele finden sich bei Gudjons, H.: Fallbesprechungen in Lehrergruppen. In: Westermanns Pädagogische Beiträge 29 (1977) H. 9, S. 373–379 – Gudjons, H.: Strafarbeit für Petra? Eine Fallbesprechung aus dem pädagogischen Alltag. In: Westermanns Pädagogische Beiträge, 29 (1977) H. 11, S. 469–473, Gudjons, H.: Umgang mit Angst: Erfahrungen einer Lehrergruppe. In: Westermanns Pädagogische Beiträge, 32 (1980) H. 1, S. 27–31.
12 Vgl. dazu Münch, W.: Supervision von Lehrergruppen. In: Geißler, K. a.a.O., S. 145–181.
13 Vgl. Münch, a.a.O., S. 165.

Literatur

Brück, H.: Die Angst des Lehrers vor seinem Schüler. Reinbek bei Hamburg 1978.
Brunner, E. J./Rauschenbach, T./Steinhilber, H.: Gestörte Kommunikation in der Schule. München 1978.
Brunner, R.: Lehrertraining. München 1976.
Geißler, K. (Hrsg.): Gruppendynamik für Lehrer. Reinbek bei Hamburg 1979.
Gudjons, H.: Fallbesprechungen in Lehrergruppen. In: Westermanns Pädagogische Beiträge H. 9 (1977), S. 373–379.
Gudjons, H.: Umgang mit Angst: Erfahrungen einer Lehrergruppe. In: Westermanns Pädagogische Beiträge, H. 1 (1980), S. 27–31.
Jung, C. G.: Psychologie und Erziehung. Zürich 1946.
Junker, H.: Konfliktberatung in der Schule. München 1976.
Luban-Plozza, B.: Praxis der Balint-Gruppen. München 1974.
Moeller, M. L.: Selbsthilfegruppen. Reinbek bei Hamburg 1978.
Muck, M.: Psychoanalyse und Schule. Stuttgart 1980.
Münch, W./Schräder, M./Zingeler, U.: Fallbesprechungen disziplinschwieriger Situationen. In: Gruppendynamik im Bildungsbereich, 6 (1979) H. 2/3, S. 42–53.
Pflüger, P. M. (Hrsg.): Tiefenpsychologie und Pädagogik. Stuttgart 1977.
Roth, J.: Lehrer und Schüler. München 1980.
Schmidbauer, W.: Die hilflosen Helfer. Reinbek bei Hamburg 1977.
Strömbach, R./Fricke, P./Koch, H.-B.: Supervision. Gelnhausen 1979.
Weidenmann, B.: Lehrerangst. München 1978.
Winkel, R.: Angst in der Schule. Essen 1979.

L e h r e r v e r h a l t e n s t r a i n i n g

3 Übungen zu je 5 Minuten

Typ "Dynamisch/Aggressiv"
streng beobachten, Ellenbogen bewegen, auf und nieder wippen, geeignet für Klassenstufen 6 - 10

Typ "Hallo Kinder"
gut gelaunt, auf die verspielten Schüler eingehend, nie gezwungen lachen, Klassenstufe 1 - 8

Typ "Locker, Alter, locker"
voll im Leben stehend, blumiges Auftreten, lockere Bewegungen, grundsätzlich einer Meinung mit der Klasse, Klassenstufe 10 - 13

Reinhard Brunner

Lehrertrainings – Die Förderung kommunikativer Aspekte des Lehrerverhaltens

Ein Überblick

Im Zentrum jeder Lehrerausbildung und Lehrerweiterbildung stand und steht seit jeher die Förderung des Kommunikationsverhaltens[1] von Lehrerstudenten und Lehrern. Dies ist deswegen selbstverständlich, weil Unterricht eine spezifische Form menschlicher Kommunikation, nämlich gesellschaftlich determinierte Kommunikation zwischen Schülern und Lehrern darstellt. Deswegen kann sich dieser Beitrag auch nicht auf die sog. „Kommunikationstrainings“ für Lehrer beschränken; es wird versucht, einen möglichst großen Teil der bekannten Trainingsformen für Lehrer einzubeziehen.

Die traditionelle Lehrerbildung hat meist unterrichtliche Kommunikations- und Handlungsanweisungen vermittelt, ohne die speziellen Bedingungen der entsprechenden Prozesse zu thematisieren (wie dies etwa bei der Metakommunikation, als Sprechen bzw. Kommunizieren über Kommunikation geschieht) und zum Gegenstand spezifischen Trainings zu erheben.

Dies hat sich in den letzten zehn Jahren wesentlich geändert. In der Lehrerausbildung an den Hochschulen und Universitäten in der BRD werden zunehmend Vorlesungen und Seminare angeboten, in deren Zentrum die Vermittlung von Kenntnissen über kommunikative Fähigkeiten und Fertigkeiten stehen. Zugenommen hat auch die Zahl handlungsorientierter Seminare, die kommunikatives Verhalten trainieren. In zahlreichen Publikationen (etwa: Becker u. a. 1980; Brunner 1976; Döring 1980, Gage 1979; Grell 1974, Grell & Grell 1979) werden solche Trainings gefordert. In den meisten Bundesländern bilden sie einen Teil des staatlichen Weiterbildungsangebots; die Lehrerverbände bieten sie in ihren Bildungsprogrammen an, und eine große Zahl privater Institutionen hat trainingsorientierte Gruppen in ihr Programm aufgenommen. Dennoch sind spezifische Trainings zum Aufbau und zur Änderung kommunikativen Verhaltens von Lehrern noch nicht obligatorischer Teil der Lehrerbildung.

Fragt man nach Gründen für das eben skizzierte Interesse an solchen Trainings, so scheinen zumindest vier Annahmen besonders bedeutungsvoll:

a. Die ursprünglichen Normen und Konventionen, die die Lehrer-Schüler-Interaktionen bestimmt haben, werden zunehmend fragwürdig. Damit gewinnt der Beziehungsaspekt im Vergleich zum Inhaltsaspekt der Lehrer-Schüler-Kommunikation eine besondere Bedeutung. Dies kann im Zusammenhang mit allgemeinen Bedingungen der menschlichen Kommunikation gesehen werden, wie sie Watzlawick u. a. (1980, S. 55) beschrieben haben: „Im allgemeinen ist es so, daß die Definition der Beziehung um so mehr in den Hintergrund rückt, je spontaner und ‚gesunder' die Beziehung ist, während ‚kranke' (d. h. konfliktreiche) Beziehungen u. a. durch wechselseitiges Ringen um ihre Definition gekennzeichnet sind, wobei der Inhaltsaspekt fast völlig an Bedeutung verliert."

b. Die wachsende Professionalisierung des Lehrerberufs fordert eine enge Verbindung von Theorie und Praxis und – im Zusammenhang damit – theoriegeleitetes und kontrollierbares Verhalten.

c. Mit der Forderung des überwiegenden Teils der Gesellschaft nach Effizienz von Schule und Unterricht wird das Lehrerverhalten zum Gegenstand einer kausalanalytischen Überprüfung und Revision, mit der Absicht, seine Zielorientierung und Wirksamkeit zu erhöhen.

d. Eine Zunahme narzißtischer Defekte bei Lehrern und Schülern[2] und die damit in Verbindung stehende Abnahme des Gemeinschaftsgefühls[3] belasten die schulischen Kommunikationsprozesse in außerordentlichem Maße. Daraus ergeben sich Forderungen nach Interventionen (Trainings und Beratung), die die Analyse gestörter Beziehungen und den Aufbau angemessener und befriedigender Kommunikationsformen zum Ziel haben.

Gefördert wurde die Entwicklung von Trainings zum Kommunikationsverhalten für Lehrer durch eine Flut von Forschungsarbeiten und Publikationen auf dem Gebiet der Sozialpsychologie (Kommunikationstheorie) und Gruppendynamik, wobei eine enge Verbindung mit dem wissenschaftlichen Engagement auf diesen Gebieten und den oben angeführten Gründen zu sehen ist.

1. Zur gegenwärtigen Situation der Trainings zum Kommunikationsverhalten von Lehrern

Überblickt man die verschiedenen Formen von Lehrertrainingsmaßnahmen, die sich in Abhebung von der herkömmlichen, praxisbezogenen Sozialisationsform für Lehrer, dem Schulpraktikum, seit ca. 15 Jahren[4] herausgebildet haben, so wird deutlich, daß eine Trennung von Trainings, die auf kommunikative Aspekte der Lehrerpersönlichkeit abzielen, und solche, die andere – etwa nicht-kommunikative Aspekte – zum Ziel haben, nicht möglich erscheint: Jedes Lehrerverhalten bezieht sich in seiner professionellen Gestaltung immer direkt oder indirekt auf Kommunikation mit Schülern, Eltern oder Kollegen. Unterschiede zwischen den Trainings lassen sich deshalb vor allem aus den verschiedenen kommunikativen Kompetenzen ableiten, deren Erwerb oderVerbesserung angestrebt wird, und aus den für diese Zielerreichung eingesetzten Methoden.

1.1. Schulpraktika und Unterrichtsmitschau

Im Schulpraktikum als der verbreitetsten Form praxisbezogener Sozialisation von Lehrern erfolgt eine Vermittlung von Unterrichtsformen, Lehreraktionen und normativen Bedingungen der Lehrer-Schüler-, Lehrer-Eltern- und Lehrer-Vorgesetzten-Kommunikation weitgehend unreflektiert. Dies bezieht sich auf das Ausmaß, in dem Bedingungen der Kommunikation, Gelingen oder Mißlingen zum Thema erhoben werden. Zwar werden in Einführungspraktika, die von den Hochschulen durchgeführt werden, Bedingungen und Strukturen unterrichtlicher Kommunikationsprozesse problematisiert, doch findet sich allenthalben eine große Kluft zwischen den Zielen, die für einführende und fachdidaktische Praktika in den Studienordnungen und publizierten Praktikumgsmodellen (s. Brunner 1976) gesetzt werden und der Durchführung der Praktika durch Mentoren (Betreuungslehrer oder Ausbildungslehrern) an der Schule. Vergessen wird hier nicht, daß eine Reihe von Mentoren standardisierte (etwa die Flanders Interaction Analysis Categories; s. Hanke u. a. 1973) und selbst entworfene Beobachtungssysteme einsetzt und so die

Sensibilität der künftigen Lehrer für eigenen und fremden Unterricht zu steigern versucht. Vergessen darf hier aber auch nicht werden, daß Mentoren mit der Aufgabe, den Lehrerstudenten und Referendaren die Grundzüge unterrichtspraktischen Handelns zu vermitteln, aufgrund der im allgemeinen geringen praktischen Kenntnisse der Lehrerstudenten so ausgelastet sind, daß sie kaum noch gezielt kommunikatives Handeln trainieren können.

Während im Praktikum unterrichtspraktisches Handeln im Vordergrund steht, wird bei der Unterrichtsmitschau[5] vor allem durch Modellernen und durch gezieltes, visuell unterstütztes Aufmerksammachen unterrichtspraktisches Handeln vorbereitet und die Fähigkeit zur Analyse eigener und fremder unterrichtlicher Kommunikationen angebahnt. In Unterrichtsmitschau-Veranstaltungen an den Hochschulen werden zu diesem Zweck Unterrichtsdokumente (Filme oder Video-Bänder) kommentiert, analysiert und Alternativen zu dem gezeigten Lehrerverhalten entwickelt, wobei meist standardisierte und informelle Analyseinstrumente (Rating-Skalen, Kategoriensysteme) eingesetzt werden.

1.2. Microteaching und Skill-Training

„Microteaching ist ein Verfahren zum Aufbau und zur Änderung des Lehrerverhaltens, bei dem unterschiedlich komplexe, unterrichtliche Verhaltensweisen in Situationen trainiert werden, die sich gegenüber dem normalen Unterricht durch eine Verringerung der Schülerzahl und durch eine Verkürzung der Interaktionszeit auszeichnen und bei dem durch die Darbietung von Modellverhalten, durch den Einsatz verschiedener Rückmeldesysteme, durch positive Bekräftigung und durch wiederholtes Unterrichten ein größtmöglicher Lerneffekt erzielt werden soll" (Brunner 1976, S. 120).

Die dabei trainierten Verhaltensweisen, Lehrfertigkeiten (Skills), lassen sich auch in symbolischer Form – etwa über die Rezeption entsprechender Anleitungen (s. dazu Grell & Grell 1979, Becker u. a. 1980) – im Rollenspiel oder in abgewandelten Formen des Schulpraktikums vermitteln.

Lehrfertigkeiten wie Stimulusvariation, Fragen, Bekräftigen der Schülerbeteiligung oder Vortragen sind allgemein-didaktisch orientiert und wollen die Kompetenz des Lehrers erweitern, in einer solchen Weise mit Schülern zu kommunizieren, daß diese ein bestimmtes Verhalten zeigen oder daß sie mit einem bestimmten Ausschnitt der sie umgebenden Welt konfrontiert werden.

Eine Reihe von Zielen und Methoden des Microteaching finden sich auch bei den Minicourses. Diese stellen Medienverbundsysteme (Videoaufnahmen, schriftliche Anweisungen, Evaluierungsbögen) dar, die der selbständigen Aus- und Weiterbildung von Lehrern dienen. Bei der Konstruktion der Minicourses wurden folgende Elemente berücksichtigt (Borg u. a. 1970):

1. der „teach-reteach" (wiederholtes Unterrichten) Zyklus des Microteaching-Verfahrens

2. das Training von Lehrfertigkeiten (technical skills),
3. Modellernen mittels audiovisueller Präsentation von Lehrverhaltensweisen,
4. Rückmeldung mit Hilfe von Videoaufnahmen und Evaluierungsbögen und
5. Ergänzung der Instruktions- und Modellfilme durch Untertitel und Kommentare.

Zur Gruppe der Skill-Trainings zählt auch das „Simulated Social Skill Training (SSST) nach Flanders (1970). An diesem Training können 3–5 Personen teilnehmen, von denen eine die Rolle des Gruppenleiters, 1–2 andere Personen die Rolle von Gruppenmitgliedern (Schülern) und die übrigen die Rolle von Beobachtern einnehmen. Diese Rollen werden im Trainingsverlauf so getauscht, daß jeder Trainierende Gelegenheit hat, jede Rolle mindestens einmal einzunehmen. Neben Skills zum Frageverhalten schlägt Flanders (1970) für das SSST u. a. Fertigkeiten zur Förderung des Problemlösungsverhalten der Schüler und zu emotionalen Bereichen der Lehrer-Schüler-Interaktionen vor.

1.3. *Verhaltensmodifikatorisch orientierte Trainings*

Eine genaue Unterscheidung von Microteaching/Skill-Training und verhaltensmodifikatorisch orientierten Trainings erscheint nicht möglich; beide Gruppen sind lerntheoretisch orientiert. Während jedoch bei der ersten Gruppe die Reduzierung der Komplexität der unterrichtlichen Situation und das Fertigkeiten-Training im Vordergrund stehen, wollen die verhaltensmodifikatorisch orientierten Trainings spezielle Techniken der Verhaltensmodifikation in der Schulklasse (etwa Ignorieren, Verstärken, Token-Verstärkung) vermitteln und/oder Maßnahmen der Verhaltensmodifikation einsetzen, um allgemeindidaktisch oder fachdidaktisch ausgerichtetes Lehrerverhalten zu trainieren. Beispiele für derart orientierte Trainings sind das Münchener Trainingsmodell[6] (Innerhofer 1977) und die Trainings von Kern (1978; 1980). Bei den zuletzt genannten Trainings werden Techniken wie Selbstkonfrontation durch Video-Feedback, gemeinsame Video-Feedback-Analysen, Modellernen und Ohrhörertraining eingesetzt. Beim Ohrhörertraining erfährt der trainierende Lehrer mit Hilfe einer drahtlosen Sende- und Empfangsanlage während des Unterrichts Rückmeldung (Feedback) vom Trainer.

1.4. *Mikroanalyse*

Dieses Trainingskonzept wurde von A. C. Wagner entwickelt und enthält Elemente der Unterrichtsmitschau, des Microteaching und des Erfahrungstrainings nach Tausch & Tausch. Es zielt auf kognitives Lernen ab, bei dem die Teilnehmer eigene und fremde Unterrichtsaufzeichnungen nach verschiedenen Gesichtspunkten und unter Anwendung differenzierter Beobachtungssysteme analysieren. Die Wirksamkeit dieses Verfahrens liegt nach Wagner (1976, S. 133) in vier Bereichen.

„1. Dimensionen und Mikrostrukturen, die normalerweise nicht durchschaubar sind, werden bewußt gemacht,
2. das eigene Verhalten wird in einem größeren Maße verfügbar und damit steuerbar gemacht,
3. die sich in der Mikroanalyse schnell ergebenden Diskussionen über allgemeine pädagogisch-psychologische Fragestellungen gewinnen an Relevanz und Eindringlichkeit, da sie praxisbezogen bleiben.
4. Mikroanalyse gibt den Anstoß dazu, sich anhand der konkreten Situation (an der immer präsenten Frage: ‚Was hätte ich an dieser Stelle gesagt?') mit der eigenen Einstellung auseinanderzusetzen und Inkongruenzen wahrzunehmen."

1.5. Gruppendynamisch orientierte Trainings

Setzt man einen Bereich „gruppendynamische Trainings" neben Microteaching oder verhaltensmodifikatorisch orientierten Trainings, so heißt das nicht, daß in den zuletzt genannten Trainingsformen keine Gruppenarbeit oder Gruppendynamik stattfindet. Die Bezeichnung „gruppendynamisch" kommt den folgenden Konzepten des Lehrertrainings insofern zu, als bei ihnen die Interaktionen in der Trainingsgruppe wesentliches Lernpotential und/oder Zielbereich für die Veränderung des Kommunikationsverhaltens darstellen. Drei Gruppen von Trainings lassen sich dabei unterscheiden. Die erste Gruppe lehnt sich relativ abgeschlossenen Therapiekonzepten an, die zweite Gruppe geht von einzelnen Funktionen des Kommunikationsprozesses und dementsprechenden Fähigkeiten aus; die dritte Gruppe setzt verschiedene Formen der Gruppenarbeit und Gruppendynamik ein, um Änderungen in Richtung umfassender bzw. globaler Konzepte des Verhaltens und der Einstellung von Lehrern anzubahnen.

1.5.1. Trainings, die in enger Verbindung mit Therapiekonzepten stehen

Hier sind zunächst Selbsterfahrungsgruppen und berufszentrierte Selbsterfahrungsgruppen zu nennen, die von den Theoriekonzepten der Psychoanalyse[7] und der Individualpsychologie[8] ausgehen. Sie zielen darauf ab, die Lehrer-Schüler-Interaktion dadurch zu verändern, daß sie den Teilnehmern ein vertieftes Verständnis für das Verhalten und Erleben der Schüler entsprechend der zugrundeliegenden tiefenpsychologischen Theorien vermitteln; gleichzeitig wird die Dynamik der Lehrer-Schüler-Beziehung durch Aufdeckung unbewußter Motive und Mechanismen (etwa Übertragungsprozesse) dem Verstehen und der Veränderung zugeführt. Dabei werden sowohl die Prozesse in der Gruppe als auch die bisherigen Erfahrungen (auch Kindheitserfahrungen) der Trainingsteilnehmer als Lern- bzw. Veränderungspotential genutzt.

Eine wachsende Bedeutung für das Lehrertraining kommt auch der Transaktionsanalyse zu (s. Berne 1961; Petzold & Paula 1976). Mit ihren Einzelbereichen „Analyse von Transaktionen“, „Spielanalyse“ und „Skriptanalyse“ kann dieses Therapie- bzw. Trainingskonzept für zentrale Bedingungen der Lehrer-Schüler-Interaktionen sensibilisieren und zur Aufdeckung gestörter Beziehungen beitragen. Bei der Analyse der Interaktionen geht sie von drei Strukturelementen der kommunizierenden Personen aus (Ich-Zustände). Diese sind das Kind-Ich; das Erwachsenen-Ich und das Eltern-Ich. In der Spielanalyse werden komplexe und typische Interaktionsfiguren (Spiele) erhellt und einer Veränderung zugeführt. Die Skriptanalyse befaßt sich mit der Rolle (dem Skript), die der einzelne – im wesentlichen bestimmt durch frühkindliche Erfahrungen – übernommen hat und die sein Verhalten und Erleben bestimmen.

1.5.2. Lehrertrainings, die von einzelnen Elementen des Kommunikationsprozesses ausgehen

Bei ihnen stehen Grundfähigkeiten der Kommunikation bzw. der Lehrer-Schüler-Interaktionen im Vordergrund. Als solche nennen Fittkau & Schulz von Thun (1977; S. 102):

„– Sich trauen, den Mund aufzumachen,
- andere so ansprechen, daß sie sich persönlich akzeptiert fühlen,
- anderen etwas erklären und sich dabei verständlich ausdrücken,
- eigene Wünsche offen darlegen,
- mitkriegen, was mit dem anderen los ist,
- sagen können, was einem nicht paßt,
- zuhören und auf das Gesagte eingehen können usw.“

Greitemeyer (1980, S. 28) führt als Lernziele eines Kommunikations- und Verhaltenstrainings u. a. an:

„Der Erzieher soll lernen
- die Auswirkungen seines Verhaltens auf andere realistisch einzuschätzen,
- seine Fremdwahrnehmung zu überprüfen (vor allem Wahrnehmung von nonverbalem Verhalten),
- Feedback zu geben in angemessener Form,
- zuhören zu können,
- Metakommunikation, das heißt die Art der Kommunikation selbst zum Gegenstand der Kommunikation zu machen,
- Gesprächstechniken zu realisieren, die Verständnis für die Situation des Partners und die eigene Selbstdarstellung ermöglichen.“

Zu den Trainings, die von den Bedingungen gelungener Kommunikationsprozesse ausgehen und entsprechende Regeln einüben, gehören auch solche, die von dem Konzept der Themenzentrierten Interaktion (TZI) von Cohn (1970) ausgehen. Ihre Regeln lassen sich sowohl in entsprechenden Lehrertrainings als auch für unterrichtliche Gruppenarbeit anwenden. Sie zielen darauf ab, eine die Kommunikation fördernde Balance zwischen den individuellen Bedürfnissen der Teilnehmer, den Anforderungen und Bedingungen der Gruppe und dem Inhalts-Aspekt (dem Thema) herzustellen.

Gemeinsam ist den zuletzt genannten gruppendynamischen Trainings, daß sie stärker als das Skill-Training metakommunikativ orientiert sind.

1.5.3. Lehrertrainings, die sich auf relativ globale Konzepte des Verhaltens und der Einstellung von Lehrern beziehen

Trainings dieser Gruppe setzen meist mehrere Methoden und Organisationsformen der Gruppendynamik und Gruppenarbeit ein: Kleingruppenarbeit, Plenumsdiskussion, Selbstkonfrontation, Modellernen, Feedback-Übungen, Video-Feedback, Diskussion eigener und fremder Erziehungsäußerungen usw. Hierin unterscheiden sie sich oft nicht von Lehrertrainings, die eine Reihe verschiedener Techniken anwenden, ohne ein umfassenderes Verhaltenskonzept zu verfolgen (s. 1.6.).

Das Erfahrungstraining nach Tausch & Tausch (1970; auch „Erziehungspsychologisches Verhaltenstraining nach Tausch" genannt) soll vor allem dazu beitragen, daß Lehrer und Erzieher lernen, sozialintegrative Verhaltensformen und angemessenes Verhalten bei Erziehungskonflikten zu verwirklichen. Weiter kann es zum Training hilfreicher Gesprächsführung und stimulierenden, klaren und strukturierten Sprachverhaltens eingesetzt werden. Eine noch deutlichere Ausrichtung der Ziele auf die Verwirklichung demokratischer und emanzipatorischer Konzepte findet sich bei der Weiterentwicklung dieser Trainingsform durch Fittkau (1974).

Von einer ganzheitlichen Auffassung des Menschen und entsprechenden Ableitungen für Erleben und Verhalten von Lehrern und für ihre Beziehungen zu Schülern gehen Trainings aus, die sich dem Konzept der Humanistischen Psychologie (s. Bühler & Allen 1973) verpflichtet fühlen und u. a. gestalttherapeutische Methoden (Huy & Huy 1977) einsetzen. Dieses Konzept will ein Wachsen der Lehrerpersönlichkeit und damit in Verbindung stehende Lehrer-Schüler-Interaktionen fördern, bei denen Kreativität, Wertsetzung und Selbstverwirklichung im Vordergrund stehen. Es gilt dabei den Wert und die Würde des Menschen zu achten und die ihm eigenen Kräfte und Fähigkeiten zu entwickeln. Trainings, die sich den Zielen und Methoden der Lehrer-Schüler-Konferenz von Gordon (1977) verpflichtet fühlen, weisen zahlreiche Verknüpfungen zum Konzept der Humanistischen Psychologie auf.

1.6. Methodenkombinationen, die mehrere Phasen der Lehrerbildung umfassen

Auf dem 8. Päd. Hochschultag im Jahre 1971 wurden bereits Modelle vorgelegt und von Projekten der Lehrerbildung berichtet, bei denen mehrere der genannten Verfahren kombiniert und auf verschiedene Stufen der Lehrerbildung angewandt wurden (Steimle u. a. 1972). Während diese Modelle vor allem die verschiedenen Formen schulpraktischer Studien, Unterrichtsmitschau und Microteaching einsetzten, bezieht Signer (1979) in sein „Integratives Lehrertraining" Selbsterfahrungstraining, Training des Unterrichts- und Erziehungsverhaltens, Antizipatorisches Rollentraining, Berufsbegleitende Praxisberatung und Selbsttrainingsaktivitäten ein.

Verfahrenskombinationen, die aufeinander aufbauend und sich ergänzend Elemente eines Curriculums darstellen, das alle Phasen der Lehrerbildung umfaßt, erscheinen als eine Möglichkeit, die teilweise sehr heterogenen und sich widersprechenden Ziele und Verfahren der 1. Phase (an den Universitäten) und der 2. Phase (Referendarausbildung) sinnvoll aufeinander zu beziehen.

2. Zur Klassifikation von Lehrertrainings

Döring (1980, S. 339) hat folgende Unterteilung vorgelegt:

„I. Ansätze zur Persönlichkeitsentwicklung des Lehrers
  1. Psychotherapeutische Betreuung und Beratung (Psychoanalyse, Gesprächspsychotherapie, Verhaltenstherapie etc.)
  2. Autogenes Training und Entspannungstechniken . . .
  3. Gruppendynamisches Sensitivitätstraining . . .

II. Ansätze herkömmlicher, theoretischer Art
  1. Vorlesungen und Seminare über berufswissenschaftliches Basiswissen und berufliches Selbstverständnis
  2. Pädagogische Situationsanalysen . . .

III. Ansätze unterrichtsanalytischer Art
  1. Unterrichtsbeobachtung und Unterrichtsanalyse
  2. Unterrichtsmitschau und audio-visueller Modellunterricht . . .
  3. Interaktionsanalysen . . .

IV. Ansätze zu beruflichem „Skill-Training"
  1. Microteaching . . .
  2. Simulationsübungen . . .
  3. Workshop-Seminare mit bestimmter Zielsetzung (z. B. über ‚kreatives Lehren' . . .)"

Folgende für das Lehrertraining und für das Lehrerverhalten bedeutsame Kriterien als Ausgangspunkt für weitere Klassifikationen können gewählt werden, wobei die einzelnen Trainings im Sinne der Mehrfachklassifikation einzuordnen wären.

a. Bezugstheorie

Lehrertrainings lassen sich danach unterscheiden, von welchen theoretischen Konzepten sie ausgehen. Theorien, auf die sich die genannten Lehrertrainings stützen, sind u. a.: Lerntheorie (Modellernen, Theorie des operanten Konditionierens, kognitive Lerntheorie), Psychoanalyse, Feedback-Theorien, Rollentheorie. Zu beachten ist dabei, daß meist mehrere Theorien als Bezugssysteme der einzelnen Trainingsformen dienen.

b. Aspekte der Lehrerpersönlichkeit

Hier erfolgt etwa eine Gliederung entsprechend der Frage: Bilden Aspekte im Zusammenhang mit der Einstellung, dem Verhalten oder der Zielorientierung der Lehrerpersönlichkeit den Gegenstand von Veränderungsbemühungen? Eine andere Differenzierung dieser Aspekte könnte von kognitiven, affektiven und verhaltensmäßigen Momenten ausgehen. Das Kriterium „Aspekte der Lehrerpersönlichkeit" läßt sich auch nach geschlossenen (etwa der Psychoanalyse) oder offenen (wie sie die empirische Persönlichkeitstheorie beschrieben hat) Persönlichkeitssystemen differenzieren.

c. Allgemeine Aspekte des Kommunikationsprozesses

Diesen Kriterien können verschiedene Theorien zum Kommunikationsprozeß zugrundeliegen. So übermitteln nach Scherer (1977, S. 228) innerhalb der Prozesse der interaktionalen Kommunikation „zwei oder mehrere (1) ko-orientierte und (2) wechselseitig kontingent interagierende Akteure (3) im Rahmen zielgerichteter Verhaltenssequenzen (4) Informationen (5) durch Zeichenkomplexe in verschiedenen Übertragungskanälen."

Ko-orientierung bedeutet gegenseitige Aufmerksamkeit; dieser Teilaspekt der Kommunikation findet sich etwa in Trainings wieder, bei denen es um die Sensibilisierung der Beobachtung geht oder die die offene und aufmerksame Zuwendung des Lehrers zum Schüler vermitteln wollen.

d. Unterrichtliche Kommunikation

Geht man von einem vereinfachten didaktischen Modell aus, das durch Interaktionen der 4 Faktoren: Lehrer, Schüler, Klasse (Gruppe) und Inhalt (Stoff) bestimmt wird, so lassen sich Trainings unterscheiden, die

- auf Persönlichkeitsveränderungen des Lehrers (etwa: psychische Stabilität)

- auf die Lehrer-Einzelschüler-Interaktion (etwa: Diagnose des Lernprozesses, Interventionen zur „Persönlichkeitsförderung“ des einzelnen Schülers)
- auf die Lehrer-Schülergruppe-Interaktion (methodische Fertigkeiten, Führungsaufgaben) und
- auf die Lehrer-Gegenstand-Beziehung (Kenntnisse, Aufbereitung des Stoffes) abzielen.

Diese Unterteilung kann nur in akzentuierender Weise die Schwerpunkte einzelner Trainings hervorheben; Kombinationen gilt es dabei zu berücksichtigen.

e. *Ausmaß der Praxisnähe*

Lehrertrainings lassen sich auch danach unterscheiden, in welchem Ausmaße sie Bedingungen herkömmlichen oder alternativen Unterrichts berücksichtigen. Wenn allein „Hier und Jetzt“-Bedingungen[9] der Gruppe oder unterrichtsunspezifische Erfahrungen der Teilnehmer Ausgangs- oder Zielpunkte des Trainings bilden, dann wird eher der praxisferne Pol der Skala „Praxisbezug“ erreicht, während Trainings, die unterrichtliche Erfahrungen der Teilnehmer und/oder unterrichtspezifisches Verhalten in den Mittelpunkt der Analyse und der Veränderung stellen, als praxisnah zu bezeichnen sind.

3. Einige zentrale Bedingungen für Lehrertrainings

Vollständigkeit hinsichtlich der wichtigsten Bedingungen, die Gelingen bzw. die Dynamik von Lehrertrainings beeinflussen, soll hier nicht angestrebt werden. Einige zentral erscheinende Bündel von Bedingungen, die einen großen Teil aller Trainings innerhalb der Lehrerausbildung berühren, sollen herausgegriffen und kurz erläutert werden.

3.1. *Frühere Erfahrungen der Teilnehmer*

Bedingungen, wie sie Erwachsene in ihrer Kindheit vorgefunden haben, gelten als wesentliche Einflußquellen für die Bildung ihrer Persönlichkeitsstruktur bzw. ihres Selbstkonzepts und ihres Lebensstils (dies wird übereinstimmend von tiefenpsychologischen Theorien, aber auch etwa von der Transaktionsanalyse angenommen). Damit werden bei Lehrern wichtige Voraussetzungen für die Lehrer-Schüler-Interaktion und für ihre Berufszufriedenheit geschaffen. Neben diesen früheren Erfahrungen aus der Kindheit sind es die Erfahrungen aus der eigenen Schülerzeit, die wesentlich die Erwartungen an den Lehrerberuf und den unterrichtlichen Interaktionsstil bestimmen. Negiert man solche Erfahrungen und deren Einflüsse, etwa in einer Lehrerbildung, die vornehmlich auf Skill-Training und auf die Vermittlung methodisch-didaktischen Wissens abzielt, so besteht die Gefahr, daß Lehrer durch unbewußte Prozesse, durch einen unangemessenen Lebensstil (im Sinne A. Adlers) oder durch negative Einstellungen die Interaktionen mit ihren Schülern in einer solchen Weise strukturieren, daß sie ihr methodisch-didaktisches Wissen und Können nicht mehr entfalten können. Deswegen sind Trainingssysteme zu befürworten, die in allen Phasen der Lehrerbildung berufszentrierte Selbsterfahrungsgruppen vorsehen, die eine Auseinandersetzung mit früheren Erfahrungen der Teilnehmer ermöglichen.

3.2. Übertragung der Trainingsergebnisse auf die Schulpraxis

Daß Lehrertrainings mit gruppendynamischer Ausrichtung einen zu geringen Praxisbezug aufweisen und ihre Ergebnisse daher nur schwer auf die tägliche Unterrichtsarbeit übertragen werden können, ist einer der am häufigsten geäußerten Kritikpunkte der Teilnehmer (ein Beispiel dafür gibt Prose, 1973, an). Dabei muß die Forderung nach größtmöglicher Transferwirkung von Lehrertrainings nicht auf das unmittelbare Unterrichten eingeschränkt werden. Geht man von einer ganzheitlichen Auffassung menschlichen Tätigseins und Erlebens aus, so darf angenommen werden, daß eine Vielzahl von Persönlichkeitsveränderungen (als Trainingsergebnisse) sich nicht nur auf die allgemeine Kommunikationsfähigkeit, sondern auch auf die Lehrer-Schüler-Interaktionen auswirken. Transferwirkungen werden da aber erschwert, wo Normen und Interaktionsmuster in der Gruppe entwickelt werden, die von denen der beruflichen und sonstigen Realitätsfelder der Trainingsteilnehmer stark abweichen und die nicht mehr kritisch hinsichtlich der so entstandenen Diskrepanz hinterfragt werden.

In der 1. Phase der Lehrerbildung können solche Trainings zur Verstärkung des späteren Praxisschocks beitragen, in der Lehrerweiterbildung mobilisieren diese Trainings eher eine Abwehrhaltung, die die Bereitschaft zur Veränderung der eigenen Praxis verringern.

3.3. Institutionelle Bedingungen

Kröll (1980, S. 235) stellt fest, „daß die Kultusministerien die Lehrerfortbildung immer gezielter als Medium der inhaltlichen und administrativen Einführung schulischer Neuerungen (z. B. Richtlinien, Mengenlehre, Orientierungsstufe) einsetzen."

Dieser Autor kommt weiter zu dem Ergebnis, daß der Ausbau der Lehrerfortbildungssystems hinter den Fortbildungswünschen der Lehrer und den Erfordernissen des sich wandelnden Schulwesens zurückgeblieben ist.

Die Richtung dieser Kritik trifft auch für die Lehrerausbildung an den Universitäten zu.

Institutionelle Bedingungen, die die Einführung und das Gelingen von Lehrertrainings mitverantworten, finden sich aber auch auf der Ebene des Systems der einzelnen Schule. Einer verstärkten Partizipation der beteiligten Lehrer am Schulsystem entspräche die teilweise Verlagerung der Konzeption und Durchführung von Lehrertrainings auf die Ebene der einzelnen Lehrerkollegien. Innovatorische Kräfte, die auf diese Weise freigesetzt werden, müßten dann aber auch auf entsprechende Freiräume der Entscheidung treffen. Solange die derzeit massive Reglementierung der Schule durch die Administration der Kultusministerien und der nachgeordneten Behörden anhält, bleiben die geforderten Umstrukturierungen chancenlos.

Anmerkungen

1 Die Begriffe „Kommunikation" und „Interaktion" werden hier im einzelnen nicht unterschieden, da sich entsprechende Unterscheidungskriterien nicht allgemein durchgesetzt haben (s. Scherer 1977).

2 Ich gehe davon aus, daß die Zunahme narzißtischer Erkrankungen in den hochindustrialisierten Gesellschaften, wie sie heute in zahlreichen Publikationen zur klinischen Psychologie beschrieben werden, eine Entsprechung in der Gruppe der Lehrer und Schüler findet.

3 Hier nehme ich Bezug zur Individualpsychologie: Adler 1973; Ansbacher & Ansbacher 1975.

4 Diese Zeitspanne ergibt sich aus der Durchführung der ersten Unterrichtsmitschau- und Microteaching-Veranstaltungen in der Bundesrepublik in Deutschland.

5 Nach Schorb (1971, S. 327) ist Unterrichtsmitschau „die durch technische Übertragungsmittel ermöglichte Teilhabe an originalen Situationen der Schulwirklichkeit, wobei die Mitschauenden wegen der optisch-akustischen Trennung die Möglichkeit haben, schon während des Ablaufs der Vorgänge in die Verarbeitung einzutreten (Kommentare, Diskussionen)."

6 Dieses Modell wurde zunächst für das Elterntraining entwickelt, später auch für entsprechende Lehrertrainings übernommen.

7 Solche Trainings werden u. a. von der DAP (Deutsche Akademie für Psychoanalyse) der DGPPT (Deutsche Gesellschaft für Psychoanalyse, Psychosomatik und Tiefenpsychologie) und der G.A.G. (Gesellschaft für analytische Gruppendynamik) angeboten.

8 Die DGIP (Deutsche Gesellschaft für Individualpsychologie) veranstaltet u. a. in München, Aachen und Düsseldorf entsprechende Trainings.

9 Bedingungen, die sich aus der momentanen Situation der Teilnehmer in einer bestimmten Trainingsgruppe ergeben.

Literatur

Adler, A.: Individualpsychologie in der Schule. Frankfurt 1973.

Ansbacher, H. L./Ansbacher, R. R.: Alfred Adlers Individualpsychologie. München/Basel 1975.

Becker, G. E./Clemens-Lodde, B./Köhl, K.: Unterrichtssituationen. München ²1980.

Berne, E.: Transactional analysis in psychotherapy. New York 1961.

Borg, W. R./Kelley, M. L./Langer, P./Gall, M.: The minicourses – a microteaching approach to teacher education. Beverly Hills 1970.

Brunner, R.: Lehrertraining. München 1976.

Bühler, Ch./Adler, M.: Einführung in die humanistische Psychologie. Stuttgart 1975.

Cohn, R. C.: Das Thema als Mittelpunkt interaktioneller Gruppen. In: Gruppenpsychotherapie und Gruppendynamik 3 (1970), S. 251–259.

Döring, K. W.: Lehrerverhalten. Theorie-Praxis-Forschung. Weinheim 1980.

Fittkau, B.: Notwendigkeit und Möglichkeiten von Kommunikations- und Verhaltenstraining für Lehrer und Erzieher. In: Fittkau, B. u. a. (Hrsg.): Kommunikations- und Verhaltenstraining für Erziehung, Unterricht und Ausbildung. Pullach bei München 1974.

Flanders, N. A.: Analyzing teaching behavior. Reading, Mass. 1970.

Gage, N. L.: Unterrichten – Kunst oder Wissenschaft. München 1979.

Gordon, T.: Lehrer-Schüler-Konferenz. Hamburg 1977.

Greitemeyer, D.: Kommunikations- und Verhaltenstraining an der Fachschule für Sozialpädagogik. In: Zeitschrift für Gruppenpädagogik 6 (1980), S. 27–37.

Grell, J.: Techniken des Lehrerverhaltens. Weinheim u. Basel 1974.

Grell, J./Grell, M.: Unterrichtsrezepte. München 1979.

Hanke, B., Mandl, H./Prell, S.: Soziale Interaktion im Unterricht. München 1973.

Huy I./Huy, W.: Gestalttherapie und Gestalttraining in der Lehrerbildung. In: Petzold, H. G./Brown, G. I. (Hrsg.): Gestaltpädagogik. München 1977.

Innerhofer, P.: Das Münchener Trainingsmodell. Berlin 1977.

Kern, H.-J.: Lehrer-Selbsttraining durch Videofeedback und Analysen non-verbalen Verhaltens. In: Psychologie in Erziehung und Unterricht 25 (1978), S. 111–114.

Kern, H.-J.: Lehrertraining in der Schulpraxis: Erprobung von Trainingstechniken und Evaluationsverfahren. In: Psychologie in Erziehung und Unterricht 27 (1980), S. 10–20.

Kröll, U.: Institutionalisierte Lehrerfortbildung: Zwischen Tradition und Innovation. In: Kröll, U. (Hrsg.): Institutionalisierte Lehrerfortbildung. Weinheim 1980.

Petzold, H./Paula, M. (Hrsg.): Transaktionale Analyse und Skriptanalyse. Hamburg 1976.

Prose, F.: Teachertraining in „Sozial-integrativen Verhaltensweisen". In: Royl, W./Minsel, W. R.: Teachertraining. Hannover 1973.

Scherer, K. R.: Kommunikation. In: Hermann, T. u. a. (Hrsg.): Handbuch psychologischer Grundbegriffe. München 1977.

Signer, R.: Verhaltenstraining für Lehrer. Weinheim 1979.

Spangenberg, K.: Chancen der Gruppenpädagogik. Weinheim 1969.

Wagner, A. C.: Microanalyse von Unterrichtsverhalten. In: Minsel, W. R. u. a. (Hrsg.): Verhaltenstraining – Modelle und Erfahrungen. Ratingen 1976.

Watzlawick, P./Beavin, H. H./Jackson, D. D.: Menschliche Kommunikation. Bern ⁵1980.

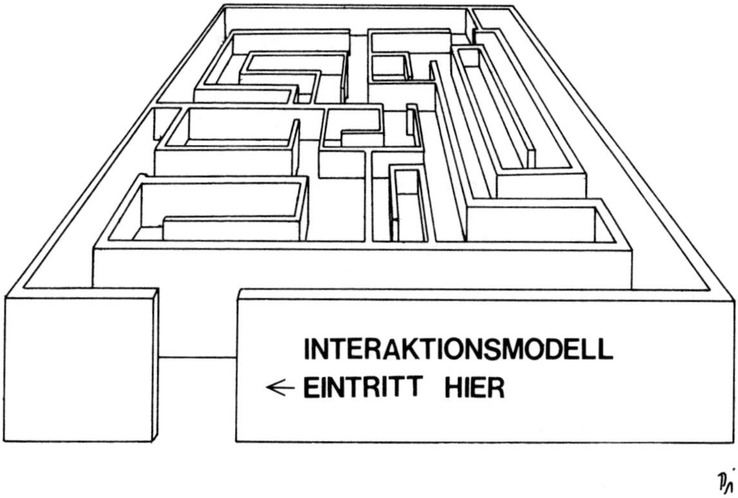

Wilfried Schley

Vermittlung sozialerzieherischer Handlungskompetenz oder: Warum vielen Lehrern die süße Frucht „sozialen Lernens“ im Schulalltag sauer wird

Lehrer sind in ihrem beruflichen Alltag vielfältigen Belastungen ausgesetzt. Im Vordergrund stehen Probleme mit Schülern, Spannungen im Kollegium, Auseinandersetzungen mit der Schulbürokratie und Schwierigkeiten mit Eltern. Der einzelne Lehrer muß den verschiedenen, oft gegensätzlichen Erwartungen dieser Gruppen entsprechen. Diese Situation ruft Konflikte hervor, die den einzelnen zusätzlich zur eigentlichen Aufgabe des Unterrichtens belasten. So fühlen sich denn auch 87,6 Prozent der Lehrer überbeansprucht, obwohl sie ihren Beruf mögen. (Vgl. Müller-Limmroth 1980, S. 5)

Jeder Lehrer geht mit seiner Überlastung anders um. Viele resignieren, verfallen in Jobroutine, geben die eigenen ursprünglichen Ansprüche auf, kompensieren durch Aktivitäten in außerschulischen Bereichen. Andere werden gewerkschaftlich oder politisch aktiv, um bessere Arbeitsbedingungen zu erkämpfen. Wieder andere erhoffen eine Lösung von Seiten der Psychologie, ziehen Fachliteratur zu Rate, wenden sich an ihre Schulpsychologen oder nehmen an einer der Lehrergruppen teil, die in stetig wachsendem Maße eingerichtet werden.

Der vorliegende Beitrag stützt sich auf langjährige Erfahrungen in der Lehrerfortbildung und -beratung. Als direkten Hintergrund der Ausführungen sehe ich meinen derzeitigen Arbeitsschwerpunkt an. Er besteht darin, eine auf einer Verbindung von Prinzipien der Verhaltensmodifikation und der Lewinschen Aktionsforschung aufbauende kooperative Problemlösungsstrategie an Lehrer zu vermitteln und sie in der praktischen Anwendung zu betreuen. (Vgl. Redlich & Schley 1978, Redlich 1979, Schley 1980)

In diesem Beitrag gehe ich drei Fragen nach. Ich möchte

- die Unterrichtsprobleme, die Lehrer am stärksten belasten, beschreiben und anhand eines Faktorenmodells erklären,
- die zentrale Bedeutung fehlender Handlungskompetenz im sozialerzieherischen Bereich für die Probleme von Lehrern im Unterricht herausarbeiten,
- Konsequenzen ziehen für Lehrerfortbildungs- und -beratungskonzepte sowie für die Lehrerausbildung selbst.

Die Ausführungen beziehen sich grundsätzlich auf alle Schularten und Altersstufen, wobei sie für die Grund-, Haupt- und Gesamtschule besondere Relevanz haben. Sie treffen verstärkt auf Schulen in sozialen Brennpunkten zu. Ich gehe von der Grundauffassung ganzheitlichen Lernens aus. Das schließt Denken, Handeln und Fühlen der Beteiligten, Lehrer und Schüler, ein. Der Gedankengang besteht aus fünf Schritten:

1. Ich beginne mit einer Beschreibung der wichtigsten Problembereiche, mit denen Lehrer im Unterricht zu tun haben, und stelle den Einfluß der entscheidenden Faktoren dar, die Unterrichtsprobleme bewirken.
2. Lehrer sind heute in besonderer Weise mit sozialerzieherischen Aufgaben konfrontiert, für die sie in der Ausbildung keine Handlungskompetenzen erworben haben. Diese These wird im zweiten Schritt am Beispiel zweier Lehrer illustriert, deren Verhalten im Unterricht zeigt, welche Folgen ein überwiegend didaktisch orientiertes Studium für die Lehrer-Schüler-Beziehung hat.
3. Der dritte Abschnitt besteht aus einer Darstellung der Wert-Erwartungs-Theorie als Erklärungsmodell für das Handeln der Lehrer im Unterricht und aus dem Versuch, das geringe Ausmaß intentionaler Förderung sozialen Lernens trotz starkem Motiv der Lehrer als Folge ihrer Ausbildungsbedingungen zu begründen.
4. Im vierten Schritt leite ich Folgerungen für die Tätigkeit von Lehrerfortbildnern und -beratern ab und zeige diese beispielhaft am Konzept der Kooperativen Verhaltensmodifikation auf.

5. Der Beitrag schließt mit einer thesenartigen Darstellung von Konsequenzen für das Lehrerstudium.

1. Unterrichtsprobleme von Lehrern

Unter den Arbeitsbelastungen von Lehrern stehen Probleme mit Schülern im Unterricht mit Abstand an erster Stelle. (Vgl. Craemer 1979, Krieger u. a. 1976)

Lehrer nennen folgende Einzelprobleme am häufigsten;

Unruhe: Schüler sind ständig in Bewegung, reagieren häufig auf ablenkende Reize, sind unkonzentriert, arbeiten mit wenig Ausdauer, reden laufend miteinander.

Es ist schwer, Unterrichtsgespräche durchzuführen, und anstrengend, immer wieder die nötige Arbeitsruhe herzustellen.

Störungen: Schüler rufen in die Klasse, unterhalten sich laut quer durch den Raum, stehen vom Platz auf, kippen mit dem Stuhl um, schreien plötzlich los. Es ist kaum möglich, ohne Unterbrechungen und Ermahnungen zu arbeiten.

Desinteresse: Schüler verhalten sich gleichgültig gegenüber dem Thema oder dem Lernmaterial, sitzen oft teilnahmslos da, zeigen kaum Interesse an offenen Aufgabenstellungen oder freien Arbeitsformen, bringen von sich aus keine Lernbereitschaft mit. Es fällt schwer, die Schüler über den Unterricht zu motivieren.

Unselbständigkeit: Schüler schlagen keine Themen von sich aus vor, fragen bei vorgegebenen Aufgaben immer wieder nach, fangen von sich aus nichts an, bringen Arbeiten nicht zu Ende, suchen nicht von sich aus nach Fehlern.

Es ist sehr mühsam, ihnen das fehlende Selbstvertrauen in die eigenen Fähigkeiten zu vermitteln und sie selbständiger zu machen.

Schlechte Zusammenarbeit: Schüler helfen sich gegenseitig zu wenig, unterstützen sich nicht bei der Aufgabenbearbeitung, gehen bei Gruppenarbeit zu wenig aufeinander ein, arbeiten gegeneinander, einigen sich nur schwer bei unterschiedlichen Auffassungen.

Es kostet viel Zeit und Mühe, Schüler zur Kooperation miteinander zu bewegen.

Streit: Schüler greifen sich gegenseitig mit Worten oder körperlich an, attackieren schwächere und Außenseiter, Gruppen innerhalb der Klassen lehnen sich gegenseitig ab, es bestehen aggressive Spannungen. Es erscheint nahezu aussichtslos, die Ablehnung und Feindseligkeit überwinden zu können.

Viele Lehrer stehen den beschriebenen Verhaltensweisen von Schülern ratlos gegenüber. Oftmals wissen sie sich nicht anders zu helfen, als über Zensuren Druck auszuüben und/oder zu folgenden Sanktionen zu greifen: Elternbenachrichtigung, Klassenbucheintragung, Strafarbeit, Vorführung beim Schulleiter. Andere Lehrer begreifen das unruhige, störende, passive, unselbständige und aggressive Verhalten der Schüler als abweichend, wenn es über ein für sie erträgliches Maß hinausgeht, und schalten Erziehungs- und Schulberater

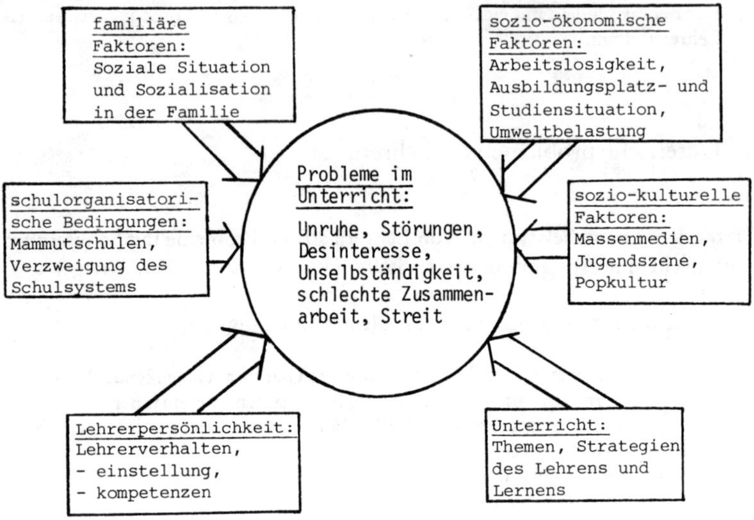

Abbildung 1: Kausalfaktoren für Unterrichtsprobleme

ein. Beide Gruppen von Lehrern schreiben sich selbst nur einen geringen Einfluß auf das Verhalten der Schüler zu.

Probleme im Unterricht haben viele Ursachen. Die meisten Schwierigkeiten erwachsen aus dem Zusammenwirken schulischer und außerschulischer Bedingungen. Abbildung 1 zeigt die wichtigsten Faktoren als unabhängig voneinander wirkende Beziehungen ohne Gewichtung und Wechselwirkung. Für den Zweck dieses Beitrags reicht dieses vereinfachte Modell jedoch aus.

Angesichts der derzeit bestehenden *ökonomischen Bedingungen* mit einem hohen Maß an Arbeitslosigkeit, Mangel an Ausbildungs- und Studienplätzen macht sich unter Schülern Resignation breit. Ein guter Schulabschluß bedeutet noch nicht, Zugang zu bestimmten Berufen oder Studiengängen zu erlangen. Die fortschreitende Umweltzerstörung verschlechtert zunehmend Entwicklungsbedingungen für Kinder und Jugendliche. Unruhe, Passivität, Störungen und Aggressivität von Schülern sind u. a. auch Folgen dieser ökonomischen Faktoren.

In vielen *Familien* fehlt den Kindern Rückhalt und Geborgenheit. Viele Eltern schwanken in ihren Erziehungshaltungen hin und her und verhalten sich ihren Kindern gegenüber inkonsequent. Es fehlen Orientierungen. Eltern sind selbst verunsichert und durch Berufstätigkeit überbeansprucht. Viele

Kinder werden vernachlässigt. Der Mangel an Selbstvertrauen und gegenseitiger Verständigungsbereitschaft wirkt sich in den Unterrichtsproblemen unmittelbar aus.

Kinder und Jugendliche werden immer stärker über *Massenmedien* sozialisiert und als Konsumenten gezielt angesprochen. Viele gewinnen ihre Identität über Kleidung, Popmusik und die Zugehörigkeit zu Gruppierungen der Jugendszene. Schüler verfügen heute über mehr materielle Mittel als je zuvor und scheinen doch in elementaren Bedürfnissen weniger befriedigt zu sein als die Generationen vor ihnen. Das Streben nach Aktivität und sozialer Anerkennung, das Verlangen nach neuen Eindrücken und starken Erlebnissen wird für viele Schüler außerhalb der Schule leichter und direkter befriedigt als innerhalb. ‚Abschlaffen' in der Schule, Gleichgültigkeit gegenüber dem schulischen Lernangebot sind Folgen dieser Bedingungen, die wiederum entscheidend von ökonomischen und schulischen Faktoren selbst bestimmt sind.

Die genannten außerschulischen Faktoren stellen insgesamt eine starke Belastung für Schüler dar – eine Belastung, die sich in zunehmenden Unterrichtsproblemen niederschlägt.

Oberflächlich betrachtet tragen schulische Bedingungen nur wenig zum Entstehen von Unterrichtsschwierigkeiten bei. Schulorganisatorisch sind entscheidende Verbesserungen erzielt worden. In vielen Teilbereichen haben Reformmaßnahmen zu einem tiefgreifenden Wandel geführt. Generell sind heute die Bildungsmöglichkeiten differenzierter, die Benachteiligungen geringer und die Schulabschlüsse qualifizierter als vor 10 oder 20 Jahren. Die Klassenfrequenzen liegen niedriger, die Ausstattung der Schulen mit Unterrichtsmaterialien, Medien und Räumen hat sich verbessert. (Vgl. Arbeitsgruppe am Max-Planck-Institut 1979, S. 57ff.)

Die Verwissenschaftlichung der Lehrerbildung hat entscheidende Wirkungen für die Unterrichtsinhalte gehabt. Sie entsprechen heute in starkem Maße den Erkenntnissen der jeweiligen Fachwissenschaft. Lehrer aller Schularten verstehen sich dementsprechend zunehmend als Fachvertreter. Sie werden überhaupt besser auf ihre Berufsrolle vorbereitet. Lehrer studieren im Durchschnitt länger, und immer mehr erhalten in einem speziellen Vorbereitungsdienst eine schulpraktische Ausbildung.

So betrachtet erscheinen die Probleme im Unterricht als Folge außerschulischer Faktoren, die durch verbesserte innerschulische Bedingungen nicht zu kompensieren sind.

Dieses Bild bedarf jedoch einer Korrektur. Bei näherem Hinsehen tragen die veränderten schulorganisatorischen Bedingungen und die Verwissenschaftlichung von Unterricht und Lehrerbildung selbst entscheidend zum Entstehen von Unterrichtsproblemen bei.

Die Maßnahmen der Schulreform haben zu einer Verzweigung des Bildungsangebotes geführt und Orientierungsschwierigkeiten hervorgebracht. Zugleich hat die positive Zielsetzung differenzierter Lernangebote für alle

Schüler in Form von Schulzentren und Gesamtschulen so große Systeme zur Folge gehabt, daß sich Lehrer und Schüler in ihnen kaum noch zurechtfinden.

Die Verwissenschaftlichung des Unterrichts ist vor allem eine Verwissenschaftlichung der Inhalte. Unterrichtsmethoden und generelle Strategien des Lehrens und Lernens blieben davon weitgehend unberührt. Fatale Folge dieses ‚Mißverständnisses' ist eine Verstärkung kognitiver Lernanforderungen. Der Unterricht wurde noch kopflastiger und entspricht damit noch weniger den Bedürfnissen der Schüler.

Die Verwissenschaftlichung der Lehrerbildung soll zur Professionalisierung des Lehrerberufs beitragen. Die Formulierung spezifischer Lehrerrollen (vgl. Döring 1972, S. 226) hat dazu geführt, neue Anforderungen und höhere Ansprüche an die Lehrertätigkeit zu stellen. Aufgrund der geringen Handlungsrelevanz der Erziehungswissenschaft (vgl. Arbeitsgruppe am Max-Planck-Institut 1979, S. 233) werden jedoch trotz veränderter Ausbildungsbedingungen in der schulischen Praxis kaum Veränderungen sichtbar. Lehrer unterrichten heute noch überwiegend wie vor 20 Jahren: frontale Unterrichtsorganisation, verbale Vermittlung und fehlende Binnendifferenzierung kennzeichnen die meisten Unterrichtsstunden. Für sozialerzieherische Aufgaben bleibt kein Platz.

Schüler kommen heute aufgrund außerschulischer Bedingungen stärker belastet in die Schule als früher. Die Reform der Schule und der Lehrerbildung hat die Möglichkeiten, qualifizierte Schulabschlüsse zu erreichen, erheblich verbessert. Sie hat jedoch kaum zur Lösung der Probleme im Unterricht beigetragen. Im Gegenteil scheint es so zu sein, daß schulorganisatorische, unterrichtliche und persönliche Bedingungen des einzelnen Lehrers eher problemverstärkend wirken.

2. Fehlende Qualifikation der Lehrer für sozial-erzieherische Aufgaben

Schüler kommen heute unruhiger, desinteressierter, unselbständiger, unsicherer, aggressiver und weniger kooperationsbereit in die Schule als früher. Lehrer müssen häufig erst Voraussetzungen schaffen, damit Unterricht möglich wird. Dieses gilt in wachsendem Maße für Lehrer aller Schularten.

Die Professionalisierung der Lehrer ist bislang einseitig erfolgt. Der Unterricht wird heute zwar inhaltlich qualifiziert gestaltet, Handlungskompetenzen im sozialerzieherischen Bereich sind demgegenüber unterentwickelt. Vielen der Lehrer, die zu mir in die Beratung kommen oder an einer Lehrergruppe teilnehmen, fällt es schwer, mißerfolgsorientierte Schüler zu motivieren. Die meisten von ihnen werden mit Aggressionen und feindseligen Spannungen der

Schüler untereinander nicht fertig. Eine ganze Reihe von ihnen schafft es nicht, passive Schüler zu aktivieren, lehrerfixiertes Verhalten abzubauen und bessere Zusammenarbeit der Schüler zu erreichen.

Aufgrund der *theoretischen* Beschäftigung mit Fragen der Motivation, Aggression und des abweichenden Verhaltens nimmt die innere Spannung in dem einzelnen Lehrer zu. Ihm sind die sozialerzieherischen Aufgaben sehr bewußt, aber auch Defizite auf der Ebene praktischen Handelns.

Es fehlen im Studium angehender Lehrer Voraussetzungen, in denen Studenten lernen könnten,
- Konfliktgespräche mit Schülern zu führen,
- Mißerfolgsmotivationen von Schülern zu verändern,
- Sachverhalte und Zusammenhänge anschaulich, prägnant, kurz und verständlich darzustellen,
- soziales Lernen über Spiele, Rollenspiele, Übungen, gemeinsame Aktivitäten und Gruppengespräche zu praktizieren, um nur einige Beispiele anzuführen.

Diese notwendigen Fähigkeiten können nicht in zwei Praktika erworben werden, die meistens isoliert im Studium absolviert werden. Dazu reichen auch einzelne Übungsstunden in didaktischen Veranstaltungen nicht aus. Sie sind zu selten, und es muß in ihnen zuviel auf einmal geleistet werden. Handlungskompetenzen kann sich jeder einzelne nur über kontinuierliche Übung in Verbindung mit regelmäßiger Supervision aneignen. Die Professionalisierung des Lehrerberufs kann nur dann einen entscheidenden Schritt nach vorn tun, wenn die Studenten bereits frühzeitig das eigene Handeln und die Wirkung der eigenen Person als die entscheidenden Instrumente des Unterrichtens und Erziehens erfahren und lernen, ihre Erfahrungen in einer Gruppe zu reflektieren. (Vgl. Signer 1977)

Der Vorbereitungsdienst soll den angehenden Lehrern komplementär zum theoretischen Studium die schulpraktische Ausbildung vermitteln. Doch die dortigen Bedingungen fördern professionelle Haltungen zur Lehrertätigkeit nur in beschränktem Maße. Zum einen wird Schulpraxis zumeist auf Unterrichtspraxis reduziert. Zum anderen wirken die institutionellen Zwänge, sich bereits als fertiger Lehrer darstellen zu müssen, dem Erproben und Entwickeln neuer Verhaltensweisen entgegen. Das Klima in den Seminaren der zweiten Phase begünstigt häufig risikoarme, materialaufwendige Unterrichtsstunden. Für Offenheit und die Bereitschaft, Fehler einzugehen und aus ihnen zu lernen, ist oft zu wenig Raum. (Vgl. Hinsch 1978)

Viele Lehrer schaffen es, auch ohne entsprechende Ausbildung den Unterricht in einer entspannten, lernaktivierenden Atmosphäre durchzuführen; Konflikte zu klären, ängstliche Schüler zu ermutigen und Außenseiter zu integrieren. Diese Feststellung spricht nicht gegen die voranstehende Analyse. Differenzierter formuliert, müßte es wohl heißen, die fachdidaktische Schlagseite im Studium, Referendariat und Schuldienst verhindert ‚humanes Lernen' nicht. Sie bietet aber sehr ungünstige Bedingungen für einen Lehrer, der sozialem und emotionalem Lernen in seinem Unterricht Raum geben möchte.

Ich möchte am Beispiel zweier Lehrer aus der Beratung erläutern, wie sich fehlende Kompetenz und mangelnde Klarheit über die Wirkung der eigenen Person auf das Verhalten der Schüler auswirken.

Im ersten Beispiel geht es um einen 30jährigen Gesamtschullehrer, der eine 6. Klasse in Mathematik, Physik und in Tutorenstunden unterrichtet: Klaus W.

Er berichtet, er habe große Schwierigkeiten im Umgang mit den Spannungen zwischen den Schülern. Die Aggressionen im Unterricht nähmen zu. Die Unruhe und vielen Störungen machten ein normales Unterrichten nicht mehr möglich. Als Gründe für das Verhalten der Schüler nennt er die Zusammensetzung aus zwei miteinander verfeindeten Klassen, das Alter der Schüler, die gespannten Familienverhältnisse und die verzerrten Vorstellungen von Gesamtschule als Schule ohne Zwang und Leistungsdruck. Die Gründe lägen außerhalb seiner Person, sie seien von ihm nur indirekt zu beeinflussen.

Wir verabreden eine Unterrichtsbeobachtung. Freitag. 5. Stunde Mathematik. Die Schüler sitzen vom Beginn an unruhig und unkonzentriert auf ihren Plätzen. „Vorübungen für eine Klassenarbeit" lautet das Thema. Beispielaufgaben an der Tafel. Ein Arbeitsblatt. Jeder arbeitet für sich.

Der Lehrer steht die meiste Zeit unbeweglich vor der Klasse. Seine Stimme hat einen sachlichen, erklärenden Tonfall. Er wirkt angespannt, verkrampft und unsicher auf mich.

Die Schüler erhalten kaum Bestätigung, kein Lächeln und keine Anerkennung für ihre Beiträge. Sie erscheinen desinteressiert und erledigen lustlos die ihnen gestellte Aufgabe. Ihre Unruhe nimmt zu. Die Ermahnungen des Lehrers werden häufiger und schärfer im Ton. Alle scheinen froh, als die Stunde vorbei ist.

Desinteresse und Unruhe der Schüler sowie Erstarrung und Freudlosigkeit des Lehrers sind Ergebnis vieler fehlgeschlagener Interaktionen. Sie bedingen sich gegenseitig. Dem Lehrer fehlen Kompetenz und Selbstvertrauen, das Blatt zu wenden.

Das zweite Beispiel ist mit dem ersten nicht vergleichbar. Bettina T., 38jährige Lehrerin an einer Hauptschule, hat ganz andere Schwierigkeiten.

Mit ihrer 9. Klasse komme sie gut zurecht. Im Gegenteil seien die Schüler zu passiv. Sie wolle deshalb die Aktivität der Schüler im Unterrichtsgespräch fördern. Die Schüler sollten zudem stärker miteinander reden. Sie seien ‚so schrecklich auf sie fixiert'. Sie bat mich, sie einmal im Unterricht zu beobachten.

Mittwoch. 3. Stunde Geschichtsunterricht. Eine ruhige, konzentrierte Klasse. Die Lehrerin führt ein Unterrichtsgespräch zum Thema der vorangegangenen Unterrichtsreihe ‚Industrielle Revolution'. Sie wirkt sehr aufmerksam, ihre Fragen sind exakt formuliert. Etwa die Hälfte der Schüler beteiligen sich am Gespräch. Die Lehrerin geht auf jeden einzelnen Beitrag ein, korrigiert hier und da Formulierungen und äußert

Anerkennung für gute Beiträge. Es entsteht ein übersichtlicher Tafeltext als Ergebnis des Gesprächs. Die Schüler schreiben ihn gegen Ende der Stunde ab.

Der Unterricht ist inhaltlich beinahe perfekt. Die Schüler sind aufmerksam dabei. Die Lehrerin hat die Fäden in der Hand. Allerdings ist der Einfluß der Schüler auf den Stundenverlauf denkbar gering. Sie nehmen nicht ein einziges Mal Bezug aufeinander und stellen selbst keine Frage. Beide Seiten, Lehrerin und Schüler, sind mit dem Stundenergebnis zufrieden.

Die Lernfixierung der Schüler und die starke Lenkung der Lehrerin bedingen sich gegenseitig. Beide Seiten gehen mit großer Sicherheit vom Gelingen lehrerbezogener Interaktionen aus. Diese Sicherheit fehlt bei Interaktionen der Schüler untereinander sowie bei stärkerer Einflußnahme der Schüler auf den Unterricht. Alle scheuen das Risiko. So bleibt die bestehende Interaktion stabil.

Die Unterrichtsstunde ist ein typisches Beispiel für eine stark ausgeprägte fachliche Kompetenz bei schwächer entwickelten Fähigkeiten, gruppenzentrierte Lernstrategien einzusetzen und Interaktionen unter den Schülern zu fördern.

Bei Beobachtungen von Lehrern, die in ihrem Unterricht ängstlich, unbeweglich, dirigierend, distanziert, unsicher oder überbehütend wirken, zweifle ich häufig daran, ob verhaltensändernde Maßnahmen überhaupt ausreichen, um eine Lösung zu bewirken. Mir erscheint dann der Anteil der Lehrerpersönlichkeit am Problem so groß, daß ich durch Beratungsgespräche oder Aufnahme in eine Lehrergruppe direkt dazu beitragen möchte, daß die Betroffenen sicherer, beweglicher, offener, entschiedener und fröhlicher werden.

In solchen Augenblicken neige ich dazu, Unterrichtsprobleme aus den Persönlichkeitseigenschaften der Beteiligten heraus zu erklären, statt sie als Interaktionsmuster zu begreifen. Und damit unterschätze ich die Bedeutung mangelnder Handlungskompetenz auf Seiten der Lehrer für die Entstehung von Unterrichtsschwierigkeiten.

3. Pädagogisches Handeln: ein Produkt aus Motiv und Selbstvertrauen oder das „Saure-Trauben-Phänomen"

Interaktionsprobleme lassen sich generell zurückführen auf das Zusammenwirken von fehlendem Motiv (Nicht-Wollen) und fehlender Kompetenz (Nicht-Können). Die Wert-Erwartungs-Theorie gründet sich auf diesen Erklärungsansatz. Sie erklärt die Stärke einer Handlungstendenz als Produkt zweier globaler kognitiver Variablen:

a) der Einschätzung der Wahrscheinlichkeit des Erfolgs bzw. Mißerfolgs,
b) der positiven bzw. negativen Valenz der Folgen.

(Vgl. Atkinson 1964, Heckhausen 1965)

Beide Variablen stellen subjektive Bewertungen im Hinblick auf konkrete Handlungsziele dar. Im Zusammenhang mit pädagogischem Handeln möchte ich sie mit ‚Selbstvertrauen in die eigene pädagogische Kompetenz' und ‚Motiv des pädagogischen Handelns' bezeichnen.

‚Selbstvertrauen' und ‚Motiv' sind multiplikativ verbunden. D. h., es kann sowohl ein hohes Maß an Selbstvertrauen und ein geringes Ausmaß des Motivs als auch ein niedriges Maß an Selbstvertrauen bei starkem Motiv zu gleich starker (mittlerer) Handlungstendenz führen.

Ich möchte diesen Zusammenhang am Beispiel von zwei Englischlehrern konkretisieren. Beide unterrichten Schüler einer Altersgruppe in parallelen Gruppen. Dem einen ist es sehr wichtig, die Schüler zu befähigen, sich in der Fremdsprache frei äußern zu können. Er schätzt jedoch die Wahrscheinlichkeit, daß er mit seinen Fähigkeiten dieses Ziel erreichen kann, für eher gering ein. – Dem anderen ist dasselbe Ziel nicht so wichtig. Er hat jedoch ein großes Vertrauen darin, daß er die Schüler dahin bringen wird. Beide werden sich in der Stärke ihres tatsächlichen Handelns kaum voneinander unterscheiden und etwa gleich viel tun, um das Ziel zu erreichen.

Demnach kommt es zu keiner Handlung, wenn entweder das Selbstvertrauen (= Wahrscheinlichkeit des Erfolgs) oder das Motiv (= positive Valenz der Folgen) bei einem bestimmten Handlungsziel gleich null ist. So kann ein Lehrer noch so stark motiviert sein, Konflikte zwischen Schülern sachlich zu klären, er wird vermutlich keine Schritte unternehmen, wenn er die Wahrscheinlichkeit eines Erfolgs gleich null einschätzt (vgl. Abbildung 2).

Das Selbstbild eines Lehrers stellt nach der Wert-Erwartungs-Theorie ein Konstrukt dar, das aus den beiden Variablen ‚Selbstvertrauen in die eigene pädagogische Kompetenz' und ‚Motiv des pädagogischen Handelns' besteht. Das Selbstbild verändert sich ständig aufgrund der Wirkung und Verarbeitung der Folgen des Handelns. Dabei ist es besonders wichtig, wie Erfolg und Mißerfolg ‚attribuiert' werden. Attribuieren heißt, den Folgen des Handelns interne oder externe, stabile oder variable Ursachen zuzuschreiben. So bleibt das Selbstvertrauen eines Lehrers unbeeinflußt, wenn er einen Mißerfolg auf besonders schwierige äußere Umstände zurückführt oder einen Erfolg als Ergebnis einer glücklichen Konstellation erklärt. Es wächst dagegen, wenn er einen Erfolg auf seine Anstrengung oder seine Fähigkeiten bezieht. (Vgl. Weiner 1975, Schley 1980, S. 149ff.)

Auch die Motive des Handelns bleiben nicht unbeeinflußt davon, ob ein Erfolg oder ein Mißerfolg eingetreten ist und ob dieser auf eigene Fähigkeiten oder äußere Umstände zurückgeführt wird. So wird ein Lehrer, dem es über einen längeren Zeitraum nicht gelingt, gehemmte Schüler zu ermutigen oder passive Schüler zu aktivieren, die Zielregion seiner Anstrengungen verändern. Er wird sich neue Aufgaben suchen, die mehr Erfolg versprechen, und/oder seine Ansprüche senken. Beide Schritte stellen in den Begriffen Lewins eine ‚Reorganisation des kognitiven Feldes einer Person' dar. (Vgl. Irle 1975, S. 190) Das Motiv des Handelns selbst sinkt nicht. Bei interner Mißerfolgszuschreibung richtet es sich als psychischer Schutz vor einem Versager-Selbstbild

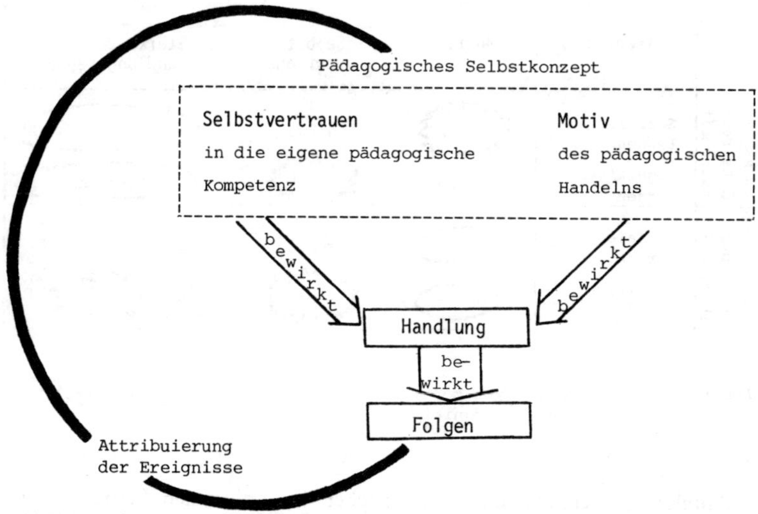

Abbildung 2: Rückwirkung der Folgen pädagogischen Handelns auf das Selbstkonzept und die analytisch getrennten Elemente Selbstvertrauen und Motiv

auf andere Ziele. Bei externer Attributierung von Mißerfolgen wird dagegen möglicherweise eher die interne Erfolgsbewertung korrigiert. Wenn das Ziel sehr hoch gesteckt wurde oder die Aufgabe zu schwer war, kann das positive Selbstbild wiederhergestellt werden, indem bereits Schritte in Richtung auf das Ziel als Erfolg bewertet werden.

Mit Hilfe der Wert-Erfahrungs-Theorie läßt sich erklären, warum die „süßen Trauben" des sozialen Lernens nach einigen Jahren der Lehrertätigkeit „sauer" werden. Ich möchte dieses ‚Saure-Trauben-Phänomen' im Lehrerhandeln im folgenden darstellen.

Junge Lehrer treten in der Regel mit stark ausgeprägten sozialerzieherischen Motiven ihre Tätigkeit an. Selbständigkeit, Aktivität, Kritikfähigkeit, Phantasie, Emotionalität und Kooperation der Schüler zu fördern, stehen in der Hierarchie ihrer Handlungsziele an vorderster Stelle. Im Vergleich dazu ist es subjektiv weniger bedeutsam, fachliche Unterrichtsziele zu erreichen. In Bezug auf die tatsächlichen und subjektiv eingeschätzten Kompetenzen verhält es sich umgekehrt. Das Selbstvertrauen in die Fähigkeit, Ziele kognitiven Lernens zu schaffen, ist bedeutend stärker ausgeprägt als hinsichtlich der Ziele sozialen Lernens. Darin spiegelt sich die fachdidaktische Schlagseite des Lehrerstudiums.

	Zielregion	Motiv		Selbst-vertrauen		Stärke der Handlungstendenz
Am Beginn d. Lehrer-tätigkeit	Soziales Lernen	stark	x	schwach	=	mittleres Ausmaß
	Kognitives Lernen	schwach	x	stark	=	mittleres Ausmaß
Nach einigen Jahren der Lehrertätigkeit	Soziales Lernen	mittel	x	schwach	=	geringes Ausmaß
	Kognitives Lernen	mittel	x	stark	=	hohes Ausmaß

Abbildung 3: Veränderung von Motiv und Selbstvertrauen in den Zielregionen soziales und kognitives Lernen

Abbildung 3 vereinfacht in idealtypischer Weise die realen Zusammenhänge, die ich im folgenden kurz beschreibe. Ein hohes sozialerzieherisches Motiv zu Beginn der Lehrertätigkeit führt bei geringem Selbstvertrauen in die eigene Kompetenz zu einer mittleren Ausprägung der tatsächlichen Handlungstendenz. Das Produkt aus schwachem Motiv hinsichtlich der Ziele kognitiven Lernens und starkem Selbstvertrauen in die Erreichbarkeit dieser Ziele ergibt ebenfalls eine mittlere Stärke der Handlungstendenz. Zu Beginn der Lehrertätigkeit überwiegt nach diesem Modell ein pädagogisches Selbstkonzept, in dem sozialerzieherische und fachdidaktische Ziele etwa gleichrangig repräsentiert sind.

Die Erfahrungen, die Lehrer im Laufe der Zeit mit sozialem und kognitivem Lernen machen, verändern die ursprünglich ausgeglichene Relation zwischen beiden Bereichen jedoch nachhaltig. Im Bereich des sozialen Lernens sinkt das Motiv auf ein mittleres Niveau bei gleichbleibend schwachem Selbstvertrauen. Das Ergebnis ist eine geringe Handlungstendenz. Ziele kognitiven Lernens werden hingegen mit stabilem Selbstvertrauen und gestiegenem Motiv angestrebt. Die Handlungstendenz in diesem Bereich schulischen Lernens hat sich verstärkt.

Die Abbildung stellt zwei Zustandsbeschreibungen zum Vergleich gegenüber. Sie erklärt selbst nicht, aufgrund welcher Zusammenhänge diese Verschiebung der Gewichte eintritt. Um die Umstrukturierung der Motive und Kompetenzen hinsichtlich kognitiver und sozialer Lernziele im Laufe der Lehrertätigkeit erklären zu können, ist es notwendig, eine zusätzliche Annahme einzuführen. Motiv und Selbstvertrauen müssen in bestimmtem Ausmaß vorhanden sein, damit es überhaupt zur Handlung kommt. Beide Faktoren gehen in das Produkt ‚Handlungsstärke' gleichgewichtig ein. Die tatsächliche Zielerreichung hängt jedoch sehr stark von einem dritten Faktor ab, der real vorhandenen Kompetenz. Und diese liegt eindeutig im kognitiven Bereich in stärkerem Maße vor. Die einseitig fachdidaktisch bestimmten Kompetenzen haben zur Folge, daß sozialerzieherisch noch so motivierte Lehrer im Laufe der Jahre die Prioritäten ihrer Tätigkeit verändern und unterrichtlichen Zielen ein größeres Gewicht geben.

Dieser Prozeß verläuft jedoch nicht reibungslos. Die meisten Lehrer sind sich darüber im klaren, daß sie ihre ursprünglichen Ziele im pädagogischen Alltag kaum noch realisieren. Viele von ihnen leiden darunter, zumal – wie zu Beginn dieses Beitrags ausgeführt – die sozialerzieherischen Aufgaben in den Schulen an Bedeutung zugenommen haben. Gefühle des Versagens und der Resignation machen sich breit.

4. Folgerungen für Lehrerfortbildung und -beratung

Lehrer, die mit Interaktionsproblemen im Unterricht in die Beratung oder in eine Lehrergruppe gehen, wollen von diesem Aufgabenbereich nicht länger so bedrängt werden, ihm aber auch nicht ausweichen. Auslöser für diese Bereitschaft können konkrete Schwierigkeiten im Unterricht, die Gefühle eigener Inkompetenz oder der Wunsch sein, die sozialerzieherischen Aufgaben befriedigender zu lösen als bisher.

Die Erwartungen der Lehrer lassen sich drei Gruppen zuordnen:

- Sie möchten die vorhandenen Probleme besser begreifen.
- Sie wünschen sich eine gefühlsmäßige Entlastung von dem Gefühl, versagt zu haben oder gescheitert zu sein.
- Schließlich wollen sie im konkreten Handeln vor der Klasse sicherer, flexibler und entscheidungsfähiger werden.

Diese drei Erwartungsrichtungen entsprechen den ‚drei Wegen des Lernens', die eine angemessene Erklärung komplexer Veränderungsprozesse ermöglichen – s. Abbildung 4. (Vgl. Schley 1980, S. 164ff.)

Theoretische Konzepte der Lehrerfortbildung und -beratung lassen sich danach unterscheiden, welchen Lernweg sie favorisieren. Lehrertrainings, Micro-Teaching und Verhaltensmodifikation betonen den aktionalen Weg: Veränderung durch Übung. Selbsterfahrungsgruppen, Encounter-Gruppen, gestalttherapeutische Gruppen, themenzentrierte-interaktionelle Gruppen gehen den affektiven Lernweg: Veränderung durch Erfahrungen im Umgang mit eigenen Gefühlen. Analytische Fallbesprechungsgruppen beschreiten den kognitiven Veränderungsweg: Lernen durch Herausarbeiten der eigenen Problemanteile z. B. in Form unbewußter Übertragungsmechanismen.

Theorien können sich ‚rein' halten. Lernen und Veränderungen vollziehen sich ganzheitlich. Praktiker in Einzelberatungen oder Trainer in Lehrergrup-

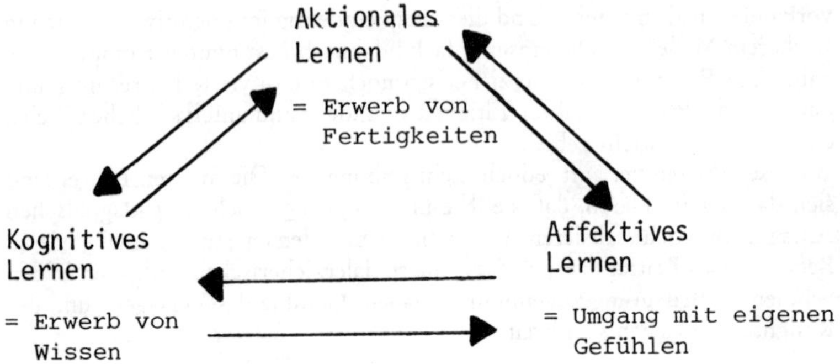

Abbildung 4: Wechselwirkungen der drei Lernwege

pen sind gezwungen, integrativ vorzugehen, wenn sie erfolgreich arbeiten wollen. Es reicht in der Praxis nicht aus, entweder eine Klärung der Gefühle zu bewirken *oder* neue Verhaltensmuster zu trainieren *oder* eigene Problemanteile herauszuarbeiten, um bei den Teilnehmern einen Veränderungsprozeß hervorzurufen.

Veränderungen in der Gruppe oder der Beratungssitzung werden erst dann ins pädagogische Selbstkonzept integriert und Teil des Selbstbildes, wenn das kognitive, emotionale und aktionale Lernen nicht nur im ‚Hier-und-Jetzt' der Gruppe, sondern auch im ‚Dort-und-Dann' des pädagogischen Alltags zu befriedigenden Ergebnissen führt.

Derartige Prozesse der Festigung neu erworbener Selbstbilder benötigen Zeit. Einzelberatungen und Lehrergruppen sollten in der Regel über mehrere Monate hinweg stattfinden. Ein vertrauensvolles Klima und Kontinuität im Lernprozeß fördern Veränderung. Sie stärken die Motive der Lehrer und stellen günstige Bedingungen zurVerarbeitung von Erfolg und Mißerfolg dar.

Das Vorgehen der Kooperativen Verhaltensmodifikation greift viele dieser Punkte auf:

- Es verbindet kognitive Einsichtsprozesse, emotionale Klärung und aktionales Training.
- Der Veränderungsprozeß beruht auf einem Wechselspiel der Erarbeitung und Verständigung im ‚Hier-und-Jetzt' der Lehrergruppe (bzw. Einzelberatung) und der Verständigung und Anwendung im ‚Dort-und-Dann' des pädagogischen Feldes. Dabei findet eine wechselseitige Prüfung und Bewährung der erarbeiteten Handlungsschritte wie der dahinter stehenden Alltagstheorie statt.
- Die Orientierung an der Handlungs- und Problemlösungsstrategie vermittelt Sicherheit, weil ein Schritt auf den anderen folgt, und Flexibilität, weil Schritte übersprungen oder wiederholt werden können.

- Der Veränderungsprozeß vollzieht sich in kleinen Schritten. Der einzelne Lehrer steht nicht mehr vor einem riesigen Berg, den er in einem Aufstieg bewältigen muß, sondern vor überschaubaren Anforderungen. Die Problemlösung wird nicht durch eine einmalige Erkenntnis bewirkt („Katharsis"), sondern durch ein angeleitetes, systematisches Vorgehen in einem exemplarischen Aufgabenbereich sozialen Lernens als Verbindung von Erarbeitung, Durchführung und Erfahrungsaustausch über längere Zeit.
- Es werden konkrete Handlungskompetenzen vermittelt. Lehrer lernen,
  ihre Sicht von Problemen im Unterricht zu konkretisieren und ihre Alltagstheorie zu formulieren;
  Schüler nach ihrer Sicht des Problems schriftlich zu befragen; beide Problemsichten gegenüberzustellen und aus diesen Sichten ein Modell der Interaktion zu rekonstruieren;
  Ziele sozialen Lernens zu planen und mit den Schülern zu besprechen;
  Veränderungsmethoden für Interaktionsprobleme einzusetzen (Verträge, Rollenspiele, Selbstbeobachtungen, Rückmeldungen u. a.);
  Veränderungsprojekte zeitlich zu planen;
  Methoden systematisch einzusetzen;
  laufend zu prüfen, ob Veränderungen eintreten, und diese zu veranschaulichen; und
  eingesetzte Maßnahmen allmählich abzubauen und den Erfolg mit den Schülern abschließend zu bewerten.

5. Konsequenzen für die Lehrerbildung

Nach den bisherigen Ausführungen liegt eine zentrale Konsequenz auf der Hand, nämlich die Forderung an das Lehrerstudium, sich in erheblich stärkerem Umfang um die Ausbildung von Handlungskompetenz zu kümmern, damit sich die Schere zwischen Anspruch und Wirklichkeit des Lehrerhandelns nicht länger so weit öffnet wie zur Zeit. (Vgl. Brunner 1976, S. 240ff.)

Ein kompetenzorientiertes Curriculum für Lehrerstudenten zu fordern, erscheint utopisch angesichts des Entwicklungsstandes der Erziehungswissenschaft und der Erfahrungen mit der Studienreform in den letzten 10 Jahren. Es ist Brunner zuzustimmen, der als wesentliche Mängel der ersten Phase der Lehrerbildung die Planlosigkeit und den mangelnden Praxisbezug der Lehrveranstaltungen nennt. (1976, S. 257) Es fehlt eine umfassende Theorie des Lehrerhandelns, aus der heraus sich Einzelkompetenzen ableiten ließen. Der Weg zur Professionalisierung des Lehrerhandelns ist noch lang.

Es können jedoch Schritte auf diesem Wege gemacht werden. Ich möchte einige in Stichworten benennen:

- Verstärkung des Anteils angeleiteter, reflektierter Praxis;
- Herstellen eines inhaltlichen Bezugs einzelner Veranstaltungen zueinander etwa als Unterscheidung von Grundlagen-, Methoden- und Praxisbegleitveranstaltungen in einem Bereich;
- Entwicklung und Prüfung von Methoden, die die Wirksamkeit des Lehrerhandelns verbessern;
- Verbindung kognitiver, affektiver und aktionaler Lernwege innerhalb der einzelnen Veranstaltungen;
- Einrichtung von Praxisfeldern (z. B. Hausaufgabenhilfe, Schülergesprächsgruppen, Einzelbetreuung lernschwacher Schüler, Spielgruppen für Schüler, Arbeitsgemeinschaften), in denen Hochschullehrer und Studenten kontinuierlich arbeiten. Studenten können dort *nach* theoretischer Vorbereitung und praktischem Training mit laufender Praxisbetreuung konkrete Fähigkeiten im pädagogischen Feld erwerben.

Auch die Lehrerausbildung in der zweiten Phase erscheint reformbedürftig. Ich habe mich mit diesem Bereich jedoch zu wenig beschäftigt, um Veränderungsvorschläge machen zu können.

Schluß: Lehrerausbildung, -fortbildung und -beratung sollten sich verstärkt um die Vermittlung sozialerzieherischer Handlungskompetenz bemühen, damit den Lehrern die „süßen Trauben“ des sozialen Lernens nicht länger „sauer“ werden müssen.

Literatur

Arbeitsgruppe am Max-Planck-Institut für Bildungsforschung: Das Bildungswesen in der Bundesrepublik Deutschland. Reinbek 1979.

Atkinson, J. W.: An Introduction to Motivation. Princeton 1964.

Brunner, R.: Lehrertraining. München 1976.

Craemer, K.-P.: „Arbeitswoche von 51 Stunden und 23 Minuten.“ In: DIE NEUE vom 7. 6. 1979, S. 3.

Döring, K. W.: Zur Professionalisierung des Lehrerverhaltens. In: Döring, K. W., Kupffer, H.: Die eindimensionale Schule. Weinheim 1972.

Heckhausen, H.: Leistungsmotivation. In: Thomae, H. (Hrsg.): Handbuch der Psychologie, 2. Band; Allgemeine Psychologie II. Motivation. Göttingen 1965, S. 602–704.

Hinsch, R.: Bedingungen des Einstellungswandels von Lehrern beim Eintritt in die Berufspraxis. Dissertation, Universität Hamburg 1978.

Irle, M.: Lehrbuch der Sozialpsychologie. Göttingen 1975.

Krieger, R./Bergmann, C./Bernath, L./Hohmann, J./Mendel, G./Theobald, G.: Erlebte Belastung des Lehrers durch verhaltensgestörte Schüler. In: Zeitschrift für Entwicklungspsychologie und Pädagogische Psychologie 4/1976, S. 245–250.

Müller-Limmroth, W.: Arbeitszeit – Arbeitsbelastung im Lehrerberuf. In: Gewerkschaft Erziehung und Wissenschaft (Hrsg.). Frankfurt 1980.

Redlich, A.: Pädagogische Verhaltensmodifikation als kooperative Veränderungsstrategie. Dissertation, Universität Hamburg 1979.
Redlich, A., Schley, W.: Kooperative Verhaltensmodifikation im Unterricht. München 1978.
Schley, W.: Ausbildung in Kooperativer Verhaltensmodifikation als Vermittlung sozialerzieherischer Kompetenz an Lehrer und pädagogische Berater. Frankfurt 1980.
Signer, R.: Verhaltenstraining für Lehrer. Weinheim 1977.
Weiner, B.: Die Wirkung von Erfolg und Mißerfolg auf die Leistung. Stuttgart 1975.

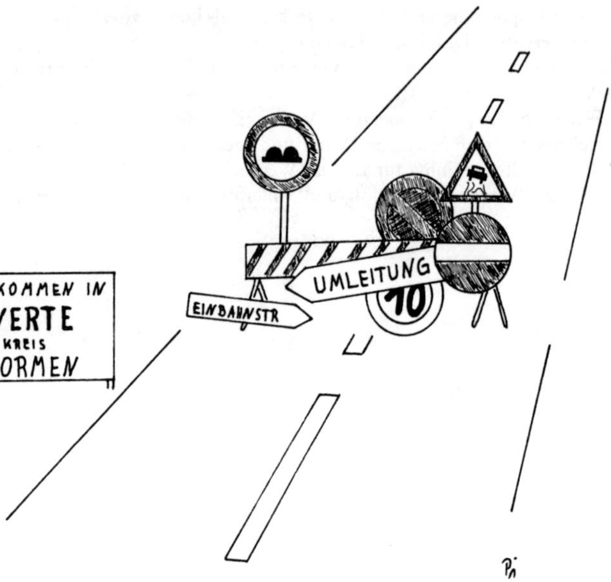

"Orientierungshilfen"

Gerhard Portele

„Der Weg ist das Ziel"

Lehrerpersönlichkeit im Lichte der humanistischen Psychologie

Ich will zunächst ein wenig über humanistische Psychologie schreiben, wie ich sie auffasse, wobei ich besonders auf ihr Menschenbild eingehen werde. Danach will ich versuchen zu beschreiben, wie verschiedene Autoren der humanistischen Psychologie sich die Lehrerpersönlichkeit vorstellen.

Humanistische Psychologie

Humanistische Psychologie ist eine soziale Bewegung und nicht nur eine wissenschaftliche Richtung der Psychologie, das bedeutet, daß man Anhänger der humanistischen Psychologie auch außerhalb der Universität und des Wissenschaftsbetriebes finden kann. Die soziale Bewegung ist in den USA beachtlich groß (Encounter-Bewegung, personal growth movement) und hat sich auch in Europa relativ rasch ausgebreitet, selbst in osteuropäischen Ländern, z. B. die Gesprächspsychotherapie in der DDR (J. Helm 1978) oder die Gestalttherapie in Polen. Es gibt keine eindeutige konsensfähige Definition von humanistischer Psychologie, es gibt in ihr viele Richtungen. Ich will wenigstens ein paar Namen nennen, um so die humanistische Psychologie einzukreisen. Zur humanistischen Psychologie gehört Carl Rogers mit seiner Gesprächspsychotherapie und ihre Anwendung in Familie und Schule von Gordon. Fritz Perls' Gestalttherapie gehört dazu und die confluent education, die auf der Gestalttherapie, -psychologie beruht, von Brown und Mitarbeitern. Ruth Cohns Themen-zentrierte Interaktion einschließlich des „lebendigen Lernens in der Schule" zählt ebenfalls dazu wie Moreno mit seiner Psychodramatherapie. Weitere wichtige Vertreter oder Ahnen der humanistischen Psychologie sind Maslow, Charlotte Bühler, Erich Fromm, Kurt Goldstein, Viktor Frankl, Lowen, Kurt Lewin, Wilhelm Reich usw.

Entstanden ist die humanistische Psychologie als „dritte Kraft" gegen Psychoanalyse und Behaviourismus (Skinner). Gegen den am Ideal der naturwissenschaftlichen Wissenschaftstheorie orientierten Behaviourismus und Neobehaviourismus, in welchem der Mensch auf ein Stimulus-Response-Schema reduziert wird, bei der ein mechanistisches Weltbild vorherrscht, war der Impetus stärker als gegen die Psychoanalyse, denn viele wichtige humanistsiche Psychologen waren psychoanalytisch ausgebildet, z. B. Perls, Ruth Cohn, Erich Fromm. Sie wandten sich vor allem gegen eine orthodoxe Auffassung der Psychoanalyse, die „den Menschen als ein hydraulisches System (betrachtet), dessen Triebenergie durch das Öffnen und Schließen von Schleusen in einem Gleichgewichtszustand gehalten wird" (Völker 1980, S. 25).

Wenn ich jetzt versuche darzustellen, was für mein Dafürhalten wichtige Grundzüge der humanistischensychologie sind, ist mir klar, daß ich damit einigen humanistischen Psychologen nicht gerecht werde.

Erstens: Die humanistische Psychologie geht vom ganzen Menschen aus, Kognition, Emotion und Körper bilden ein *Ganzes.* Die humanistischen Psychologen wenden sich gegen die „Verkopfung" des Menschen, z. B. in der Schule, wo fast nur kognitive Fähigkeiten eine Rolle spielen. Kritiker werfen der humanistischen Psychologie vor, sie sei irrational, verwerfe den Verstand, überbetonte die Emotionen. Auch bei Anhängern der sozialen Bewegung humanistische Psychologie gibt es dieses Mißverständnis. Der humanistischen Psychologie geht es jedoch um die Balance zwischen Kognition, Emotion und Körper. Man kann es auch anders ausdrücken: der humanistischen Psychologie geht es um die Gleichberechtigung der beiden Gehirnhemisphären. Zur Zeit herrscht die „laute Gehirnhemisphäre vor, die sprachlich, verbal, logisch, deduktiv, arithmetisch, computerartig, sequential und analytisch arbeitet. Als nichtwissenschaftlich, irrational, wild wird die „stumme" Gehirnhemisphäre bezeichnet, die induktiv, nonverbal, räumlich, ganzheitlich, in Bildern und Mustern, synthetisch arbeitet (vgl. Ornstein 1976).

Zweitens: Der Mensch ist ein *selbstreflexives Lebewesen.* Er kann sich Ziele setzen, entscheiden. Er ist nicht allein ein Lebewesen, das auf Reize re-agiert, er agiert intentional. Das hat unter anderem Konsequenzen für die Erforschung des Menschen. Er ist nicht eine Black-Box wie bei den Behaviouristen, er macht sich Gedanken über sich, Gedanken über sich und seine Handlungen, er deutet seine Emotionen und die Umwelt. Der Bewegung humanistische Psychologie wird vorgeworfen, sie betreibe lediglich Nabelschau, sei egozentrisch und vernachlässige die gesellschaftlichen Bezüge. Auch das ist ein Mißverständnis.

„Die humanistischen Psychologen neigen ihrerseits dazu, menschliche Handlungen und konkrete und sinnvolle Situationen zu Gunsten innerer Erfahrungen und individueller Fähigkeiten zu vernachlässigen . . ." (Graumann 1977, S. 44).

Maslow schreibt jedoch:

„Die Psychologie ist *nicht* rein deskriptiv oder akademisch; sie enthält Aufforderungen zur Tat und schließt Konsequenzen ein. Sie führt zu einer neuen Lebensweise, nicht für den Menschen innerhalb der eigenen privaten Psyche, sondern auch für denselben Menschen als soziales Wesen, als ein Mitglied der Gesellschaft" (Maslow 1973, S. 44).

Drittens: Der Mensch ist üblicherweise behindert und vereinseitigt durch die Umwelt, aber er hat eine *Selbstverwirklichungstendenz,* eine „Selbstaktualisierungstendenz" (Maslow), er hat eine Vorstellung von sich als „fully functioning person" (Rogers). Hier lautet der Vorwurf gegen die humanistische Psychologie, sie vernachlässige die Gesellschaft. Auch dieser Vorwurf trifft mehr einige Anhänger der Bewegung humanistische Psychologie als die humanistische Psychologie selbst. Maslow fordert z. B.: „. . . solche Kräfte außerhalb des Individuums wie Armut, Ausbeutung, Nationalismus, Krieg und Gesellschaftsstruktur" angemessen zu berücksichtigen (S. 30). Wenn man die Terminologie von Eckensberger (1980) übernimmt, ist das Paradigma der humanistischen Psychologie „phänomenologisch", d. h. es ist nicht mechanistisch wie bei Skinner – die Umwelt *wirkt* auf das Individuum – nicht „öko-behavioral", d. h. Organismus und Umwelt bilden nicht ein selbstregulatives System, sondern die Relation zwischen Person und Umwelt ist „dialektisch".

Der reflexive Mensch ist in der Lage, bewußt und zukunftsorientiert zu handeln, er kann wollen und entscheiden zwischen Handlungsalternativen zum Erreichen bestimmter Ziele, er kann wählen zwischen verschiedenen beabsichtigten und unbeabsichtigten Konsequenzen, er ist verantwortlich. Durch Realisation der Ziele verändert das Subjekt die Umwelt, die veränderte Umwelt verändert die Ziele des Individuums usw.

„Der neurotische Organismus ist ein Organismus, dem die Befriedigung grundlegender Bedürfnisse fehlt, die nur von anderen Personen kommen kann. Er ist deshalb abhängiger von anderen Leuten und weniger autonom und selbstbestimmt, d. h. er wird mehr geformt durch die Natur, die Umwelt und weniger geformt von einer ihm eigenen, innewohnenden Natur ... Beim gesunden Organismus ... sind die grundlegenden Bedürfnisse befriedigt. Er ist deshalb befreit zur Selbstverwirklichung". (Maslow 1973, S. 68).

Viertens: Die humanistische Psychologie ist *erfahrungsorientiert,* sie legt „größeren Nachdruck auf das Erfahrungswissen als auf Begriffssysteme oder abstrakte Kategorien oder a prioris", (Maslow 1973, S. 27). Die Behinderungen und Vereinseitigungen des Menschen bestehen beispielsweise nach Rogers, Perls, Fromm darin, daß ihn ein Begriffssystem, seine „sozialen Vorstellungen" (Herzlich), seine Realitätskonstruktionen von sich selbst, seinen Gefühlen und von der Umwelt von der Erfahrung abschneiden, ihn hindern, Erfahrungen zu machen. Therapie besteht zum wesentlichen Teil darin, den Menschen erfahrungsoffen zu machen. Eine Hundephobie beispielsweise hindert daran, Erfahrungen mit anderen Hunden zu machen. „Die Wahrheit ist konkret", diesen Wandspruch nahm Brecht durch die Stationen seines Exils mit.

Fünftens: Der Mensch ist etwas *Dynamisches, Wachsendes.* Ziel der Selbstverwirklichung ist nicht, etwas zu sein, sondern zu werden. Ein berühmter Gestaltspruch lautet: „Der Weg ist das Ziel". Ich glaube nicht, daß wir die „Natur des Menschen" bestimmen können, also beschreiben können, wie der nicht-behinderte und der nicht-vereinseitigte Mensch aussehen wird. Das ist etwas, das man durch Experimentieren mit sich selbst und mit der Umwelt in einem dialektischen Prozeß erfahren kann, immer wieder neu. „Der reichste Mensch, der produktivste Mensch ist derjenige, der keinen Charakter hat. In unserer Gesellschaft erwarten wir, daß der Mensch Charakter hat, weil er dann vorhersagbar ist", schrieb Perls provokativ (1971, S. 6), und nahm damit den zentralen Gedanken seines Therapeuten Wilhelm Reich auf, der mit seinen „Charakterpanzerungen" die im Körper fixierten Reaktionsstereotypen beschrieb, die z. B. durch traumatische Ereignisse in früher Kindheit gebildet worden sein können.

Sechstens: Die Beziehung der Menschen untereinander soll *gleich* sein. Die Beziehung zwischen Therapeuten und Klienten ist partnerschaftlich oder

„klientenzentriert“, wie es über Rogers’ Gesprächspsychotherapie heißt, sie soll also nicht ein Herrschaftsgefälle aufbauen wie etwa in der Psychoanalyse. Das gilt auch für das Lehrer-Schüler-Verhältnis bei Gordon. Therapeut und Lehrer „bringen sich ein“ mit ihren Gefühlen, Bedürfnissen, Wünschen usw. Der humanistischen Psychologie wurde vorgeworfen, daß sie zu egozentrisch sei und das Du vernachlässige (Petzold) oder daß sie „Nächstenliebe“ predige angesichts des Klassenkampfes, das sei „Versöhnungsdusel“ (Scholz 1980). Ich meine, daß in der humanistischen Psychologie der einzelne Mensch ganz ernst genommen wird in der Therapie, in der Forschung, in der Schule, daß seine Würde ganz anerkannt wird, auch die Würde der „Charaktermasken“. Wenn Maslow zwischen S-Liebe (Liebe zum Sein des anderen Menschen, bedürfnislose, selbstlose Liebe) und D-Liebe (Defizitliebe, Liebesbedürftigkeit, eigennützige Liebe) unterscheidet, meint er nicht S-Liebe als: sich selbst aufgeben, als Aufgeben seiner eigenen Person, seiner eigenen Würde.

„Entfremdung“ spielt in der humanistischen Psychologie eine wichtige Rolle. In der Terminologie des marxistischen Philosophen Adam Schaff ist das jedoch die „subjektive Entfremdung“.

> Objektive „Entfremdung ist die Bezeichnung für jenes objektive Verhältnis, in dem die *Produkte* des Menschen – und zwar so verschiedenartige Produkte wie Religion, Ideologie, Staat, Ware usw. – sich gegenüber dem Menschen entfremden, d. h. sich der Kontrolle entziehen und als selbständige Macht, schließlich als eine dem Menschen feindliche, ihn beherrschende Macht konstituieren“ (1977, S. 93).
>
> „. . . bei der Selbstentfremdung haben wir es mit einer subjektiven Relation in dem Sinne zu tun, daß sich der Mensch, der gesellschaftlich von ihm geschaffenen Welt oder dem eigenen Ich (und von seinen Mitmenschen) entfremdet und die Entfremdung beruht auf Empfindungen, Erlebnissen und Einstellungen des Menschen, also auf seinen subjektiven, wenn auch gesellschaftlich bedingten Reaktionen“ (S. 91).

Subjektive und objektive Entfremdung bedingen sich gegenseitig. Es genügt weder, allein die objektive Entfremdung zu verändern, wie orthodoxe Marxisten meinen, noch allein die subjektive Entfremdung, wie der größte Teil der humanistischen Psychologie meint. Sie haben, wie ich meine, gute Methoden zur Veränderung subjektiver Entfremdung entwickelt, anders ausgedrückt: Methoden zur Bewußtseinsveränderung. Subjektive und objektive Entfremdung bedingen sich nicht so eng, daß nicht Veränderungsspielräume für eine der beiden Entfremdungen jeweils möglich wären.

Lehrerpersönlichkeit

Das Persönlichkeitsmodell der humanistischen Psychologie geht davon aus, daß die „allseitige Entfaltung der Persönlichkeit“ (im Sinne von Marx) – „what it can, potentially become“ (so der Gestalttherapeut Naranjo) – behindert ist.

Sie konzipiert Persönlichkeit nicht als etwas Statisches, auch nicht als ein zu erreichendes Ziel, sondern als etwas Dynamisches, bestrebt, sich selbst zu verwirklichen. Maslow hat eine Reihe von Personen befragt und befragen lassen, von welchen er annahm, daß sie ein überdurchschnittliches Maß an Selbstverwirklichung aufwiesen, und sie mit folgenden Eigenschaften beschrieben:

(1) Effizientere Realitätswahrnehmung und eine lockere Beziehung zur Realität, also keine Angst. (2) Akzeptierung von sich selbst, anderen, der Natur, wie sie jetzt sind, geringeres Maß an Schuldgefühl, Vorwürfen, geringe Resignation, aber mit dem Wunsch, der Absicht, Veränderbares zu verändern (also akzeptieren *und* verändern). (3) Spontaneität, Einfachheit, Natürlichkeit, stärkere Bewußtheit (Awareness), unkonventionelle Ethik. (4) Problemzentriertheit statt Ich-Zentriertheit in Problemsituationen. (5) Bedürfnis nach Privatheit, nach Abstand, nach Selbstverantwortlichkeit. (6) Autonomie, Unabhängigkeit von Kultur und Umwelt, Aktivität. (7) Immer wieder neue Frische der Wertschätzung und Erfahrung statt Kategorisierung und Stereotypisierung, die zu Langeweile führen. (8) Gemeinschaftsgefühl (nach Adler), Identifikationsgefühl mit den Menschen. (9) Tiefe, profunde Gefühle zu wenigen einzelnen Personen. (10) Demokratische Charakterstruktur. (11) Klare, problemlose Trennung zwischen Mittel und Zweck, gut und schlecht. (12) Kreativität, Nicht-Festgelegtheit in den Handlungen, auch wenn es sich nicht um Kunstprodukte im üblichen Sinne handelt. (13) Widerstand gegen Überenkulturation, Unangepaßtheit, über den einzelnen Kulturen stehend, jedoch nicht rebellisch unangepaßt oder Bohèmien.

Eine spezielle Lehrerpersönlichkeit wird in der humanistischen Psychologie meines Wissens nicht beschrieben, aber man kann aus pädagogischen Äußerungen der humanistischen Psychologen ableiten, welche Kompetenzen ein Lehrer haben sollte. Einige Berühmtheit hat Rogers' kleiner Beitrag „Persönliche Gedanken über Lehren und Lernen" erlangt. Darin schreibt er u. a.:

„(A) Ich habe die Erfahrung gemacht, daß ich einen anderen Menschen nicht lehren kann, wie man lehrt. (B) Es scheint mir, daß alles, was man einen anderen lehren kann, relativ folgenlos bleibt und geringen oder gar keinen Einfluß auf das Verhalten hat. . . . (C) Es wird mir zunehmend klar, daß ich nur an einem Lernen interessiert bin, welches das Verhalten signifikant beeinflußt . . . (D) Ich bin zu der Überzeugung gelangt, daß das einzige das Verhalten signifikant beeinflussende Lernen das Lernen durch Selbstentdecken und Selbstaneignen ist. (E) Dieses im eigenen Entdecken gelernte, die Wahrheit, die persönlich gewonnen und der Erfahrung anverwandelt wurde, kann einem anderen nicht direkt mitgeteilt werden." (Rogers 1976, S. 270).

Shapiro, der sich zu der von der Gestalttherapie, -psychologie geprägten „confluent education" (Brown) rechnet, nennt folgende „notwendigen Elemente der confluent education":

1. Participation (P). There is consent, power-sharing, negotiation, and joint responsibility by co-participants. It is essentially nonauthoritarian and nonunilateral.
2. Interpenetration (I). There is interaction, interpenetration, and integration of thinking, feelings, and action.
3. Relevance (R). The subject matter is closely related to the basic needs, life, and meanings of the participants.

4. Self (S). The self is a legitimate object of learning.
5. Goals (G). The social goal, or purpose, is to develop the whole person within a human society.

Elisabeth Simpson hat verschiedene Modelle für humanistische Erziehung in der Lehrerausbildung besucht und kommt zu folgenden Ergebnissen:

„Among the significant elements that all these examples share and that bind them together as models for humanistic education are a belief in the importance of awareness and the development of self- and other knowledge and respect; an emphasis on using group processes to facilitate learning; an environment that promotes informality (in its meaning as a cognate to family); an emphasis on interaction between information gained and its practical application; and a focus on developing the powers of observation, communication, decisionmaking, and expression." (1976, S. 63/64)

Für mich ist die überzeugendste Zusammenfassung der zu entwickelnden Kompetenzen für jedes Individuum und für den Lehrer die drei Konzepte der Gestalttherapeuten Erving and Miriam Polster: contact, awareness, experiment. Unter Kontakt verstehen die Polsters Begegnungen mit sich selbst, anderen, der Welt auf eine spezifische Weise. Es ist einfacher zu sagen, was Kontakt nicht ist; Kontakt ist nicht Auflösung der Ich-Grenzen, Auflösung im anderen, und Kontakt ist nicht flüchtige stereotyp-geprägte Wahrnehmung des anderen oder der Welt, sondern sich als ganzen Menschen berühren lassen, also Kopf, Herz und Körper von dem, was „wahr-genommen" wird, ohne es zu verändern als etwas Einmaliges und Individuelles. Nur durch Kontakt ist Erfahrung möglich. Das gilt auch für die Schüler.

Awareness – Bewußtheit – ist ein Schlüsselwort der Gestalttherapie, -psychologie. Awareness im Hier und Jetzt ist ein immer wieder neu einsetzender Versuch, sich, seiner Gefühle, Bedürfnisse, Gedanken, der Körperhaltung, seiner Tätigkeit, der Vermeidungen und Widerstände bewußt zu werden, also z. B. zu bemerken, wann man wütend oder ängstlich ist gegenüber seinem Schüler oder anderen Menschen, um über Wut und Angst verfügen zu können. Awareness ist der Anfang der Selbstreflektion.

Mit „Experiment" ist eine Grundhaltung gemeint. Die Polsters beginnen ihr Kapitel über Experiment mit folgendem Satz. „Obwohl die Wichtigkeit der Tätigkeit im Lernprozeß seit langem erkannt wurde – u. a. von John Dewey, Paul Goodman, John Hold und George Dennison – sitzen die meisten auf der ‚Darüberrederitis' als ihrem gewohnten Weg zur Problemlösung fest" (Polster, E. u. M. 1973, S. 233). Die Grundhaltung „Experiment" meint nicht blinden Aktionismus und nicht Imitation von eigenen oder fremden Handlungen und Tätigkeiten und nicht nur dann Handeln, wenn einem der Ausgang sicher erscheint, sondern ausprobieren, Fragen stellen in den Handlungen, offen sein für neue Erfahrungen, suchen und versuchen. Bei kleinen Kindern kann man dieses neugierige Herumexperimentieren häufig recht unverfälscht beobachten.

In „Das Feuermachen der Lai-tu“ kritisiert Brecht als „Me-ti“ das Fehlen von Kontakt, Experimentierhaltung, Awareness im Hier und Jetzt und zeigt, wie Entfremdung oder „Sklaverei“ im Alltag aufgehoben sein könnte.

Me-ti sagte zu Lai-tu: Ich hab' dir zugesehen beim Feuermachen. Kennte ich dich nicht, wäre ich gewiß beleidigt. Du sahst aus wie jemand, der gezwungen wird, Feuer zu machen, und da nur ich selber da war, mußte ich annehmen, ich sei dieser Ausbeuter. Sie sagte: Ich wollte die Stube so schnell wie möglich warm haben. Me-ti sagte lächelnd: Was du wolltest, weiß ich. Aber weißt du es? Du wolltest es mir, deinem Gast behaglich machen; es sollte rasch geschehen, damit das Gespräch anfangen konnte; ich sollte dich lieben; das Holz sollte anbrennen; das Teewasser sollte kochen. Aber von all dem kam nur eben das Feuer zustande. Der Augenblick ging verloren. Es ging rasch, aber die Gespräche mußten warten; das Teewasser kocht, aber der Tee war nicht fertig; eines geschah für's andere, aber nicht für sich selber. Und was hätte alles im Feuermachen zum Ausdruck kommen können! Es ist eine Sitte darinnen, die Gastlichkeit ist etwas Schönes. Die Bewegungen, mit denen das schöne Holz zum Brennen gebracht wird, können schön sein und Liebe erzeugen; der Augenblick kann ausgenützt werden und kommt nicht wieder. Ein Maler, der hätte malen wollen, wie du deinem Lehrer Feuer machtest, hätte kaum etwas zu malen gehabt. Es lag kein Spaß in diesem Feuermachen, es war nur Sklaverei.“ (Brecht 1965, S. 162).

Literatur

Brecht, B.: Me-ti. Buch der Wandlungen. Frankfurt 1965.

Brown, G. I. (ed.): The leve class room. New York 1972.

Bühler, Ch. / Allen, M.: Einführung in die humanistische Psychologie. Stuttgart 1974.

Gordon, Th.: Lehrer-Schüler-Konferenz. Hamburg 1977.

Graumann, C. F.: Psychologie – humanistisch oder human? Psychologie heute. 4. Jg., 8, 19.

Herzlich, C.: Die soziale Vorstellung. In: Moscovici, S. (Hrsg.): Forschungsgebiete der Sozialpsychologie 1. Frankfurt 1973, S. 381–406.

Maslow, A. A.: Psychologie des Seins. Ein Entwurf. München 1973.

Naranjo, C.: The one quest. London 1974.

Ornstein, R.: Die Psychologie des Bewußtseins. Frankfurt 1976.

Perls, F.: Gestalt Therapy verbatim. New York 1971.

Petzold, H. G.: Humanistische Psychologie – was ich darunter verstehe. DGHP Nachrichten 1, 1977.

Polster, E./Polster, M.: Gestalt Therapy Integrated. New York 1973.

Portele, G.: Humanistische Psychologie und die Entfremdung des Menschen. In: Völker, U. (Hrsg.): Humanistische Psychologie. Weinheim/Basel 1980, S. 53–75.

Rogers, C. R.: Entwicklung der Persönlichkeit. Stuttgart 1976.

Schaff, A.: Entfremdung als soziales Phänomen. Wien 1977.

Scholz, R.: Wissenschaftlicher Humanismus und humanistische Psychologie – Kritik an Rogers. In: Holzkamp, K.: Forum kritische Psychologie 6, Argument Sonderband 49, S. 86–100.

Simpson, E. L.: Humanistic Education, Cambridge 1976.

Völker, U. (Hrsg.): Humanistische Psychologie. Anatomie einer lebensnahen Wissenschaft vom Menschen. Weinheim/Basel 1980.

"Die inneren Ichs"

Christoph Wulf

Selbsterziehung als Aufgabe und Voraussetzung der Erziehung

Zur Darstellung und Kritik des Konzepts der Selbsterziehung in der humanistischen Psychologie

Die Erziehungswissenschaft in der Bundesrepublik Deutschland hat sich auf die Erforschung der Erziehungsprozesse in Familie, Schule sowie im Bereich der Sozialpädagogik und der Erwachsenenbildung konzentriert. Dabei hat sie vorwiegend untersucht, wie man andere Menschen erzieht; sie hat sich kaum mit dem Bereich der Selbsterziehung befaßt (Ausnahme: Schneider 1936; 1961). Mit dem Begriff der Selbsterziehung ist die Tatsache gemeint, daß sich der Mensch im Verlauf seines Lebens bewußt gestalten bzw. erziehen kann. Was für ein Mensch jemand im Verlauf seines Lebens wird, läßt sich wenigstens zum Teil als Ergebnis von Selbsterziehungsprozessen begreifen. Selbsterziehung beinhaltet somit den Anspruch, sich im Rahmen der gegebenen Möglichkeiten zu gestalten. Für Menschen, die im Bereich der Erziehung tätig sind, kommt der Selbsterziehung noch eine weitere Bedeutung zu. Nach unserer Auffassung ist der bewußte, gestaltende Umgang mit der eigenen Person eine wichtige Voraussetzung für die Erziehung anderer Menschen. Er ermöglicht es, Entwicklungsprozesse in Kindern und Jugendlichen und die Auswirkungen von Erziehungsmaßnahmen auf diese zu verstehen. Sodann gilt für viele Bereiche der Erziehung: Statt Menschen zu erziehen, sollte man sie besser dabei unterstützen, sich selbst zu erziehen. Somit wird die Förderung von Prozessen der Selbsterziehung eine zentrale Aufgabe der Erziehung.

Aus diesen Gründen liegt in der Fähigkeit zur Selbsterziehung eine zentrale, oft nicht wahrgenommene Aufgabe der Lehrerbildung, der sich die Erziehungswissenschaft erst in recht begrenztem Maße gestellt hat. Anders die Psychologie. Im Rahmen der humanistischen Psychologie, die sich in den USA als eine „dritte Kraft“ neben Psychoanalyse und Behaviourismus entwikkelt hat, dient die therapeutische Arbeit der Förderung der Selbsterziehung des Menschen. Die psychologischen Bemühungen richten sich hier nicht nur auf psychisch kranke Menschen, sondern sie haben ebenfalls zum Ziel, den psychisch „normalen“ Menschen in seiner Selbstentfaltung zu unterstützen. Was unter Selbsterziehung im Rahmen dieser vielfältigen Bewegung verstanden wird, ist nicht leicht zu betimmen, da es keine konsistente Theorie des Selbst und der Selbsterziehung gibt. Es lassen sich jedoch einige Elemente feststellen, mit deren Hilfe das Selbst bzw. der Prozeß der Selbsterziehung beschrieben werden. Im weiteren sollen – ohne Anspruch auf Vollständigkeit – zehn solcher Elemente identifiziert werden.

1. Voraussetzung dafür, daß Selbsterziehung stattfinden kann, ist die Erfüllung bestimmter Grundbedürfnisse. Maslow hat eine *Hierarchie der Grundbedürfnisse* formuliert. In ihrem Rahmen bauen die „höheren“ Bedürfnisse auf den „niederen“ auf. So bedarf es einer Versorgung des Menschen mit Essen und Trinken, mit einer Wohnung und einem Minimum an Sicherheit. Desgleichen benötigt der Mensch Liebe und Achtung, um sich entfalten zu können. Fehlt die Befriedigung eines dieser Grundbedürfnisse, ist menschliche Entwicklung nur eingeschränkt möglich. Wenn gesellschaftliche Bedingungen daran gemessen werden, inwieweit sie zur Erfüllung dieser Grundbedürfnisse beitragen, kann die humanistische Psychologie hier auch eine *gesellschaftskritische Perspektive* gewinnen.

2. Der Mensch wird als ein *ganzheitlicher* Organismus begriffen, dessen Zentrum das Selbst ist. In diesem Organismus liegt eine Kraft zur Selbstentfaltung, die in der Regel nicht voll realisiert wird, sondern die nur eingeschränkt

gelingt. Aus unterschiedlichen Gründen bleibt der Mensch in der Entwicklung seiner Persönlichkeit fast immer hinter seinen Möglichkeiten zurück. Es gelingt ihm lediglich, Teilaspekte seiner Persönlichkeit zu entwickeln. Unter dem Zurückbleiben der Entfaltung seines *„menschlichen Potentials“* leidet er häufig. Mit Hilfe verschiedener therapeutischer Verfahren soll der einzelne dabei unterstützt werden, die bislang unentwickelten Teile seiner Persönlichkeit zu entfalten, um sich so dem Ziel eines *„allseitig entwickelten Menschen“* (fully functioning person) bzw. einer *„mit sich identischen Persönlichkeit“* (Rogers) zu nähern.

3. Aus einer Analyse „selbstverwirklichter Menschen“ lassen sich Dimensionen identifizieren, die ein „mit sich identischer Mensch“ entwickelt haben soll und durch deren Ausprägung er sich von anderen Menschen unterscheidet. Diese Dimensionen stellen zugleich *Zieldimensionen für die Selbsterziehung des Menschen* dar. Im einzelnen handelt es sich um folgende Merkmale (Maslow 1973, S. 41):

1. Größere Wahrnehmung der Realität
2. Wachsende Akzeptierung seiner selbst, der anderen und der Natur
3. Zunehmende Spontaneität
4. Bessere Problemzentrierung
5. Größere Distanz und Sehnsucht nach Zurückgezogenheit
6. Wachsende Autonomie und Resistenz gegen Akkulturation
7. Größere Frische des Verständnisses, größerer Reichtum der emotionalen Reaktionen
8. Höhere Frequenz der Grenzwahrnehmungen
9. Wachsende Identifikation mit der menschlichen Spezies
10. Veränderte (...) zwischenmenschliche Beziehungen
11. Demokratischere Charakterstruktur
12. Stark zunehmende Kreativität
13. Gewisse Wandlungen im Wertsystem

4. Im Unterschied zum eher statischen Konzept der Homöostase (Gleichgewicht), um deren Herstellung nach Auffassung Freuds der Organismus durch die Reduktion von Spannungen bemüht ist, wird der menschliche Organismus in der humanistischen Psychologie als ein *offenes System* begriffen, das um die Herstellung eines *„Fließgleichgewichts“* bemüht ist. Mit Hilfe dieses Begriffes läßt sich Selbstentfaltung als der Übergang von einer Ebene der Entwicklung auf die nächsthöhere fassen, von der aus die Entwicklung abermals weitergehen kann.

5. Im Prozeß der *Selbstaktualisierung* und Selbstverwirklichung kommt zu einem erheblichen Maße die menschliche *Kreativität* zur Entfaltung. Nach Auffassung Rogers (1976, S. 339) läßt sich Kreativität in diesem Sinne begreifen, als „das tätige Hervorbringen eines neuartigen Produkts der Beziehung zwischen der Einzigartigkeit des Individuums einerseits und den Materialien,

Ereignissen, Menschen oder Umständen seines Lebens andererseits". Zugespitzt formuliert könnte man also sagen: Je mehr es dem Menschen gelingt, sich in den obengenannten Zieldimensionen der Selbsterziehung zu entwickeln, desto größer ist seine Kreativität.

6. Für den Prozeß der Selbsterziehung ist die Ausbildung eines *gewahrwerdenden Bewußtseins* (awareness) erforderlich. Der einzelne soll lernen, in stärkerem Maße seine Gefühle und Impulse wahrzunehmen, sei es, daß sie ihren Ursprung in „inneren" oder in „äußeren" Bedingungen haben. Er soll die Bereitschaft entwickeln, die in ihm sich vollziehenden Gefühle zu empfinden, ohne sie einem Urteil seiner inneren Bewertungsinstanz zu unterziehen. Dabei kann der einzelne durch das, was sich in ihm regt, durchaus überrascht werden. So kann er neue Aspekte seiner Persönlichkeit entdecken. Während die unrealen bzw. nur partiell zutreffenden Vorstellungen, die der einzelne von sich hat, ein Hemmnis für seine Veränderungen darstellen, schafft die weitgehende Annahme der eigenen Person häufig erst die Basis für reale Veränderungen des Selbst.

7. Kontakt ist eine wichtige Voraussetzung von Veränderungen im Rahmen von Selbsterziehungsprozessen, sei es, daß es sich um *Kontakt* mit sich selbst oder aber mit anderen handelt. Kontakt entsteht an der Grenze des Ich zu dem, was nicht Ich ist; in ihm ist das Gefühl des Getrenntseins und das der Nähe gleichzeitig gegenwärtig. Kontakt mit sich selbst ist möglich, da der Mensch Beobachteter und Beobachtender zugleich sein kann. Kontaktfähigkeit und die Kontaktwahl werden durch die Grenze des Ich bzw. Selbst eines Menschen bestimmt. Sie legen auch die Erfahrungen fest, die ein Mensch machen kann. Polster/Polster (1975) haben fünf Bereiche genannt, in denen eine Erweiterung des Selbst durch eine Ausdehnung der Kontaktgrenze möglich ist. Dabei handelt es sich um

- die Intensivierung des Kontakts mit dem eigenen Körper,
- die Erweiterung der eigenen als verbindlich angesehenen Werte,
- die Ausdehnung der Fähigkeit, anderen Menschen zu vertrauen,
- die Intensivierung des eigenen Ausdruckverhaltens,
- die Bereitschaft, sich von anderen erkennen zu lassen.

Eine weitere Möglichkeit, den Kontakt zu anderen Menschen und zur Umwelt zu erweitern, besteht in der bewußten Entwicklung der Sinne. „Sehen", „Hören", „Berühren", „Bewegen", „Riechen und Schmecken" sind entscheidende Zugänge zu dem, was außerhalb des Menschen liegt. Sie werden im Verlauf des Sozialisationsprozesses entwickelt, zugleich aber auch normiert und eingeschränkt. Die mit den Sinnen gegebenen Erfahrungsmöglichkeiten weiter zu entwickeln, ist eine entscheidende Aufgabe der Selbsterziehung.

8. Ziel und Ergebnis der Selbsterziehung ist die *Offenheit* des Menschen für Erfahrungen. Erfahrungen kann ein Mensch nur machen, wenn er als Person

dabei ist, wenn er als Subjekt von den Dingen betroffen ist, die ihm geschehen. Dabei wird das, was er erlebt, von seiner Subjektivität weitgehend bestimmt. Sie wählt aus, was er aufnehmen kann, und bestimmt, wie es gedeutet und mit dem inneren Bezugssystem in Verbindung gebracht wird. Je offener ein Mensch für Erfahrung ist, desto mehr ist er in der Lage, im *Hier*-und-*Jetzt* zu leben, desto weniger wird er durch Erinnerungen und „unerledigte Geschäfte" von der Verarbeitung gegenwärtiger Erlebnisse abgehalten.

9. Voraussetzung und Ziel der Selbsterziehung ist das *Selbst,* das als Zentrum der Persönlichkeit angesehen wird. Es ist die Instanz, die Entscheidungen trifft, die Widerstand gegen nichtakzeptierte Ansprüche der Umwelt leistet, die aber auch Verantwortung übernimmt und Kontinuität im Handeln herstellt. Jeder Mensch ist durch das *Selbstkonzept* bestimmt, das er im Verlauf des ihm widerfahrenden Erziehungs- und Sozialisationsprozesses entwickelt hat. Es stellt die Summe seiner Lebenserfahrung dar und dient ihm zur Identifizierung mit sich selbst. Zugleich stellt dieses Selbstkonzept aber auch eine Einschränkung dar. Es erlaubt dem Menschen, nur die Erfahrungen zu machen, die in Übereinstimmung mit seinem Selbstkonzept stehen; andere Erfahrungen werden nicht oder nur in begrenztem Maße zugelassen. So hindert es den einzelnen, das gewahrwerdende Bewußtsein, die Kontaktfähigkeit und Offenheit für neue Erfahrungen weiterzuentwickeln. Daher ist die Überschreitung bzw. *Transzendierung* des Selbstkonzepts ein notwendiges Ziel der Selbsterziehung. Jede Verfestigung des Selbst durch ein starres Selbstkonzept bedeutet, daß der Mensch gehindert wird, sein „menschliches Potential" zu verwirklichen.

10. Für eine Transzendierung des Selbst spielen *„Gipfel"* – oder *„Grenzerfahrungen"* eine erhebliche Rolle. Nach Maslows (1973, S. 83) Untersuchungen sind diese Erfahrungen bei „selbstverwirklichenden Menschen" häufiger anzutreffen. Sie vermitteln den betroffenen Menschen eine neue Lebensqualität und Lebensintensität. Entsprechenden Berichten zufolge, werden solche Grenzerfahrungen wie folgt beschrieben: Man hat den Eindruck, als höre die Trennung zwischen „innen" und „außen" in diesen Momenten auf. Die Zeit scheine „still" zu stehen. Man erlebt sich vollständig im Hier-und-Jetzt. Man vergißt sich selbst und erfährt dies als beglückend und bereichernd. Es entsteht ein intensives Gefühl der Verbundenheit mit der Welt. Man ist frei von Furcht, Hemmung, Abwehr und hat den Eindruck, von etwas ergriffen zu werden, was einen überwältigt und verändert. – Derartige Erlebnisse werden vor allem im Zusammenhang mit ästhetischen, schöpferischen oder mystischen Erfahrungen oder Liebesgefühlen berichtet. Sie können neurotische Hemmungen beseitigen und therapeutisch wirken. Sie weiten die Grenzen des Menschen aus und helfen ihm, sein Selbst zu überschreiten.

So wichtig diese Bemühungen zur Entwicklung eines Konzepts der Selbsterziehung für die Persönlichkeitsentwicklung des Menschen und für ein Verständnis von Erziehung als Hilfe zur Selbsterziehung sind und so sehr sie in der Praxis häufig in der angestrebten Richtung zu wirken scheinen, so sind hier doch von seiten einer kritischen Erziehungswissenschaft wenigstens fünf Einwände unablässig. Sie müssen bei der Erarbeitung einer *erziehungswissenschaftlichen Theorie der Selbsterziehung* berücksichtigt werden, will man es vermeiden, hinter das bereits erreichte erziehungswissenschaftliche Problembewußtsein zurückzufallen (vgl. Wulf 1978).

1. Im Mittelpunkt des beschriebenen Konzepts der Selbsterziehung steht die Subjektivität des Menschen. Die gesellschaftliche Wirklichkeit kommt nur soweit in den Blick, als sie Auswirkungen auf die Innenwelt des Menschen hat. *Gefühle, Regungen und Impulse sind es, die dem Menschen seine Selbstgewißheit schaffen;* dem Geist und dem Denken wird mißtraut. Die „Natürlichkeit" des Organismus wird zum Bezugspunkt der Selbsterziehung. Auf sie muß sich alle Anstrengung richten. Ein solches Verständnis von Körper, Emotionalität und von Geist, Denken verfestigt die Trennung, deren Überwindung andererseits gerade das Ziel der Selbsterziehung ist. Dabei wird übersehen, daß es die „Natürlichkeit" des Körpers und der Gefühle nicht gibt; wie Geist und Denken sind sie Ergebnis gesellschaftlicher Prozesse. Die negative Bewertung von Denken und Geist birgt die *Gefahr des Irrationalismus* und nimmt dem einzelnen wichtige Möglichkeiten der Identitätsfindung.

2. Selbsterziehung konzentriert sich auf den einzelnen Menschen. Der andere kommt nur soweit in den Blick, als er Auswirkungen auf den sich erziehenden Menschen hat. Vor allem bei den von der Gestalttherapie beeinflußten Vorstellungen ist die Gefahr *des Subjektivismus* erheblich. Der Mensch wird in seinen Sozialbezügen kaum gesehen. Ethische, soziale oder politische Gesichtspunkte spielen fast keine Rolle, da die *Gesellschaft als Aufgabenfeld der Selbsterziehung* nicht thematisiert wird.

3. Indem Selbsterziehung vorwiegend auf das Hier-und-Jetzt bezogen wird, gerät die Frage nach der *Geschichte der Konstitution des Selbst* als Voraussetzung für die Selbsterziehung nicht oder nur unzureichend in den Blick. Die Bemühungen konzentrieren sich auf den durch seine aktuellen Bedürfnisse charakterisierten Organismus. Der Prozeß, in dem die gegenwärtigen Bedürfnisse sich konstituiert haben, wird nicht oder nur wenig bearbeitet; statt dessen werden diese Bedürfnisse nur als aktuelle gesehen. Ihnen wird gleichsam die gesellschaftliche Umwelt gegenübergestellt, die es dem einzelnen mehr oder weniger erlaubt, seine vom Entstehungsprozeß losgelöst gesehenen Bedürfnisse zu erfüllen. So wird die *Trennung zwischen Selbst und Gesellschaft verfestigt und fortgeschrieben* (vgl. Wimmer 1979).

4. Der menschliche Organismus und das Selbst müssen in ihrer *historisch-gesellschaftlichen Bedingtheit* gesehen werden. Die Tatsache, daß heute das Selbst zum Bezugssystem des Menschen werden kann, ist nur als Ergebnis des abendländischen *Zivilisationsprozesses* verständlich (vgl. Elias 1978). Die Entstehung des Selbst, von dem zahlreiche Integrationsleistungen verlangt werden, ist erst möglich, nachdem es seit dem Beginn der Neuzeit im Zusammenhang mit der zunehmenden Arbeitsteilung, der Entwicklung des staatlichen Machtmonopols im Absolutismus zur Trennung von „innen" und „außen" gekommen ist. Von nun an werden vom Individuum gewaltige *Disziplinierungsleistungen* verlangt, in deren Verlauf der Körper des Menschen zugunsten der Entwicklung seiner „Seele" in den Hintergrund gedrängt wird (vgl. Wulf 1981). Wie Foucault (1971) gezeigt hat, ändert sich die „Anatomie der Macht". Die *Außenkontrolle wird zur Innenkontrolle.* Die gesellschaftliche Macht beginnt sich im Inneren des Menschen festzusetzen. Die internalisierten Normen steuern den einzelnen aus seinem Inneren heraus. *Ort dieser Kontrolle und Disziplinierung ist zu einem erheblichen Teil das Selbst.* In seinem Anspruch auf Autonomie, Selbstbestimmung und Kontrolle realisiert sich das Ideal des bürgerlichen Menschen, das, scheinbar von der Gesellschaft getrennt, seine individuellen Interessen zu leben versucht, damit sich aber den gesellschaftlich wirksamen Gesetzmäßigkeiten unterwirft.

5. Beim gegenwärtigen Stand der *Vergesellschaftung des Menschen* sind Zweifel an der Möglichkeit des einzelnen, sich weitgehend unabhängig von den Machtverhältnissen, in denen er lebt, zu ändern, unvermeidbar. Zu oft macht der Mensch die Erfahrung, daß die subjektiven Absichten seiner Handlungen durch ihre objektive Funktion konterkariert werden. Er erfährt, daß die *Verhältnisse mächtiger als sein individuelles Verhalten* sind, so daß sich nur zu oft gutgemeinte Intentionen in ihr Gegenteil verkehren und er mit seiner Handlungsunfähigkeit konfrontiert wird. Eine Befreiung des Verhaltens aus den Verhältnissen scheint aus dieser Perspektive nur schwer möglich zu sein. Der einzelne kommt nicht umhin, die Widersprüchlichkeit der Verhältnisse zu erleben und auszuhalten. Oft kann er es nicht vermeiden, die Zerrissenheit der Verhältnisse in seinem Handeln zu reproduzieren. Dabei ist die Gefährdung des Handelns des Individuums durch die gesellschaftlichen Verhältnisse dort besonders groß, wo Individuen meinen, ihr Wahrnehmen und Handeln sei lediglich von ihrem Selbst abhängig und könne durch eine Veränderung des Selbst bereits eine neue Qualität gewinnen. Dies gilt besonders für das Handeln in Institutionen wie Schule, in denen die Ziele des Handelns präformiert sind.

Zusammenfassend läßt sich feststellen: Eine erziehungswissenschaftliche Theorie der Selbsterziehung muß den historisch-gesellschaftlichen Charakter ihrer Bemühungen, ihrer Begriffe und Zielvorstellungen mitberücksichtigen. Dies gilt für den für sie zentralen Begriff des Selbst sowie für die Konzeptualisierung des Prozesses der Selbsterziehung. Dabei muß klar werden, daß Selbsterziehung nicht auf die Entfaltung des individuellen Selbst ohne Bezug auf die gesellschaftlichen Aufgaben des Menschen beschränkt werden darf und daß Selbsterziehung sich auf eine gleichzeitige Entwicklung von Emotionalität und Rationalität richten muß. Wie wir gesehen haben, handelt es sich bei Selbsterziehung um einen *Dekonstruktionsprozeß* (vgl. Kamper 1979). D. h.: Das im Prozeß der Selbsterziehung jeweils entwickelte Selbst muß in einer Reihe von Dimensionen aufgelöst, abgebaut und sodann neu konstruiert werden. Für die Dimensionen und die Verfahren dieses Prozesses der Konstruktion des Selbst bieten die in der humanistischen Psychologie entwickelten Vorstellungen – trotz kritischer Einwände – eine Reihe wichtiger Anregungen.

Literatur

Elias, N.: Über den Prozeß der Zivilisation – Soziogenetische und psychogenetische Untersuchungen, Bd. 1 und 2. 6. Aufl., Frankfurt 1978.

Foucault, M.: Überwachen und Strafen – Die Geburt des Gefängnisses. Frankfurt 1977.

Kamper, D.: Dekonstruktionen. Gesammelte Denkbruchstücke aus 21 Marburger Semestern. Marburg 1979.

Maslow, A.: Psychologie des Seins – Ein Entwurf. München 1973.

Polster, E./Polster, M.: Gestalttherapie – Theorie und Praxis der integrativen Gestalttherapie. München 1973.

Rogers, C. R.: Entwicklung der Persönlichkeit – Psychotherapie aus der Sicht eines Therapeuten. Stuttgart 1976.

Schneider, F.: Die Selbsterziehung – Wissenschaft und Übung. Köln, Einsiedel 1936.

Schneider, F.: Praxis der Selbsterziehung. Freiburg 1961.

Wimmer, M.: Identitätskonzeptionen in Therapieansätzen der humanistischen Psychologie. In: Nagel, H./Seifert, M. (Hrsg.): Inflation der Therapieformen – Gruppen – und Einzeltherapien in der sozialpädagogischen und klinischen Praxis. Reinbek 1979, S. 133–166.

Wulf, Ch.: Theorien und Konzepte der Erziehungswissenschaft. 2. Aufl., München 1978.

Wulf, Ch.: Der schweigende Körper – Zur Ausgrenzung des Körpers in der Erziehung. In: Festschrift für Klaus Piper. München 1981. (Im Erscheinen)

Notiz zu den Autoren

Brunner, Prof. Dr. Reinhard
Professor für Schulpädagogik und Allgemeine Didaktik an der Universität Duisburg – Gesamthochschule

Combe, Prof. Dr. Arno
Professor für Gesellschaftswissenschaften an der Universität Frankfurt

Gudjons, Prof. Dr. Herbert
Professor für Erziehungswissenschaft an der Universität Hamburg

Haller, Dr. Hans-Dieter
Akademischer Direktor an der Universität Göttingen, Leiter der Arbeitsgruppe für Unterrichtsforschung

Heintel, Prof. Dr. Peter
Professor für Wissenschaftstheorie und Gruppendynamik an der Universität für Bildungswissenschaften Klagenfurt

Heyder, Dipl. Päd. Sabine
Lehrerin an einer Mannheimer Hauptschule, Lehrbeauftragte für Pädagogik am Studienseminar in Mannheim

Lemke, Priv. Doz. Dr. Dietrich
Akademischer Oberrat für Schulpädagogik und Allgemeine Didaktik an der Universität Bielefeld

Maier, Prof. Dr. Hans
Professor für Schulpädagogik an der Pädagogischen Hochschule Heidelberg

Pfistner, Prof. Dr. Hans-Jürgen
Professor für Pädagogische Psychologie an der Pädagogischen Hochschule Heidelberg

Portele, Prof. Dr. Gerhard
Professor für Hochschuldidaktik am Interdisziplinären Zentrum für Hochschuldidaktik an der Universität Hamburg

Reinert, Prof. Dr. Gerd-Bodo
Professor für Schulpädagogik an der Pädagogischen Hochschule Heidelberg und Lehrbeauftragter für Pädagogik an der Hochschule der Bundeswehr Hamburg

Reuter, Prof. Dr. Lutz-Rainer
Professor für Bildungspolitik an der Hochschule der Bundeswehr Hamburg

Schley, Dr. Wilfried
Wissenschaftlicher Angestellter am Psychologischen Institut II der Univ. Hamburg

Scholz, Gerold
Freier Journalist und Lehrer in Bensheim

Singer, Prof. Dr. Kurt
Professor für Schulpädagogik an der Universität München und Psychotherapeut

Speichert, Dr. Horst
Wissenschaftlicher Publizist und Erziehungswissenschaftler in Wiesbaden

Wegner, Dr. Thomas
Wissenschaftlicher Assistent für Sozialpädagogik an der Universität Hamburg

Weidenmann, Dr. Bernd
Dipl. Psych. in München

Wulf, Prof. Dr. Christoph
Professor für Erziehungswissenschaft an der Freien Universität Berlin